本书由辽宁省教育厅科学研究青年基金（WQN202015）和沈阳师范大学国家级科研培育基金（SNUJYX2020030512）资助出版

初中生利他行为的理论与实践研究

王世铎 著

知识产权出版社
全国百佳图书出版单位
—北京—

图书在版编目（CIP）数据

初中生利他行为的理论与实践研究/王世铎 著. —北京：知识产权出版社，2022.5

ISBN 978-7-5130-8074-3

Ⅰ．①初… Ⅱ．①王… Ⅲ．①初中生-利他行为-研究 Ⅳ．①G635.5

中国版本图书馆CIP数据核字（2022）第031924号

内容提要

本书以初中生利他行为发生与发展的理论为基石，结合调查研究，从"实践活动""心理活动""差异性"等视域对初中生利他行为进行理论分析，提出学校教育方式和环境支持对初中生利他行为的影响及促进教育策略，拓展了相关的利他实践研究——"'十四五'时期辽宁青少年志愿服务体系"及"新时代沈阳市青少年'雷锋精神'培育机制研究"。

责任编辑：龚 卫　　　　　　　　责任印制：孙婷婷
执行编辑：李 叶 肖 寒

初中生利他行为的理论与实践研究
CHUZHONGSHENG LITA XINGWEI DE LILUN YU SHIJIAN YANJIU

王世铎　著

出版发行：知识产权出版社有限责任公司	网　址：http://www.ipph.cn
电　话：010-82004826	http://www.laichushu.com
社　址：北京市海淀区气象路50号院	邮　编：100081
责编电话：010-82000860转8120	责编邮箱：gongwei@cnipr.com
发行电话：010-82000860转8101	发行传真：010-82000893
印　刷：北京中献拓方科技发展有限公司	经　销：新华书店、各大网上书店及相关专业书店
开　本：720mm×1000mm　1/32	印　张：9.75
版　次：2022年5月第1版	印　次：2022年5月第1次印刷
字　数：220千字	定　价：58.00元

ISBN 978-7-5130-8074-3

出版权专有　侵权必究

如有印装质量问题，本社负责调换。

前　言

习近平总书记在党的十九大报告中指出："要全面贯彻党的教育方针，落实立德树人根本任务，发展素质教育，推进教育公平，培养德智体美全面发展的社会主义建设者和接班人。"[1] "立德树人"进一步揭示了教育本质，强调人的德性成长的重要性，是个体全面发展的重要保障。新时代初中生的培养一定要坚持育人和育才相互结合统一，"扣好人生的第一粒扣子"，使其形成正确的价值观和道德观，把社会主义核心价值观融入社会发展各个方面，转化为初中生的情感认同和行为习惯。习近平总书记鼓励青少年要从小把利他主义精神的种子根植于内心，使其生根发芽，把国家、民族和人民装在心中，甘为他人奉献，服务他人，注重培养积极、健康、乐观的道德品质，做一个有责任、有担当、人格健全、品德高尚的人。

我国的传统价值观与西方价值观有诸多不同，其中极其富有特

---

[1] 习近平.决胜全面建成小康社会夺取新时代中国特色社会主义伟大胜利——在中国共产党第十九次全国代表大会上的报告[N].人民日报,2017-10-28(3).

色的一个方面是注重对理想境界的追求。"马克思发现了人类历史的发展规律,即历来纷繁复杂的意识形态所掩盖的一个简单事实:人们首先必须吃、喝、住、穿,而后才能从事政治、科学、艺术,等等。"❶ 也就是说这种思想建立在基本物质生活条件满足的基础上,强调人生价值的最大追求是对人类与社会的一种幸福的探索与追寻,它是一种个体道德的体现,其中包括良好的利他人格的养成。尽管人的生命有限,但是执着高尚的追求应该存在,即可能"虽不能至,心向往之"。一个人的价值大小,不能只用其社会地位的高低和财富的多少来衡量,更应该以其道德品质的好与坏作为评判的标准。因为社会地位、财富等都是外在于个体的东西,而个体的道德品质是一个人自身内在的东西,应该作为衡量一个人价值的唯一标准。我们要理解孟子所说"欲贵者,人之同心也。人人都有贵于己者,弗斯耳矣。人之所贵者,非良贵也。赵孟之所贵,赵孟能贱之"❷ 和"有天爵者,有人爵者。仁义忠信,乐善不倦,此天爵也;公卿大夫,此人爵也"❸。真正的美德是以公众的利益为主旨的,一个做事只为自己着想的人是不道德的。教育者应该使初中生树立追求崇高利他主义精神的理想,更好地实施利他行为,为祖国的繁荣和发展贡献自己应有的力量。

新时代初中生利他主义精神的学习和实践,是一项复杂的社会系统工程,需要全社会的提倡和支持,需要更为优质的学习和实践的社会氛围。这需要从家庭做起,从父母做起。习近平总书记十分重视中华传统家庭美德和家风建设,强调良好家风家训对于青少年

---

❶ 马克思,恩格斯.马克思恩格斯全集(第19卷)[M].中共中央马克思恩格斯列宁斯大林著作编译局,译.北京:人民出版社,2006:374.

❷ 万丽华.孟子[M].北京:中华书局出版社,2020:260.

❸ 同❷:259.

利他观念形成的基础性作用。利他观念是中华民族生生不息、薪火相传的重要精神食粮。社会环境对利他主义价值观的形成至关重要，对初中生利他行为的生发起到了重要的条件性作用。也就是说，一种价值观要想真正发挥作用，必须融入社会生活，让个体在实践中感知它、体会它、领悟它。❶

近年来，社会中出现了个别利他道德滑坡的典型事件，让我们在直面现实的同时不得不重新思考我国的道德教育能否有所作为？通过道德教育能否使利他主义精神在我国被广泛弘扬？我们是否可以为利他行为的大量出现提供良好的氛围与环境？新时代社会需要大量利他行为的出现，社会的高速发展催生了利益追求的多元化，很多人的思想深处发生了深刻的变化。个别人为了获取个人利益不惜损害他人利益，或视他人利益于不顾。我们要注意对教育家杜威提倡的"有用的好人"思想的借鉴与研究，即这种人首先是作为一名社会成员而活，并且个体在与其他社会成员的沟通与交往过程中，其所获得的好处与其所作出的贡献是一种动态平衡，个体在社会中注重的不是外部占有物的获取，而是有意义生活的扩大和加深。

如果一个人拥有较高的道德素养，追求真理，遇事优先为他人着想，那么他身边的人一定会感受到他所带来的那股强劲的感染力。与他相处的过程中，人们的心中总是充满了快乐和希望。无论他走到哪里，总能把光明带给大家。现代青春期研究之父G·斯坦利·霍尔曾描述"青春期是一次新生，发展不再那么平稳，这不禁让人想到某一疾风骤雨式的古代时期"。❷他关于青春期的观点产生

---

❶ 教育部课题组.深入学习习近平关于教育的重要论述[M].北京：人民出版社，2019：229.

❷ 劳伦斯·斯滕伯格.青春期——青少年的心理发展和健康成长[M].戴俊毅，译.上海：上海社会科学院出版社，2007：20.

的重要影响是使得人们把青春期看成了一个不可避免的躁动不安、充满压力和危机的时期。因此，要准确把握初中生道德发展的状态和特征。初中生的德性发展处于动荡性向成熟性过渡的阶段，而且初中生的德性发展存在关键期和成熟期（初一和初二是关键期与动荡期，初三是成熟期），教育工作者要科学合理地利用初中生道德发展的阶段性特征，不失时机地进行利他主义教育。本书通过对初中生利他行为内在构成要素的基本分析，以及对影响初中生利他行为产生和发展的基本结构进行分析，并从实践活动构成要素和心理活动构成要素分析初中生的利他行为，总结初中生利他行为的相关因素对其发展的影响，从而结合数据分析的结果，得出当前我国初中生利他行为的现实特征，最后提出具有靶向性的、科学的初中生利他行为的优化策略。

对初中生利他教育需要特别注意：首先，要帮助初中生明确、发展自己应有价值；其次，教育并引导他们更好地尊重他者的个体价值；最后，从利他小事点滴做起，"不积跬步，无以至千里"，"不以恶小而为之，不以善小而不为"，逐渐提升个体的利他德性。最终，使我国充满利他主义的明媚阳光，使全社会充满无私的爱。

目 录

导 论 ··· 001
　一、研究缘起 ··· 003
　二、本书的价值 ··· 003
　三、研究方法、过程及研究结构 ··· 005
　四、创新之处 ··· 010

第一章　相关概念的界定与研究现状述评 ··· 012
　一、相关概念的界定 ··· 012
　二、国内外关于利他行为研究的现状 ··· 018
　本章小结 ··· 034

第二章　利他行为发生与发展的理论基础 ··· 035
　一、班杜拉的社会学习理论 ··· 035
　二、科尔伯格道德发展阶段理论 ··· 042
　三、涂尔干儿童利他主义 ··· 045
　本章小结 ··· 050

第三章　初中生利他行为的理论分析结构 ········· 051
一、初中生利他行为内在构成要素的基本分析结构 ········ 052
二、影响初中生利他行为产生和发展的基本分析结构 ····· 060
本章小结 ··· 064

第四章　实践活动构成要素视域下的初中生利他行为 ······ 065
一、初中生利他行为的受助对象及内容 ·················· 065
二、初中生利他行为的情境特征 ························ 073
三、初中生利他行为的方式、目的与动机、强度和
　　智慧特征 ·· 083
本章小结 ··· 090

第五章　心理活动构成要素视域下的初中生利他行为 ······ 093
一、初中生利他行为的价值认知 ························ 093
二、初中生利他行为的感受特征 ························ 094
三、初中生利他行为的意志特征 ························ 096
四、初中生利他认知与利他行为之间的关系特征 ········ 097
本章小结 ··· 099

第六章　初中生利他行为的差异性分析 ················· 101
一、性别与初中生的利他行为 ··························· 101
二、是否是独生子女与初中生利他行为的关系 ·········· 104
三、城乡居住环境与初中生的利他行为 ················· 118
四、父母的个人情况与初中生的利他行为 ··············· 129
五、初中生的其他个人情况与他们的利他行为 ·········· 137
本章小结 ··· 139

第七章　学校教育方式和环境支持对初中生利他行为的影响 ············ 143
一、学校教育方式对初中生利他行为的影响 ············ 143
二、环境支持对初中生利他行为的影响 ············ 153
本章小结 ············ 167

第八章　促进初中生利他行为的教育策略 ············ 169
一、构建具有鲜明针对性的促进初中生利他行为发展的教育策略 ············ 170
二、构建初中生"认知—观察—实践"模式的利他行为教育策略 ············ 197
三、构建以"重塑环境支持力量"为核心的初中生利他行为教育策略 ············ 215
四、构建开展新时代初中生有效的利他人格教育策略 ············ 226
五、构建新时代初中生利他行为习惯的科学策略 ············ 233
六、构建新时代教师利他教育能力的科学提升策略 ············ 235
七、构建新时代自媒体视域下初中生利他行为的优化策略 ············ 236
本章小结 ············ 239

第九章　相关利他实践拓展研究 ············ 244
一、"十四五"时期辽宁青少年志愿服务体系研究 ············ 244
二、新时代沈阳市青少年"雷锋精神"培育机制研究 ············ 255
本章小结 ············ 263

结　语 ············ 265

主要参考文献 …………………………………………… 270

附录一　初中生利他行为调查问卷 …………………… 285

附录二　初中生利他行为调查问卷赋分表 …………… 295

后　记 …………………………………………………… 298

导 论

  道德具有客观性、规范性、独特性、稳定性、社会性、阶级性、自觉性、理想性、现实性、利他性等特征，而利他性是诸多特征中的本质特征。利他行为是中华民族历来提倡并传承的一种优秀道德行为，是社会主义核心价值观所要求的一种重要行为。习近平总书记指出："要在坚定理想信念上下功夫，教育引导学生树立共产主义远大理想和中国特色社会主义共同理想，增强中国特色社会主义道路自信、理论自信、制度自信、文化自信，立志肩负起民族复兴的时代重任。"❶"实现中华民族伟大复兴的中国梦，广大青年生逢其时，也重任在肩。"❷ 为了深入贯彻和落实立德树人的根本任务，加强对中小学德育工作的指导，进一步将党和国家对中小学德育工作的要求落细落实，更好地促进德育工作，使其更具专业性、规范性和实效性，进一步形成全员、全局、全方位育人，2017年8月，教育部出

---

 ❶ 习近平.坚持中国特色社会主义教育发展道路培养德智体美劳全面发展的社会主义建设者和接班人[N].人民日报,2018-09-11(1).

 ❷ 习近平.在北京大学师生座谈会上的讲话[N].人民日报,2018-05-03(2).

台了《中小学德育工作指南》，为初中生的利他教育提供了方向性的指引。初中生的德育内容包括理想信念教育、社会主义核心价值观教育、中华优秀传统文化教育、生态文明教育和心理健康教育。[1]

首先，理想信念教育要求初中生树立为实现中国梦而奋斗的远大理想，学习老一辈革命家艰苦奋斗、勤俭节约、奉献社会、超越自我的崇高精神，逐步形成良好的道德品质；其次，社会主义核心价值观教育中的遵守价值准则要求初中生了解我国各民族的历史文化，理解国家统一和民族团结的意义，养成良好的学习习惯和行为习惯，养成自主自立、自强不息的良好心理品质，培育志愿服务精神；再次，中华优秀传统文化教育中的社会关爱要求引导初中生正确处理个人与他人、社会、自然之间的关系，形成乐于奉献、热心公益慈善的良好风尚，积极参与志愿服务，自觉提升文明素养，争做高素质、讲文明、有爱心的中国人；最后，心理健康教育中的认识自我与尊重生命要求初中生加强自我认识，客观评价自己，珍爱他人生命，维护他人权益，即更好地接纳自我、尊重生命、关爱他人，保护生命。

初中生是祖国的未来，其利他品质的塑造决定着未来公民道德素养的发展，重视对初中生利他行为特征的研究是这一时代赋予教育工作者的核心使命之一。在"双减"背景下，如何更好地落实立德树人是每一名教育工作者需要面对的艰巨任务，这也是"中国梦"实现的关键所在。因此，初中生利他行为的培育对家庭、学校和社会都具有至关重要的作用与意义，需要我们对其有足够的关切和重视。

---

[1] 教育部基础教育司.中小学德育工作指南实施手册[M].北京:教育科学出版社，2017:25.

一、研究缘起

人作为生活在社会中的个体，必须要处理好个人与他人、集体间的利益关系，利他的道德原则、利他的伦理行为是一个社会良性发展所需要的。

初中生的成长关乎祖国的未来，其利他行为的发生、发展具有自身的规律和特点。利他行为是道德发展高级阶段的产物，是衡量初中生道德水平高低的重要指标，对初中生的成长具有特殊的意义。初中阶段是青少年品行发展与形成的关键时期，对初中生利他行为的研究具有很强的现实意义。习近平总书记提出，加强社会主义核心价值体系建设，积极培育和践行社会主义核心价值观，使它成为全体人民的共同价值追求。[1] 社会主义核心价值观可以用24个字高度概括，"富强、民主、文明、和谐、自由、平等、公正、法治、爱国、敬业、诚信、友善"，其中诚信和友善作为道德准则的核心，是我们这个时代不可缺少的。人与人之间相互关心、相互尊重、互相体贴与包容是一个良性社会所必须提倡的。因此，利他主义精神是我们这个时代的主旋律，利他行为更是在这个时代背景下所强烈需要的，这赋予了本书重大的现实意义与价值。

二、本书的价值

（一）理论价值

研究我国新时代初中生利他行为的特征及其教育策略，不仅可

---

[1] 中共中央文献研究室.习近平关于全面深化改革论述摘编[M].北京:中央文献出版社,2014:83.

以为教育学、伦理学等学科的更新和发展提供彰显时代精神的新的理论成果，而且可以帮助人们准确地把握当代青少年利他行为的显著特征，从而为人们以初中学校为主阵地，帮助青少年有效地形成社会主义核心价值观提供强有力的理论支撑和可靠的路径。

从理论研究的角度看，我国学者关于学生利他行为的研究主要集中在幼儿和大学生上，而对初中生利他行为的理论研究相对较少。国内关于利他行为的概念界定比较模糊和陈旧，笔者打破了原来的界定模式，对于利他行为的概念做了全新的界定。此外，国内缺少较为合理的关于青少年利他行为研究的调查问卷，本书借鉴了深圳大学傅维利教授关于青少年利他行为的研究成果，并使用了其编制的《初中生利他行为调查问卷》，从利他行为的内在构成、产生和发展的基本结构具体分析初中生利他行为的现实特征，在理论上充实了初中生利他行为的相关研究。此外，本书采用问卷调查法，总结出初中生利他行为现实特征，并提出具有靶向性的初中生利他行为培育策略。

（二）实践价值

1978 年我国开始实施改革开放政策，在这之后的 40 多年时间里我国经济高速发展，并充分融入世界经济体系，国际地位和影响力不断提升，文化领域越发繁荣，人民的生活逐渐达到小康水平，人均预期寿命逐渐延长。2012 年，我国教育事业经费支出占 GDP 4% 的目标首次实现，并且在之后的几年连续超过 4%，这标志着我国的教育财政投入与发达国家教育财政投入之间的差距逐渐缩小，并有逐渐赶超的趋势。至此，中国社会的政治、经济、文化、医疗、教育等方面均已经发生了巨变，人们的思想层面也随之发生了重大变化，人们在道德领域也面临着前所未有的严峻挑战：社会上利己主义盛行，利他主义受到了强烈的冲击，现阶段，我国初中生利他行为发生的概率有下降的趋势，通过合理的利他行为教育策略来提高其发生比率，改善其发展现状是本书的一个重要价值所在。

党的十八大以来，习近平总书记就学习和弘扬雷锋精神多次作出重要指示，强调"要做雷锋精神的种子""让雷锋精神在全社会蔚然成风，世世代代弘扬下去"。雷锋精神内涵丰富，它实质上是一种全心全意为人民服务、为人民的事业无私奉献的利他主义精神，已经成为这个时代精神文明的同义语，是先进文化的最好诠释。因此，无论从哪个角度来分析雷锋精神，它都是深刻的、值得弘扬的，研究和传承雷锋精神是时代所需、社会所盼、人民所愿。"少年强则国强"，一个国家、社会道德风尚的好坏与其青少年的道德素养息息相关。青少年是践行雷锋精神的生力军，积极引寻他们学习并践行雷锋精神，对于促进其健全人格的形成，带动社会道德的进步具有重要意义。

三、研究方法、过程及研究结构

（一）研究方法

1. 文献法

文献是泛指一切记录知识的载体，其最早见于《论语·八佾》。文献，指把人类的知识用文字、图形、符号、音像等手段记录下来的有价值的典籍，包括各种手稿、书籍、报刊、文物、影片等。❶

---

❶ 裴娣娜.教育研究方法导论[M].合肥:安徽教育出版社,2008:88.

文献主要分为三种等级（根据加工程度的不同），即一次文献、二次文献和三次文献。教育科学文献的主要特点是内容广泛、数目众多、学科多维。

文献法即是对文献进行搜索和查找的一种方法，主要包括顺序查找法、逆序查找法、引文查找法和综合查找法等几种。文献法的作用：首先，可以帮助研究者准确把握所要研究问题的情况，进一步帮助研究人员确定研究的方向；其次，可以为教育研究提供科学合理的论证依据和研究方法；最后，提高科学研究的实效性。文献检索的过程主要是分析和准备、检索、加工三个阶段。本书文献检索的范围包括两个部分：一是关于利他、利他认知、利他情感、利他意志、利他行为等概念及利他行为国内外相关研究进展及理论基础；二是研究方法类的文献，主要是对与本书相关的教育研究方法的梳理与学习。

2. 问卷法

问卷是科学研究中不可缺少的一种搜集资料的工具。❶ 因其具有高效性、客观性、经济性、匿名性等特点而被广泛应用于教育研究之中。所谓问卷法就是采用问卷调查的方式来进行信息搜集的一种研究方法。英国著名社会学家莫泽（Moser）指出："社会调查近九成都是采用问卷方法进行的。"❷ 问卷法有效运用的关键在于编制问卷、选择被试和结果分析。问卷编制遵循五大原则，即可接受性原则、目的性原则、针对性原则、操作性原则和经济性原则。本书附录一调查研究使用的问卷《初中生利他行为调查问卷》共包括

---

❶ 郑金洲.问卷编制指导[M].北京：教育科学出版社,2002:1.
❷ EARL B. The Practice of Social Research. [M]. 5ed. California: Wadsworth, 1989: 254.

39个题目，分为两大部分：问卷第一部分，即第（1）题至第（10）题研究初中生的性别、是否是独生子女、是否是班级干部、学习成绩、父母学历和居住地点等与利他行为研究的十一个维度之间的关系，进而得出我国初中生利他行为的现实特征，并结合问卷第二部分，即第1题至第39题的分析结果找出我国初中生利他行为适切的教育策略。第二部分从内容上可分为两部分。第一部分是对初中生利他行为特征的研究，包括利他行为的研究对象（问卷第1、3、5、7、9题）、目的与动机（问卷第11题）、内容（问卷第13题）、情境（问卷第2、4、15、17、19、21、23、25、27、29题）、知行关系（问卷第6、8题）、利他形式（问卷第10、12、14题）、情感特征（问卷第16、18题）、强度特征（问卷第20、22题）、智慧特征（问卷第24题）、意志特征（问卷第26题）、认知特征（问卷第28题）。第二部分是学校教育方式和环境支持对利他行为的影响，具体为学校教育方式对利他行为的影响（问卷第30、31、32、34、36、38题），以及环境支持对利他行为的影响（问卷第33、35、37、39题）。

（二）研究过程

本书按照以下思路展开：梳理和分析国内外相关研究成果，确定本书的核心概念与理论体系—研究确定相关的调研问卷—实施测量—分析相关数据—概括研究结论—提出有针对性的教育策略。

本书的问卷测量选取了沈阳X中、大连Y中、丹东Z中的初一、初二、初三学生，共计1608人，其中回收有效问卷1561份，问卷有效率为97.1%。

笔者对调研的数据用最新的SPSS 24.0统计软件进行分析处理，调查样本基本情况如表0-1和表0-2所示。

表 0-1　调查样本分布一览表 A　　　　　　　单位：人

年级	沈阳 X 中	大连 Y 中	丹东 Z 中
初一	187	203	209
初二	167	151	135
初三	180	177	152
总计	534	531	496

表 0-2　调查样本分布一览表 B

项目	性别		年级			是否是独生子女		是否是学生干部		居住地点	
	男	女	初一	初二	初三	是	否	是	否	城市	农村
人数/人	787	774	599	452	509	1222	339	863	698	1291	268
比率/%	50.4	49.6	38.4	29.0	32.5	78.3	21.7	55.3	44.7	82.8	17.2
合计/人	1561		1560*			1561		1561		1559**	

＊年级选项的缺失值为 1，＊＊居住地点选项的缺失值为 2。

对问卷调查所得到的数据进行统计分析，可以分为四个部分进行，即问卷格式标准化、制作数据文件、数据的统计处理和进行分析决策。本书结论的提出主要是基于对第四章至第七章数据分析结果的提炼和总结，具体阐释在本书每章末尾的小结和书的结语中，在此不做赘述。

本书主要从构建具有鲜明针对性的促进初中生利他行为发展的教育策略，构建初中生"认知—观察—实践"模式的利他行为教育策略和以整合环境支持力量为核心的初中生利他行为教育策略三个方面入手，对初中生的利他行为进行相应的培育。

（三）本书的主要结构

本书主要分为绪论、正文和结语，书的正文从五大部分对问题进行阐释。

第一部分（第一章和第二章）为核心概念的界定、文献综述及本书理论基础等的梳理。

这一部分主要是对本书基本概念（包括利他、利他认知、利他情感、利他意志、利他主义、利他行为、初中生及教育策略）的界定，明确本书的理论基础（班杜拉的社会学习理论和科尔伯格的道德认知发展阶段理论等），阐明本书的问题缘起、国内外利他行为研究现状（主要从利他行为的概念、类型、动机、产生及影响因素、教育策略研究等几方面加以分析）、研究目的与意义、研究思路与方法、研究的新意等。

第二部分（第三章）是对初中生利他行为的理论分析，即初中生利他行为内在构成要素的基本分析和影响初中生利他行为产生和发展的基本分析。这一部分对利他行为内在构成要素的分析主要从实践活动的构成要素和人心理活动构成的内在要素两方面加以阐释；而对于影响初中生利他行为产生和发展的基本分析，主要从学校教育方式和环境支持两方面加以阐释。

第三部分（第四章至第七章）主要对初中生利他行为的现状及特征分析。这一部分主要从实践活动构成要素和心理活动构成要素来分析初中生的利他行为，并研究初中生利他行为的相关因素对其发展的影响，结合数据分析的结果，总结当前我国初中生利他行为所具有的现实特征。

第四部分（第八章）是对初中生利他行为的教育策略分析。这一部分提出了七种有效的促进初中生利他行为的教育策略：第一，构建具有鲜明针对性的促进初中生利他行为发展的教育策略；第二，构建初中生"认知—观察—实践"模式的利他行为教育策略；第三，构建以"重塑环境支持力量"为核心的初中生利他行为教育策略；第四，构建开展新时代初中生有效的利他人格教育策略；第五，构建新时代初中生利他行为习惯的科学培育策略；第六，构建新时代初中教师利他教育能力的科学提升策略；第七，构建新时代自媒体视域下初中生利他行为的优化策略。

第五部分（第九章）是相关实践拓展研究分析。这一部分主要总结了两种相关的实践研究经验，即"十四五"时期辽宁青少年志愿服务体系研究和新时代沈阳市青少年"雷锋精神"培育机制研究。一是，"十四五"时期推进辽宁青少年志愿服务体系深度发展的重要举措主要体现在志愿服务的动力机制、激励机制、保障机制和应急机制四个方面；二是，新时期沈阳市青少年"雷锋精神"的发展现状，即个体雷锋利他主义精神体现较为明显，个体利他行为的发生频率较高，这说明沈阳市青少年对"雷锋精神"具有一定的认知，结合相关访谈，可知这种认知主要停留在了解层面，尚未达到认同层面。

四、创新之处

理论方面，突破原有利他行为的概念内涵模糊和研究工具不够充分、科学的问题，通过研究进一步标明利他行为的可测量性特征。实践方面，在老一辈学者研究的基础上使用相对较为科学、合理的方式揭示初中生利他行为的主要特征及其同质性和差异性，为今后政府和教育研究机构连续跟踪测量我国初中生利他行为发展状况提供基点，并为今后开展相应的国际比较研究提供可能。在初中生利他行为的教育策略上利用调研的数据,总结并得出利他行为表现较差的特征,按学生总体和分年级的具体情况予以靶向性提升,并提出全新的"认知—观察—实践"模式教育策略,同时不忽视环境支持对学生利他行为的影响,有针对性地促进他们的利他品质和利他行为发生频率的提升,这是本书不同于其他同类研究的一大创新点和突破点。此外,本书的拓展实践研究视角锁定为青少年志愿服务模式研究,为有效构建新时代青少年志愿服务体系提供理论与实践指引。

第一章
相关概念的界定与研究现状述评

核心概念的界定是研究者在研究过程中较为重要的环节之一，笔者梳理了国内外学者对于利他行为概念与研究现状的文献，经过分析与筛选确定了本书的核心概念，并分析了现阶段国内外学者的研究现状。

一、相关概念的界定

(一) 利他

利他主要指给予他人方便和利益，不求任何回报。这种利他很可能为了成全他人而损害自己的利益，换言之，有可能以自己适合度的降低为代价来换取他人适合度的提升。利他的相关概念可细化为利他认知、利他情感、利他意志、利他主义和利他行为，具体阐释如下。

1. 利他认知

认知即认识，是个体认识外界事物的过程。道德认识是个体对于道德规范和道德范畴及其相关意义的认识。利他认知主要指个体对利他规范和范畴及利他行为本质的认识，即人们如何看待利他行为和规范的一个过程。认知结构变量主要有：认知结构中是否有适当的可以被有意义学习所利用的固定观念；潜在的有意义学习任务与同化其原有的观念系统的可辨别程度情况；原本具有固定作用的观念的稳定性和清晰性如何，包括利用性、辨识性和稳定性。因此，准确来讲，利他认知是在原有的利他知识结构中，在可供参考的利他知识的基础上，对具有新的利他意义范例的识别，从中收获稳定的、清晰的利他新知的过程。

2. 利他情感

心理学上认为，情感是人对客观事物是否满足自己的需要而产生的一种态度体验。关于道德情感的界定，学术界标准不一。有学者认为道德情感是直接地与人所具有的对一定道德规范的需要相联系的一种体验。它主要表现在两个方面，一是道德情感形式，二是道德情感的社会性内容。笔者比较赞同北京师范大学教授、中国情感教育理论奠基人朱小蔓先生对于这一概念的阐释。她认为，道德情感是道德意识在个体感受方面的反应，或者说人的意识形态的情感具有道德的意涵。[1] 基于利他行为本身也是一种道德行为，笔者将利他情感表述为，它是利他认知在个体感受方面的反应，或者说人作为意识形态的情感具有的利他的意涵。

---

[1] 朱小蔓,梅仲荪.道德情感教育初论[J].思想·理论·教育,2001(10):29.

3. 利他意志

意志是一种决定达成某种目的（或行为）而产生的坚持性的心理品质或状态。因此，利他意志主要指为达成某种利他行为而产生的坚持性心理品质或状态。其主要表现为实施利他行为的自觉性、果断性、坚持性和自制力等方面。个体的意志有经过深思自动选择善与恶的能力，荷兰伦理学家斯宾诺莎曾这样表述，"意志是人心灵之中的一种肯定或否定的能力"。人之所以有德，并不完全是知识的结果，主要是意志在发挥功用。个体意志决定个体行动，根据意志决定的行动，是人的一种使命。顽强的利他意志以深刻的利他认知、炽烈的利他情感、持久的利他实践为基础，是通往崇高的利他境界的重要保证。

4. 利他主义

利他主义的演变和出现是建立在整体主义的基础之上。整体主义强调社会利益优先，是为整体利益而牺牲个人利益的一种道德要求。培根认为，"人性之中有一种隐秘的爱他人倾向和趋势"[1]，人应该热心公益，为他人谋福利。19世纪法国著名伦理学家、社会学家奥古斯特·孔德在"爱"和"大我"的前提条件下，提出了较为完整的利他主义理论框架，利他主义的概念便由此产生。它是一种道德原则和理论。

5. 利他行为

道德行为是在一定的道德意识支配下所采取的各种行动，是一

---

[1] 弗朗西斯·培根. 培根论说文集[M]. 水天同, 译. 北京：商务印书馆, 1958：31.

个人道德意识的外部表现,其主要由行为的技能和习惯两部分构成。利他行为一词最早来自孔德,他明确表示人类将利己和利他冲动集于一身。利他行为的概念在生物学、社会学、伦理学、心理学等学科领域中均有所涉及,但在心理学的研究中更具有深度和广度。如生物学中的利他行为主要指对他人有利而自损的行为;社会学中的利他行为主要指有利于他人而无益于行动者本身的行为;伦理学中的利他行为主要指的是一种绝对利他行为,即完全不求任何回报的助人行为;心理学中将利他行为叫作"亲社会行为"(prosocial behavior),即有益于他人和社会的行为,对他人情感的移情是利他行为发生的前提。亲社会行为与利他行为是一对很相似、易混淆的概念。目前,学界比较权威的对亲社会行为概念的界定来自美国著名心理学家艾森伯格和马森,他们指出亲社会行为是倾向于帮助他人或者使他人或某一群体受益,而行为者不期望得到任何外在奖赏的一种行为。

笔者概括并总结了现阶段利他行为与亲社会行为研究的两种主流观点。

第一种,行为的范畴不同。亲社会行为是一个范畴更广的概念,它包括任何有助于社会与个人的行为,即亲社会行为包括利他行为和助人行为。利他行为是一种特殊的亲社会行为,它更强调帮助他人的自愿性与无偿性,可以说利他行为是一种最高级别的亲社会行为。

第二种,亲社会行为与利他行为在行为的表现、行为的效果及行为的动机三方面存在表述标准不统一的问题,这也成为一直困扰学术界的重大难题。

根据国内外学者对利他行为的研究,可将人的利他行为大致分为三类:①利己性利他行为。利己性利他行为是指一个人的利他行为看上去是帮助他人，而实际上是为了实现自己的利益。换言之，利己性利他行为是以实现个人利益为根本出发点，而在行为实施的过程中对他人利益起了增益作用的行为。[1]②互惠性利他行为。互惠性利他行为指的是行为的施予者和接受者双方都获得好处的行为，并且行为的施予者付出的一些代价会在以后得到回报和补偿。[2]③纯粹性利他行为。纯粹性利他行为又称"无私利他行为"或"完全利他行为"，主要指利他行为的根本出发点和实施行为的方式都是利他的。[3]比如孟子讲的"救孺子于深井"的行为即是一种纯粹性利他行为。本书中的利他行为指的就是纯粹性利他行为，即利他行为是一种自愿的、以帮助他人为主要目的，对受助者的个人利益有增益作用，而对施助者的个人利益可能带来损失的道德行为。利他行为对个体行为的良性表现及人际关系的平稳和谐发展具有促进作用。

（二）初中生

初中生主要指在初级中学学习的学生，也泛指那些青春期早期的学生，年龄一般在 11~15 岁。初中时期是个体人生观形成的关键时期，教育者要对其进行正确的引导，使其形成正确的人生观，避免受到自私自利个人主义人生观、享乐主义人生观、悲观主义人生观、存在主义人生观、实用主义人生观、权力意志主义人生观、宗教来世主义人生观、宿命论人生观等的不良影响，坚持运用马克思主义人生观积极地去面对生活和学习。

---

[1] 托马斯·内格尔.利他主义的可能性[M].应奇,何松旭,张曦,译.上海：上海译文出版社,2015:66.

[2] BASTON C D. Altruism in Humans[M]. New York:Oxford University Press,1997:108.

[3] 王海明.新伦理学[M].北京：商务印书馆,2008:551.

初中生这一时期的身心发展特点具有双重属性,即不平衡性和矛盾性。这一时期的学生身体发育较快,而心理发展却较平稳,对个体而言是从幼稚走向成熟的关键时期。著名青年心理学家斯坦利·霍尔称他们为"疾风怒涛中的弄潮儿",说明他们在这一时期的情绪极其不稳定,同时道德发展又极具特点。这一时期的初中生心理发展最重要的特征是成人感与幼稚性并存,并且具有明显的反抗性,其道德发展属于"动荡性品德"发展时期。

按照劳伦斯·科尔伯格道德发展"三水平六阶段"理论,初中生的道德发展主要处在习俗水平的第三阶段和第四阶段("好孩子定向和尊重权威"与"维护社会秩序定向阶段"),他们处理问题时更多考虑的是人际期望和人际关系,对于涉及自身道德规范等重大问题的应对能力不足。[1] 初中生的道德发展表现出明显的知行不一的特点,如他们十分重视诚信的意义,却为考取好成绩受人夸奖而在考试时作弊;他们非常珍视集体主义的价值,但涉及个人利益时,又最终采取了讲私利、重实惠的行动。

(三) 教育策略

策略主要指为实现某一特定的目标,针对可能出现的问题作出的应对方案,并且这一方案是根据具体问题的变化而及时调整的。本书中的教育策略主要指教育工作者为实现学生利他行为发展目标(如提升利他行为的发生概率等)而提出的一系列有助于这一目标实现的思想、方法和措施等。教育策略具有指向性、整合性、可操作性、灵活性、调控性和层次性等特质。

---

[1] 林崇德. 发展心理学[M]. 北京:人民教育出版社,2009:355.

二、国内外关于利他行为研究的现状

近年来,国内外学者对于利他行为相关研究的文献数量整体上呈现上升趋势,国外学者在该领域的研究数量明显多于国内学者。以文章的被引频次和下载量作为相关评价的重要依据(国内外被引及下载量位于前三十的文章),主要查看其研究的相关主题,国内研究主要集中在哲学和人文学科(40.0%)、社会科学Ⅱ辑(40.0%);国外研究主要集中在多学科交叉学科(30.3%)、社会心理学(13.0%)。❶

(一) 利他行为的概念

1. 国内研究

国内学者对于利他行为概念的研究主要从利他行为结果和利他行为动机两方面入手。以利他动机概念界定为出发点的学者代表有中国人民大学教授沙莲香,她在《社会心理学》一书中将利他行为界定为一种不期待任何回报的亲社会行为;❷ 以利他行为结果为概念界定主要出发点的学者代表如任重远,他认为利他行为是一种施予者与受助者之间的道德行为,这种行为是理性的,对受助者的正当利益具有增益作用。❸ 一些学者认为利他行为是一种对其他生物体的利益有所增益,而对自身的利益有所损害的伦理行为。国内学

---

❶ 刘雅茜,陶明达.国内外利他行为研究现状与趋势[J].心理技术与应用,2019,7(8):9.

❷ 沙莲香.社会心理学[M].4版.北京:中国人民大学出版社,2011:249.

❸ 任重远.利他行为的谱系分析[J].伦理学研究,2009(3):13.

界普遍认同利他行为是一种自愿的、不求他人回报的、以帮助他人为目的并且自身的利益有可能受损的伦理行为,这也是本书利他行为概念界定的基础。

2. 国外研究

利他主义一词是法国哲学家、社会学家奥古斯特·孔德创造的,它是将无私利他作为评价善恶与否的"金标准"——道德总原则理论,该理论强调只有无私利他才是善的、道德的。利他主义是一种将他人利益作为道德行为目标的伦理学行为理论。

国外学者认为利他行为是一种出于自愿而不求日后回报的助人行为,并且这种行为有利于他人而无利于施助者本身。英国著名生物学家达尔文认为,利他行为是家族或种群的需要与选择,并不是从个体的道德或心理需求出发。奥地利动物学家康拉德·劳伦兹指出,动物们也会为了尽可能避免损失而彼此求和。美国著名社会学家希尔斯强调:"利他行为指在毫无回收报酬的期待下表现出帮助他人的一种行为。"[1] 可见国外的学者比较认同利他行为是一种目的在于帮助他人的行为,并且可以为了他人的幸福与快乐而牺牲自我的利益。他们强调,利他行为是一系列行为的集合,提供帮助者并不看重受助者所施予的回报,越没有回报的帮助越是高级别的利他行为。

3. 对国内外有关利他行为概念研究的评价

国内学者对利他行为的概念研究相对缺少符合我国实际情况的界定,过多依赖于国外学者对它的界定。因此,本书并未将国内学

---

[1] SEARS D O. Social Psychology[M]. 3ed. New Jersey:Prentice-Hall,1978:103.

者对利他行为的概念界定一一列举。国外学者对利他行为的概念研究多从行为结果入手，并且不同学科的学者分别结合自己的研究领域对利他行为进行了概念的阐释，这体现了国外不同学科学者对利他行为研究的重视，即多学科交叉研究问题的实际运用较多。而我国学者对该问题的研究更多停留在教育学、心理学等单一学科视角下的研究，缺乏多学科联合攻关的精神和能力，这是现阶段该领域问题研究的一个不足之处。

（二）利他行为的类型

1. 国内研究

清华大学林泰教授"十五"期间的国家级课题"利他行为的理论与教育研究"把大学生的利他行为分为三种：个人主义利他行为、人道主义利他行为与集体主义利他行为，并分别分析了各自的具体表现及所遭遇的时代困境。❶ 学者王雁飞和朱瑜综合诸多相关研究，进一步将利他行为表述为有条件利他行为与无条件利他行为、进化的利他行为和本土的利他行为、紧急利他行为和非紧急利他行为几种类型。❷

学界普遍公认的是，利他行为可以分为亲缘利他行为、互惠利他行为与纯粹利他行为三种形式。前两种在生物学领域已经作出合理解释，而经济学学者更关注纯粹利他行为。经济学家叶航教授在"合作剩余"和"生物演化稳定策略"的基础上，提出一个能够解释纯粹利他行为的模型，并利用脑科学的最新研究成果对这一行为

---

❶ 林泰,陶倩.利他行为的理论与教育研究[J].中国德育,2008(5):88.

❷ 王雁飞,朱瑜.利他主义行为发展的理论研究述评[J].华南理工大学学报(社会科学版),2003(4):37.

内在的激励机制作出了说明。同时,他认为人类早期阶段成功进化出来的包括同情心、愧疚感、感激心和正义感在内的亲社会情感是理解人类纯粹利他行为的关键。❶ 学者张旭昆从经济学的角度分析了利他行为的不同类型,利他行为分类的主要维度为纯度、程度等。从纯度角度出发,利他行为可区分为软利他行为和硬利他行为。软利他行为主要指期待受惠者日后有所回报的行为,它的根源是人的利己之心;硬利他行为并不期望受惠者回报,而行为的一切出发点即是从利他行为本身获取精神上的满足,这是一种纯粹利他行为。从程度角度出发,硬利他行为可以分为有限硬利他行为与无限硬利他行为两种。❷ 例如,江姐、黄继光的救国行为即为无限硬利他行为,这两种行为是个体单层与多层竞争选择的结果。

青海师范大学谢金在其硕士学位论文中,将利他行为分为表层利他行为、浅层利他行为和深层利他行为三种。表层利他行为指日常生活事件中发生的利他行为;浅层利他行为指利他者带有中等程度的自我卷入的利他行为;深层利他行为是一种最高层次的利他行为,这类利他行为需要利他者付出很高的代价,甚至是生命。❸

2. 国外研究

国外学者对利他行为的研究用得更多的是"亲社会行为"一词,并没有特定对利他行为的类型进行分类研究。美国学者威斯博于1972年提出"亲社会行为"(prosocial behavior)一词,用来表示那些与侵犯等具有否定性行为相对立的行为,并将亲社会行为分

---

❶ 叶航.利他行为的经济学解释[J].经济学家,2005(3):28.
❷ 张旭昆.试析利他行为的不同类型及其成因[J].浙江大学学报(人文社会科学版),2005(7):14.
❸ 谢金.利他行为的研究[D].西宁:青海师范大学,2010.

为分享、同情、捐赠、协助和自我牺牲等,这些行为的共同主旨是使他人与全社会受益。❶

3. 对国内外有关利他行为类型研究的评价

国内学者对利他行为类型的细化研究较多,并且从经济学、生物学、脑认知科学等视角入手,给予利他行为类型更多的学术性关注;而国外的学者对利他行为的分类主要局限于对亲社会行为的研究。对亲社会行为的研究具有准确的精度和足够的广度,他们主要从心理学视角对该问题进行深入的挖掘。国内外学者对于利他行为的分类问题研究都能结合本国具体的研究需要,采取较为合理的方法(实证研究等)进行探究,并解决相关问题。

(三) 利他行为的动机

1. 国内研究

动机(motivation)这个词语最初是来自拉丁文"movere",它的本意是移动或影响行为的发生。当代心理学家通过研究给动机下了一个科学的定义:动机是引起与维持个体活动,并使该活动指向某一目标的内部动力或过程。❷ 动机就其特点而言是潜在的、在特定的条件下可以被激发的。因此,利他动机就是可以引起和维持个体利他行为,并使该利他行为指向一定目标的内部动力或过程。

有学者将利他动机分为利己性利他动机(低度利他动机)和利

---

❶ WISPE L G. Positive Forms of Social Behavior: An Overview[J]. Journal of Social Issues,1972,28(3):1.

❷ 胡谊,郝宁. 教育心理学:理论与实践的整合观[M]. 上海:华东师范大学出版社,2009:225.

他性利他动机（高度利他动机）两大类，通过研究得出中学生的利己性利他动机与性别、学生干部等因素并无显著关系；而利他性利他动机与学生是否是学生干部、学生的年级、家庭条件、父母职业等因素关系密切。其中，中等和高水平家庭收入的学生的利己和利他性利他动机明显好于家庭收入水平低的学生。大学生的利他性利他动机明显高于利己性利他动机，其中利己性利他动机与性别、是否是独生子女、家庭地点等因素无明显关系，而利他性利他动机与是否是独生子女、家庭地点、学校性质等因素密切相关。❶

耿希峰教授对利他动机与情境因素的关系进行了研究，他将利他行为的发生情境分为两种，即紧急情境和非紧急情境。❷ 每个人都有利他动机，且利他动机具有潜在性，在特定条件下可以被外界环境激活。在两种情境下主要被激活的利他动机有奖赏动机、避免惩罚动机、互惠动机、社会责任规范动机、移情动机和自我牺牲动机六种。其中前两种在非紧急情境下出现，中间两种利他动机在两种情境下均可出现，而后两种利他动机只出现在紧急情境中。一些学者从社会交往的角度找出了利他行为的动机，主要是社会资本的获取，这直接关系到个体的生物性续存与社会性续存，并以此为基点研究了社会群体间相互竞争的社会与生态圈。

南京师范大学杨志强在其硕士学位论文中分析了初中生利他行为的动机现状并得出结论，即初中生的利他行为的动机具有多样性，并且主导型利他行为的动机在诸如年龄、性别、学校、事情紧急程度等因素上存在很大的变化与差异。❸

---

❶ 张会平,李虹.大学生利他动机的调查研究[J].心理与行为研究,2006(4):285-289.
❷ 耿希峰.情境因素与利他动机[J].淮南师范学院学报,2011(2):139-141.
❸ 杨志强.初中生亲社会行为动机现状分析[D].南京:南京师范大学,2004.

2. 国外研究

国外学者的研究表明，利他行为的发生要在一定的情境中才可以实现，这个情境可分为紧急情境（一种少见的特定突发情境）和非紧急情境（一种不常见的日常生活情境）两种。而利他动机与利他行为情境因素关系极为密切。情境对利他动机的影响主要表现在三个方面：其一，激活程度不同，紧急情境下利他动机比较不容易被激活；其二，利他动机目标指向不同；其三，利他动机维持功能不同。真正的利他行为的动机一定是良好的，即施助者一定不是试图从利他行为中获取什么利益或受助者的回报。巴斯顿认为，助人者的帮助行为可能仅仅出于对受害者的同情而非个人的某种需要。[1] 亚当·斯密重视对利他主义与利他行为的研究，他对利他行为最经典的阐释即一切道德行为的动机来自人的同情心，人的同情心是人与人交往的纽带，换言之，人的利他行为的本源来自人的同情心。[2]

也有一些国外学者对于人类是否存在利他动机持否定态度。如罗伯特·B. 西奥迪尼等认为，对于受害者的同情并不等于利他动机。同情之所以可以导致利他行为，主要是因为其创造了"一体感"，但这种连接自己与他人的"一体感"对个体本身是有好处的，而并不是完全的无私动机。[3] 因此，可以说如果利他行为无法获得有效的社会性支持，其根本就不值得做，因为它无助于增进自尊且促进生命意义的生成和提升。

---

[1] BATSON C D, BATSON J G, SLINGSBY J K, et al. Empathic Joy and the Empathy Altruism Hypothesis[J]. Journal of Personality and Social Psychology, 1991, 61(3):413-426.

[2] 亚当·斯密. 道德情操论[M]. 谢宗林, 译. 北京：中央编译出版社, 2015:118.

[3] CIALDINI R B, BROWN S L, LEWIS B P, et al. Reinter Preting the Empathy Altruism-relationship: When One into One Equals Oneness[J]. Journal of Personality and Social Psychology, 1997, 73(3):482.

3. 对国内外有关利他行为动机研究的评价

国内学者对利他动机进行了分类，他们将更多的精力放在了中学生和大学生利他动机的细化研究上；而国外学者更倾向于对利他动机的影响因素（利他情境）进行深入研究。但他们对儿童的利他动机的研究甚少，这是目前国内外学者利他动机研究的问题所在。

（四）利他行为的产生及其影响因素

1. 国内研究

利他行为的产生和人的基因有十分密切的关系。中南大学米满月教授通过研究指出了基因与利他行为之间的关系，即现代生物进化论是解释利他行为的理论基础，强调亲缘选择对绝对利他行为的决定作用。❶ 华中师范大学刘鹤玲教授认为，生物有机界中的损他利己与损己利他行为同样普遍，亲缘选择理论解释了生物有机体尤其是"超个体"的亲缘识别和亲缘利他及其进化的基因机制，揭示了个体利己与利他及基因指令与个体行为的一致性，进一步发展了自然选择学说。❷

国内一些学者认为利他行为的影响因素除生物因素外，还包括文化因素、情境因素、情绪因素、认知因素、人格因素等。他们借鉴西方的研究经验与成果，提出利他行为的影响因素主要有利他者、情境和受助者三方面。华中师范大学郭永玉教授指出，利他行为主要由利他人格和利他情境两大因素交互决定，并对利他人格的

---

❶ 米满月.基因与利他行为——道德胡生物学解释[J].湘南学院学报,2008(2):16.
❷ 刘鹤玲.亲缘选择理论:生物有机体的亲缘利他行为及其基因机制[J].华中师范大学学报(自然科学版),2008(3):117.

结构进行细化，即由社会责任感、认同感、公正的信念、内控因素、低利己主义五部分构成。通过利他行为的研究可以了解人的本质，进而促进人的合理化发展。❶

2. 国外研究

社会达尔文主义者道金斯从基因角度解释了利他行为的发生与发展。❷ 近年来，以色列西伯莱大学心理学家爱伯斯坦及其团队，通过长期的深入研究，从生物遗传学角度首次发现了促进人类利他行为的利他主义基因，该基因的变异发生在11号染色体上。❸ 学者们普遍认同利他主义基因的存在，但其不是单一决定人类的利他行为，而是与外界环境共同影响人类的利他行为。并且利他主义基因在不同人身上的表达方式也不同，具有多样性。

西方学界普遍认同人类利他行为产生的四种倾向：人类的利他行为倾向于与自己关系密切的人，倾向于那些曾经有恩于自己的人，倾向于那些对待他人真诚、热情的人，倾向于公平地对待他人的人。有四种理论分别支持这四种倾向，它们是亲缘选择理论、互惠利他理论、间接互惠理论及公平理论。

①亲缘选择理论又称汉密尔顿法则，强调亲缘关系越近，则利他行为越易发生并且行为的表现越强烈，反之亦然。后有学者指出这种理论的实质是基因决定了动物的利他行为。

②互惠利他理论又称直接利他理论，由美国进化论学和社会生物学家罗伯特·L. 特里弗斯提出。他将利他行为界定为一种为了帮助他人而必须付出代价的行为。他指出，利他行为之所以能够延

---

❶ 郭永玉，钟华. 利他人格研究述评[J]. 华东师范大学学报(教育科学版), 2008(3):71.
❷ 理查德·道金斯. 自私的基因[M]. 卢允中, 译. 北京:科学出版社, 1981:37.
❸ 奇云. 人类有利他主义基因[N]. 北京科技报, 2005-02-16(A11).

续是因为人们承担这种代价可以获得好处。

③间接互惠理论。直接互惠导致合作,而间接互惠进一步拓展和深化了人类合作的程度,可以说间接互惠具有不可替代的作用。

④公平理论。亚当·斯密认为,利他行为是得失权衡的产物。人们会通过自己跟他人的比较权衡自己的得失。这种主观上的公平感会导致人们作出利他的行为。[1]

国外有两种较新的理论试图清楚地阐释利他行为,并作为其理论基础。其一是学者西奥迪尼提出的社会道德敏感性理论,该理论认为儿童的利他行为与其对社会道德规范的敏感性是正相关的,儿童对社会期望有正确的认识,其就会出现相应的利他行为。[2] 其二是艾森伯格提出的利他个性品质理论,该理论认为每个人都存在一种利他特质,这种特质以对他人的同情心作为中介而发挥作用。[3]

此外有三种解释利他行为产生原因的理论。其一为本能理论。该理论是社会生物学学者推崇的主要理论,他们从动物本能的利他行为中总结出人类利他行为产生的原因,即人类利他行为产生的主因是出于本能,认为利他行为是人的一种基础本性,并且这种本性的重要意义在于可以使人类得以生存、发展与延续。其二为社会学习理论。该理论主张学习的最终结果是行为的产生,人的行为是观察、模仿和学习共同作用的结果,该理论在利他行为成因问题上占有主导作用,学界普遍认同其作用与价值。其三为移情理论。移情是一种设身处地地理解他人情绪与情感的能力。它是人利他行为的

---

[1] 亚当·斯密.道德情操论[M].谢宗林,译.北京:中央编译出版社,2015:33.

[2] CIADINI R B, BAUMANN D J, KENRICK D T. Insights from Sadness: A Three Steps Model of the Development of Altruism as Hedonism[J]. Developmental Review, 1981(1):210.

[3] ESIENBERG N, MILLER P. The Role of Sympathy and Altruistic Personality Traits in Helping: A Reexamination[J]. Journal of Personality, 1989(57):9.

重要促进因素。西方学界已对移情与利他行为的关系作了大量的研究，他们的研究结论是移情对社会行为具有预测作用，即移情越强，个体作出亲社会行为的可能性越大。移情对利他行为培养具有动机功能和信息功能，移情易使人认识到另外一个人的需要，进而平息自己的情绪。❶ 移情对利他行为的影响是通过"移情—同情—利他主义行为"这种模式实现的。❷

国外学者戴维·迈尔斯等人认为，利他行为影响因素主要有利他者因素、情境因素和受助者因素。

利他者因素受六方面的影响，即认知因素、移情、心情、年龄、性别和人格特征。❸ 认知因素包括观点采择和道德推理两个方面。观点采择即了解他人的感受、想法，从他人的角度、立场看待问题，从而对他人的观点作出准确推断。道德推理是指个人利用已有的道德概念和道德认知，对道德问题进行分析、评价和推断的能力。研究表明，移情能力强的人更容易去帮助他人。

情境因素受三方面的影响，即旁观者效应、物理环境和时间压力。旁观者效应作为影响利他行为产生的一个重要因素一直受到学者的关注。传统观点认为，人在面对紧急困境时，如果有他人在场或是提供帮助的话，个体可能就会比在独自一人的条件下表现出更少的助人利他意向，也就是他人的在场抑制了利他行为的产生。近年来，研究者指出，早期对旁观者效应的研究可能过于集中对其负

---

❶ BATSON C D. Immorality from Empathy-induced Altruism: When Compassion and Justice Conflict[J]. Journal of Personality and Social Psychology, 1995(68): 1024.

❷ FABES R A, EISENBERG N, KARBON M, et al. Socialization of children's various emotional Responding and Prosocial Behavior: Relation Ships with Mothers: Perceptions of Children's Emotional Reactivity[J]. Development Psychology, 1994(30): 44.

❸ 戴维·迈尔斯. 社会心理学[M]. 侯玉波, 安国乐, 张智勇, 译. 北京: 人民邮电出版社, 2014: 451.

面效果的分析，而忽视了其潜在的益处。基于这种观点，研究者发现了与早期旁观者效应研究不同的结果。一个就是群体规模的作用，研究者通过组间动力（intergroup dynamics）研究发现，当组员之间的认同变得突出时，群体规模可能促进而不是抑制利他行为的产生。❶

受助者因素主要是解决谁最有可能获得帮助这一问题。调查发现，人们更倾向于对那些自己喜欢的人和认为值得帮助的人产生利他倾向。对自己喜欢的人的利他行为可能受生理吸引力和相似性这两方面因素的影响。一般情况下，与外貌没有吸引力的人相比，人们更乐于对外貌长相好看的人产生利他帮助倾向。此外，研究还发现，人们更愿意帮助那些和他们自身相似的人，这种相似不仅仅包括长相、穿戴、地域，甚至还包括社会身份、政治态度及生活的经历等。

3. 对国内外有关利他行为产生及其影响因素研究的评价

国内学者对于利他行为与基因的关系进行了一定的研究，并总结出影响利他行为的关键因素；国外学者从生物学角度阐释了利他行为的发生，以及人类利他行为产生的四种倾向，并分析了相应的支持理论。国外学者从理论层面解释了利他行为产生的根本原因，他们对于利他行为影响因素的实证研究明显多于国内学者的研究，这是国内研究该领域的学者们需要进一步加强的部分。

---

❶ LEVINE M, CROWTHER S. The Responsive Bystander: How Social Group Membership and Group Size Canencourage as well as Inhibit Bystander Intervention[J]. Journal of Personality and Social Psychology, 2008(6):1429.

（五）利他行为的教育策略研究

1. 国内研究

（1）对幼儿及小学生利他行为教育策略的研究

目前我国对 3 岁以下幼儿的利他行为研究并不多（更多是心理学视角下亲社会行为的研究），并且研究多局限于实验室，且样本取样不足、缺乏代表性。国内学者对幼儿利他行为教育的对策主要有四种，笔者总结如下。

第一种是行为结果强化策略，该策略依据心理学家斯金纳的强化理论，认为人们对某些行为作出奖赏的同时即增加了这种行为出现的可能性，即正向强化行为的出现。如果儿童的利他行为未能得到及时的强化，该行为即会逐渐消退。

第二种是榜样示范策略，理论证实榜样示范对于年龄小的幼儿比年龄大的儿童影响更大，学者一致认为观察学习成年榜样对儿童利他行为的培养具有积极的意义。

第三种是言语指导策略，该策略包括讲解、说教、指令及讨论性劝导。实践表明，幼儿可以通过成年人对其进行的指导获得更好的成长，因此，成人带有情感性的言语指导对幼儿的成长有十分重要的作用。

第四种是个人体验策略，该策略依据美国著名教育家杜威的"做中学"教育思想原则，具体操作体现在角色扮演法、自我情感测验法及合作体验法中。

关于小学生利他行为的培养策略，刘巍巍博士做了细致的研究，她提出从家庭、学校和社会环境三方面入手，改变小学生利他行为不令人满意的现状。❶ 李德显教授从学校道德教化与熏陶角度出发,提出榜样和奖惩性相结合的策略来提升小学生利他行为的发生概率。❷

(2) 对中学生利他行为教育策略的研究

目前,我国中学生利他行为呈现出弱化的趋势。有学者指出,我国当代青年利他行为的弱化表现为社会冷漠和逆反心理。有研究表明,我国约有三分之一的中学生存在中度以上的心理问题,具体表现为焦虑、猜疑、敌对、妄想等心理倾向,这都会给利他行为的培养带来负面影响。

辽宁师范大学杨淑萍教授通过研究得出,现阶段我国中学生利他行为缺失的原因主要为中学生心理特征影响、家庭教育的弱化、注入式道德教育和网络媒体影响四个方面,并提出相应的道德教育策略。❸ 中学生利他行为缺失可以用道德教育中的一些方法来进行弥补,如培养学生积极的道德情感,营造宽松、温馨的家庭氛围,强化对学生的集体主义教育,提高学生的社会责任感等。同时,也有研究表明,对于初中低年级学生可以采取灌输的方式来不断强化他们的利他观,促进学生由服从权威向道德规范内化过渡。

(3) 对大学生利他行为教育策略的研究

哈尔滨师范大学陈健芷教授通过研究得出,我国大学生利他行为存在弱化倾向。他指出弱化的造成有三方面原因——家庭教育失当、多元的社会价值观、"旁观者效应"影响。利他行为的弱化问题可以通过开展价值观与社会责任感教育、进行"移情训练"、建

---

❶ 刘巍巍.小学生利他行为培养研究[D].大连:辽宁师范大学,2013.
❷ 李德显,杨淑萍.小学生利他行为发展的时代特征及培养策略[J].教育理论与实践,2020(2):18.
❸ 邓婕,杨淑萍.中学生利他行为缺失的道德教育反思[J].教育探索,2014(6):132.

立公正的奖励与惩罚机制等方式来解决。❶ 学者牛巨龙与田爱民在分析大学生利他行为弱化原因后，从制度建设角度阐明了大学生利他行为培养的途径与方法。❷ 张爱社、蒋建国提出当前必须从加强教育和转变社会风气两个方面入手，培养大学生利他主义精神，进而塑造大学生全面发展的人格。❸ 学者张会平、李虹等人通过对调查数据的分析得出大学生利他行为程度的强弱主要受所学专业和性别因素影响，而独生子女、家庭地点、学校性质同大学生利他行为、利他动机有显著关系。❹ 陶倩和林泰指出，学校道德教育对学生利他性人格的培养起着至关重要的作用，有利于我们更好地将社会主义与集体主义价值导向贯彻到实处。❺

2. 国外研究

国外学者认为学生利他行为的培养主要有三方面内容：增强学生的利他动机、养成良好的利他习惯、对学生利他性人格进行良好的塑造。他们更倾向于从媒体、政府和个人三方面对影响学生利他行为的因素进行提升，以更好地促进利他行为的发生。他们较为推崇的培养利他行为的方法主要有榜样示范法、及时强化法、移情法，以使学生学习有效的助人技能。

---

❶ 陈健芷,宋琳婷,王佳欣.大学生利他行为现状分析与教育对策[J].教育探索,2012(2):141.

❷ 牛巨龙,田爱民.加强大学生利他行为培养的思考[J].高等农业教育,2006(5):89.

❸ 张爱社,蒋建国.论大学生亲社会行为习惯的培养[J].龙岩师专学报,2003,21(1):102.

❹ 张会平,李虹.大学生利他动机的调查研究[J].心理与行为研究,2006,4(4):288.

❺ 林泰,陶倩.当前社会利他行为研究的意义及其三层次表现[J].清华大学学报(哲学社会科学版),2001(5):32.

3. 对国内外有关利他行为教育策略研究的评价

关于利他行为的教育策略，国内学者的研究主要倾向从教育的定义、社会功能及学生交往特点出发，找到教育本身与利他主义精神具有的同质性，这种同质性使学校教育成为利他主义精神发展与培育的重要园地。教育者通过改变教育方式与教育内容对学生的利他行为施加影响，对不同的研究对象（幼儿和小学生、中学生和大学生）的利他行为进行塑造与培养。国外学者的研究略显单薄，并且他们更主要从社会、政府和个人三方面寻找突破口来培育学生的利他行为，相较于国内的研究视角显得更为粗犷，也没有给出更行之有效的办法。

（六）对相关研究的总体评价

国内外的一些知名学者对利他行为概念、类型、动机、产生理论、影响因素及教育对策等方面已经作了初步的研究，但对利他行为的构成要素分析研究甚少。国外的研究过多地依赖心理学等交叉学科的研究成果对儿童利他行为（亲社会行为）进行研究，从德育学的视角对此问题的切入和研究不够深入，有待进一步强化。

国内研究的主要问题是：第一，使用思辨的方法较多，使用实证的方法较少，忽视调查其真实之样；第二，对幼儿和大学生的研究较多（尤其从心理学视角进行研究），对初中生的研究相对较为薄弱（中学生群体利他行为的相关研究未来仍是重点）；第三，研究成果相对陈旧，对当代人利他行为特征的关注较少；第四，一般性、归因性研究较多，细致分析个体利他行为发生、发展内在机理的研究较少。

利他行为的相关实践研究可以从志愿者群体的活动出发，通过对显著群体利他动机的深入挖掘，构建利他行为发生的机制，进一步探究有效培养公民利他意识与行为的机制，形成具有自尊自信的积极向上的乐观的社会心态，进而构建和谐的社会风气，推动新时代社会主义精神文明全面发展。

本章小结

本章总结了国内外关于利他行为的概念、类型、动机、产生、影响因素和教育策略等方面研究的现状及优缺点，并界定了新的利他行为的概念，即利他行为是一种自愿的、以帮助他人为主要目的的，对受助者的个人利益有增益作用而对施助者的个人利益可能带来损失的道德行为。

第二章

利他行为发生与发展的理论基础

道德的本质属性是利他性。道德利他性指人们在处理人与人、人与社会之间的利益关系的过程中，所表现出的自我节制和自我牺牲精神。道德行为都是对别人、对社会有益的行为。而凡是有利于他人或社会的行为，都是对个人利益的节制，都要作出或多或少的自我牺牲。本书解释利他行为发生与发展的主要理论基础是班杜拉的社会学习理论、科尔伯格的道德发展阶段理论和涂尔干的儿童利他主义论，下面对它们进行详细阐释。

一、班杜拉的社会学习理论

社会学习理论（social learning theory）是社会心理学和道德教育领域中的重要理论，是20世纪60年代出现的一种学习理论，主要代表人物是美国著名心理学家、新行为主义者阿尔伯特·班杜拉教授（Albert Bandura）。班杜拉明确指出，行为主义的刺激无法解释人类的观察学习现象，他着力强调观察学习和自我调节对个体行为产生的作用，重视个体行为与环境的相互作用。该理论的重要前提是人通过重复那些得到强化的行为，尽量避免那些需要付出代价或是使自身受到惩罚的行为。利他行为通常要求利他行为实施者放弃报偿甚至是自我的重要利益来帮助他人，以承受一定的损失为前提。该理论从反应结果引起的学习和从示范过程中的学习两方面探究行为的起因。传统行为主义理论流派认为，行为产生的主要原因在于个体内部力量的发掘，他们从个体本身去探寻行为产生的根源。随着行为理论的渐次发展，行为理论开始将原因分析的重点从纷繁复杂的内部因素转向详细测定个体反应的外部影响上。行为理论既要考虑决定行为的普遍性原则，也要考虑其特殊条件性因素。为了更好地理解由反应结果引起的学习，需要了解信息功能、动机功能、强化功能。而示范过程中的学习主要包括观察学习的过程，它是班杜拉社会学习理论的焦点。[1] 此外，示范作用和交互决定论也是该理论中的重要组成部分，下面将进行详细分析。

（一）观察学习的过程

个体如果只依靠自身的行动效果来评判该做什么，不做什么，这样的学习是危险的，也是效率低下的。人们应该从观察他人的行为中产生新行为如何操作的一系列观念，这种编码信息在日后的场合中可以作为一个行动的导向。

观察学习（observational learning）指一个人通过观察他人的行为及其强化结果而习得某些新的反应，或使其已经具有的某种行为反应特征得到矫正。班杜拉认为，人一生中的大部分行为与习惯可

---

[1] 阿尔伯特·班杜拉.社会学习理论[M].陈欣银,李伯黍,译.北京:中国人民大学出版社,2015:13.

以通过观察与模仿习得,并提出观察学习由四个过程组成,即注意过程、保持过程、运动再现过程和动机过程。

1. 注意过程

注意过程是观察学习的第一过程,它的主要任务是注意榜样。它决定了个体在呈现其面前的大量范例中选择什么作为观察对象,以及在诸多示范原型中抽取哪些材料作为要点。不同的范例原型具有不同的行为功能价值,决定人们会观察哪些原型和忽视哪些原型。个体往往会选择具有迷人特征的原型,而忽视那些缺乏可爱性特征的原型。换言之,学生更关注那些有影响力的、成功的、有名的榜样,从其中选出有用的信息加以利用。观察者首先应对模仿者进行关注,注意他的诸如声誉、能力、性别、年龄等显著特征,看他们与观察者的相似程度,观察者自身的特点也会影响观察学习的注意过程。需要注意的是,某些示范形式具有奖赏功能,如电视等各种新媒介所提供的大量符号性示范活动,人们可以在享受其带来乐趣的同时观察和学习各种不同的行为方式,因为这类示范形式可以较为有效地吸引注意力,观众会在不知不觉中学到知识。观察者自身加工信息的能力和水平也会影响他们在观察经验中的相关受益程度。

2. 保持过程

保持过程作为观察学习的第二个过程,主要指对某个时刻所模仿活动的一种保持。保持过程主要包括符号转换、表征系统、复述与保持、认知复述四个部分。❶ 符号媒介可以将瞬时性示范经验永

---

❶ 阿尔伯特·班杜拉.思想和行动的社会基础:社会认知论(上册)[M].林颖,王小明,胡谊,等,译.上海:华东师范大学出版社,2001:74.

久地保持在记忆之中，这种符号化的高级能力使人类在观察学习中学会了许多行为。观察学习主要依赖的表征系统有二：其一，表象系统和言语系统，通过感觉性刺激产生感觉，进而促生对外界事件知觉。示范刺激的反复出现，使有关示范动作的持久可回忆表象出现。视觉表象的作用不可忽视，其在早期发展的观察学习中意义非凡。其二，关于示范事件的词语编码。因为调节个体认知过程大多数是言语过程，而非视觉过程。当示范活动被转换成表象或较好利用的言语符号之后，这些记忆代码便较为顺利地被利用。除了言语编码类的符号编码之外，演习也可以作为一种重要的方式。可以说，学习者具备一定的保持学习能力便可以使榜样行为对学习者产生积极影响。学习者得以继续学习的关键在于榜样示范行为的信息在学习者头脑中被记忆与保存。

3. 运动再现过程

运动再现过程是示范过程的第三环节，它将符号的表象转换成合适的行动，在观察学习中至关重要。运动再现过程包括动作认知组织、实际组织和动作监控三个子过程。动作认知的有效组织要求在行为操作的一开始使反应在认知层面得到筛选和组织，观察学习的质量很大程度上取决于这一过程需要的各种技能成分有效性的达成，如果缺失或不达标，可能导致行为再现的出错或不完善，遇到这种情况必须通过反复示范和练习加以克服。实际组织即把观察学习到的东西付诸实践的过程。观念在第一次转化为实际行动时或多或少都会存在一些错误，即符号表象与实际行动之间存在脱节现象，需要通过调节使观念和行为保持一致，即试错过程。动作监控即在复杂技能与行为的学习过程中，个体往往不能全面观察自己的反应，而必须依赖模糊的动觉线索，或旁观者的口头提醒，来获得侧面的监控。个体只靠试错无法获得良好的效果，通常做法是通过示范一个相近的新行为，一开始习得部分相类似的能力和技能，并从集中演习和操作中进行信息反馈、自我矫正与调整，最终将该行为加以精进。

4. 动机过程

动机是学习者学习的内部原动力，动机贯穿学习过程的始终。人们大多选择的示范性行为是那些对自己有价值的，不太能接受那些没有奖赏性或具有惩罚性作用的示范行为。人们对自己行为的评价性反应，通常会进一步调节他们将操作何种可观察的习得行为。动机的刺激与维持至关重要，同时，强化利于学习效果的进一步巩固。社会学习理论中强化对观察学习的影响过程是：预期的强化物—注意—示范刺激物—符号编码/认知组织/演习—反应。

班杜拉对观察学习的四个子过程有着较为深入的研究，他特别强调行为的启动与维持，该理论对于儿童良好行为习惯的养成具有重要意义。他和同事还对儿童的某些道德行为做了专门的实验研究，如攻击性行为习得研究、抗拒诱惑研究、道德判断研究和言行一致性研究等。

观察学习的影响因素众多，即便提供足够突出的原型，也无法保证在其他人身上自动出现相同的行为。因此，在任何特定的情境中，一个观察者无法复演一个原型行为，很大程度上可能是由于以下原因：没有注意到相关的活动信息，记忆表象过程中的编码不够准确，不能有效地保持所学习的东西，没有相关能力完成操作，缺乏完备的动因。

（二）示范的作用

社会学习理论强调个人的行为是社会示范与实践和个体内部发展共同作用的结果，它强调人与人的交互关系在行为的产生与变化中起决定性作用。该理论认为，父母、老师、同伴、英雄人物的榜样力量不可忽视。班杜拉提出构成道德认知与道德行为来源的示范原型有三方面，即家庭成员（父母、兄妹等）、社区成员（家庭与学校生活所在社区的成员）和传播媒介（报纸、电影、书籍等）。

班杜拉榜样示范理论主要包括六种示范，即行动的和言语的示范、象征性示范、抽象的和参照的示范、参与性示范、创造性示范和抑制或延迟的示范。❶ 其中，抽象的和参照的示范过程，即在抽象的模仿中，观察者从不同示范反应中抽取所表征的共同属性，并形成一些规则，以产生具有箱式结构特征的行为。❷ 创造性示范作用主要指与一般信念相反，在示范的过程中可以产生新的模式，以各种不同的原型呈现给观察者。榜样示范既可以加强或促进学习者行为方式的形成，也可以抑制或推迟学习者行为方式的形成，班杜拉称后者为抑制的或延迟的示范。❸ 其中的多样性促使行为的创新，同时也使得新风格得以创造性地发展。❹

（三）交互决定论

班杜拉提出人的行为是由环境自我定向和社会控制共同影响决

---

❶ 袁桂林.当代西方道德教育理论[M].福州:福建教育出版社,2005:203.

❷ 阿尔伯特·班杜拉.社会学习理论[M].陈欣银,李伯黍,译.北京:中国人民大学出版社,2015:33.

❸ 同❷:206.

❹ 同❷:40.

定的。人的行为并不是先天安排好的，而是后天逐渐形成的，这取决于个人社会经验的积累。交互决定论具体表现在人与环境影响的相互依赖性、交互影响与自我定向的执行、交互影响和社会控制的限制这三个方面，即人的行为（B）由人的内部因素（P）和环境的外部因素（E）共同作用所决定。他指出，个体通过其行为创造环境条件，被创造的环境条件又会影响下一个行为。行为和环境之间就是这样彼此交互影响的，并且通过行为产生的经验会进一步决定个体能够做什么，并最终成为什么人，这样被决定的人又会影响今后个体的行为产生。因此，个体之间的 B、P、E 三者之间的关系具有双向性。

研究表明，环境仅仅是一种潜在的性能，只有通过特定的行动使之现实化后才能起到实际作用，它不具有一种必然地对个体发生作用的稳定性能。班杜拉的三元交互理论强调环境和教育在学生品德形成过程中的作用，但也不可忽视人对环境的自我反省与调节能力。学生通过自我反省可以对错误的道德行为进行纠正，并进一步降低违反道德的行为的发生概率。

班杜拉的社会学习理论较好地解释了人为何会实施利他行为，这主要是因为所有的利他行为都要付出相应的代价，它们都是社会学习和强化的必然结果。利他行为的实施者在个人利益可能受损的前提下也会得到一些补偿，尽管有的是有形的奖励，有的是无形的奖励（如自我价值的实现等）。

班杜拉的社会学习理论强调成人与环境对儿童道德行为产生的重要影响；通过研究得知儿童道德品质的形成不仅受到直接经验的影响，也受到观察的影响；该理论十分重视动机的激发与维持，及其对个体道德行为的影响。该理论存在一些不足，如缺乏社会环境因素变量的考量，需在后续研究中拓展。

二、科尔伯格的道德发展阶段理论

劳伦斯·科尔伯格（Lawrence Kohlberg）是美国著名的儿童发展心理学家，也是著名的道德教育专家。受皮亚杰早期认知学派的影响，他通过考察儿童对一系列结构化的情景或道德两难问题的反应，于1955年在总结杜威和皮亚杰关于道德发展阶段划分成果的基础上，把皮亚杰等人的较为经典的对偶故事法发展成两难故事法，以道德两难故事作为基本的素材，判断儿童的道德发展水平与阶段。他在学术研究的后期意识到道德说理应该与实践更好地结合，进而提出了公正团体法，该方法有效地解决了学校道德教育过程中理论与实践相脱节的问题。

科尔伯格提出的最为经典的道德两难故事，即为"海因茨偷药"。这是道德测试的经典材料。故事的大概内容是：一位欧洲的妇女患上一种很难治愈的疾病，即将死亡，她的丈夫海因茨听说有位出名的药剂师发明了一种新药，可以治疗该疾病，但是一剂药物需要2000美金。费尽九牛二虎之力的海因茨只筹够1000美金，他恳求药剂师把药低价卖给他，但遭到了无情的拒绝，药剂师表明生产此药就是为了赚钱。因此，在没有其他任何办法的情况下，海因茨晚上到库房将药物偷走。讲完故事之后，提出一些问题让儿童来回答，如"海因茨是否应该偷药？为什么？""药剂师不卖药给海因茨对不对？为什么？"等。

根据儿童对问题的回答，结合其年龄特征与个体差异性进行分析，进一步总结并提出个体道德发展"三水平六阶段"的道德发展阶段理论。

（一）前习俗水平（0~9岁）

处在这一水平的儿童，其道德观念是纯外在的。他们为了免受惩罚或获得奖励而顺从权威人物规定的行为准则，根据行为的直接后果和自身的利害关系判断好坏是非。这一水平包括两个阶段。

第一阶段：惩罚与服从定向阶段。在这一阶段儿童根据行为之于自己的后果来判断行为是好是坏及严重程度，他们服从权威或规则只是为了避免惩罚，认为受赞扬的行为就是好的，受惩罚的行为就是坏的。他们此时还没有真正的道德概念。

第二阶段：相对功利取向阶段。这一阶段的儿童依据对方与自己的关系亲疏来决定行为取向，其思维逻辑为"你对我好，我即对你好；你对我不好，我就对你不好"。儿童依然以自我利益为中心，用非道德标准来判断和选择具体行为。

（二）习俗水平（10~15岁）

处在这一水平的儿童，能够着眼于社会的希望与要求，并以社会成员的角度思考道德问题，已经开始意识到个体的行为必须符合社会的准则，能够了解社会规范，并遵守和执行社会规范。规则已被内化，按规则行动被认为是正确的。这一水平也包含两个阶段。

第三阶段：寻求认可定向阶段，也称"好孩子"定向阶段。处在该阶段的儿童，个体的道德价值以人际关系的和谐为导向，顺从传统的要求，符合大家的意见，谋求大家的赞赏和认可。总是考虑到他人和社会对"好孩子"的要求，并总是尽量按这种要求去思考。他们认为好的行为是使人喜欢或被人赞赏的行为。

第四阶段：遵守法规和秩序定向阶段。处于该阶段的儿童已经意识到作为一个社会成员的社会责任，其道德价值以服从社会权威为导向，他们认识到社会秩序和规范对于所有社会成员的重要性，认为法律规范代表的是社会绝对权威，是不可违抗的，必须遵从法律规范去行动。

（三）后习俗水平（15岁以后）

后习俗水平也称"原则水平"。达到这一道德水平的人，意识到法律规范的相对性，认识到存在超越世俗社会的反映人类生命尊严、社会正义的普适性价值，并将此作为判定道德行为的依据。该水平也包含两个阶段。

第五阶段：社会契约定向阶段。处于这一阶段的人认为法律和规范是大家商定的，是一种社会契约。他们看重法律的效力，认为法律可以帮助人维持公正。但同时认为契约和法律的规定并不是绝对的，可以应大多数人的要求而改变。

第六阶段：原则或良心定向阶段。这是进行道德判断的最高阶段，表现为能以公正、平等、尊严这些最一般的原则为标准进行思考。他们认为人类普遍的道义高于一切。❶

对于科尔伯格的道德发展阶段理论中的三个水平，社会中的大多数青少年和成人都处在习俗水平，只有少数20岁以上的成人才能达到后习俗水平。❷ 他的研究主要以男孩为被试，并且该理论只涉及道德推理，而没有对具体的道德行为进行研究，不得不说这是该理论的一大局限。❸ 个体并不是遵循某个简单的规则来产生道德

---

❶ 劳伦斯·科尔伯格.道德教育的哲学[M].魏贤超,何森,等,译.杭州：浙江教育出版社,2000:20-23,282.

❷ 劳伦斯·科尔伯格.道德发展心理学——道德阶段的本质与确证[M].郭本禹,何谨,黄小丹,等,译.上海：华东师范大学出版社,2004:163.

❸ 罗伯特·斯莱文.教育心理学:理论与实践[M].7版.姚梅林,等,译.北京：人民邮电出版社,2004:43.

行为，相反，道德行为的产生过程是比较复杂的。因此，解释具体的道德行为不仅要研究个体的道德推理能力，更要注意具体的道德动机和将道德计划付诸实践所需的社会技能等。

科尔伯格"三水平六阶段"理论的特征，即"发展是向上的，按顺序进行的，没有跳跃。当然发展速度不完全一致，可能有时候既属于这个阶段又属于另一个阶段。有的人也可能在某个年龄停滞在某特定阶段，但如果其继续发展，其发展路径仍遵循这些阶段"❶。总结来说，科尔伯格道德发展阶段理论的特点是向上、按序、无逆转、无跳跃。

三、涂尔干儿童利他主义

涂尔干·埃米尔（Émile Durkheim）是 19 世纪与 20 世纪之交法国杰出的社会学家，是教育学的"经典作家"和教育社会学的创始人。他的教育理论尤其是道德教育理论对现当代学校教育实践影响深远。儿童利他主义思想是涂尔干道德教育理论的重要构成部分，他分析了儿童利他主义的特点，提出儿童对社会群体的依恋和认同是培养儿童利他意识的重要因素，对我国道德教育实践尤其是儿童利他取向的基础道德价值观的培养有一定的借鉴作用。

（一）儿童利他主义的内涵

在涂尔干看来，教育是一种社会事实，是社会发展的一种手段，旨在培养社会所需要的人才，是为了在儿童内心形成自身存在所必需的基本条件而采取的手段。道德及道德教育是应特定的社会

---

❶ 袁桂林. 当代西方道德教育理论[M]. 福州：福建教育出版社，2005.

需要而产生的，他主张个人献身社会，反对个人利益至上的价值观，推崇社会性是道德行为的准则，也是道德教育的本质。正是在这一基础上，涂尔干提出了他的儿童利他主义思想。

1. 依恋和认同——儿童利他主义的内涵

涂尔干认为，利他主义是对自身之外他物的依恋，这种依恋是一种对社会群体的依赖与认同，其中社会群体主要指家庭、国家或政治群体及人类。涂尔干认为，人对自我之外的某种事物的依恋，并不像人们有时候说的那样，是一种神秘的、非同寻常的、几乎莫名其妙的能力，通过这种能力，人们给他的原初本性造成了伤害，并与之发生了矛盾。[1] 因此，涂尔干的儿童利他主义指儿童对其所在家庭及身边人和物乃至国家或政治群体的依赖与认同。这种依赖和认同包含一种奉献精神，即放弃自我利益而服从于社会群体的利益。他根据人类行为的不同目的，把人类行为划分为追求自身利益的个人行为和与自身利益无关的非个人行为。涂尔干认为，正如我们的物质机体从自然界获得营养一样，精神机体依靠的观念、情感和实践都从社会中得到滋养，仅仅为自身利益服务的行为从来不具有道德价值。他强调，每个人都离不开社会，且应该对社会拥有浓浓的依恋之情。因此，每个人都应该具有为社会和利益而行动的奉献精神，即舍"我"利"他"。从小培养儿童的利他主义情感可以更好地促进儿童个体道德心理的社会化，有利于他们自身的道德成长，使其更好地相信、依赖和适应他们所生存的客观世界和社会，更容易地促进个体与家庭、社会的融合。

---

[1] 涂尔干·埃米尔.道德教育[M].陈光金,沈杰,朱谐汉,译.上海:上海人民出版社,2006:162.

2. 习惯与效仿——儿童利他主义的生成

一方面，良好习惯的驱使。在习惯的作用下，儿童对他周边熟悉的人和物的依赖性与认同感会逐渐增强。正如洛克所说，儿童不是用规则可以教得好的，规则总是会被他们忘掉的；而习惯一旦培养成功之后，便用不着借助记忆，很容易且很自然地发生作用。这是因为对某种行为的不断重复必然对儿童产生影响，使儿童与周边熟悉的人和物产生一种约束关系，这种动态的约束关系是双向的、逐渐强化的。儿童生下来既是独立个体，也自觉成为社会的一员，与周围社会环境相互依托。社会为个体的发展提供必要的条件，个体的行为也直接影响社会的发展。因此，社会道德要求个体利益应服从整体利益，注重与社会和谐共处，必要时个体要具有牺牲精神，以保全集体或社会的利益。这种价值观通过向教育过程渗透，具体化为一些日常行为要求，潜移默化地引导儿童形成某种符合利他主义规范的行为习惯。

另一方面，对利他榜样的效仿。儿童的不成熟性和发展性使其对外部环境的感受能力很强。他们的心灵是敏感的，时刻为接受一切好的东西而敞开着。儿童通过感受周围世界的美，诸如高尚、善良和诚实等优秀品质，受此类品质的感染，儿童会在自己身上确立美的品质，建构道德标准。因此，强调利他榜样的树立，在儿童面前表达出来的利他主义情感很容易被儿童效仿并加以内化，并自然而然地传递给周边的人。他会因为看到他人的痛苦而感到痛苦，也会把他们感受到的快乐传递给其他人。正如苏联心理学家科瓦列夫所说："情感是个性的稳定结构或特征。"[1] 可以说儿童的敏感、开

---

[1] 章志光.心理学[M].北京:人民教育出版社,1987:281.

放、好奇、单纯等心理特点是易于效仿他人、易于受感性因素影响的心理基础，也是利他主义情感的一个最真实的来源。

(二) 儿童利他主义的特质

涂尔干指出，儿童利他主义的品质与成年人利他主义的品质有着显著差异，儿童所形成的利他主义较之成年人而言具有简单、不彻底、自然性等特性，具体表现为如下三个方面。

1. 单纯性

涂尔干认为，儿童的社会化水平决定了儿童的利他主义是一种从心灵深处发出的本性光辉，他们心灵纯净、不谙世事，凭借纯真的天性真诚地对待一切人和事物。儿童同情的范围明显比成年人大很多。他们会把生命的意义赋予那些本来就没有生命的物体，并参与他们的生活，体味那些被想象出来的苦与乐，与他们相互依赖。如他们会对一个"受伤"的玩具娃娃，一张被撕碎、被揉皱的纸，一块挪不走的石头产生悲悯之心。[1] 这使儿童利他主义呈现出一种单纯且简单的特点，这种单纯性的特点是儿童意识的有限性所决定的，也是儿童身心发展不成熟的天然反映。

2. 先天性

儿童作为一个有意识存在的主体，从他们出生的一刻起便具有了某种利他主义倾向。尽管他们的意识可能很不成熟，这种利他主义倾向也可能十分不完全，但这并不能否定儿童利他主义的先天性

---

[1] 涂尔干·埃米尔.道德教育[M].陈光金,沈杰,朱谐汉,译.上海:上海人民出版社，2006:163.

特点。涂尔干认为，那些说儿童天生就不具有利他主义倾向的论断是偏颇的。一方面，一些学者指控儿童生来就对动物表现出一种极端的残酷性，认为儿童时期"是一个没有怜悯之心的年龄"[1]。他们认为，儿童不仅不会因他们强加给动物的痛苦而感到痛苦，相反感受到的是极度的快乐。涂尔干认为，这仅仅是儿童的好奇心在作祟，他们本身并不知道这是一种卑鄙的、可耻的情感，可以说儿童的这种残酷是模糊的、无意识的、无涉道德价值的。因为他们并不清楚自身的行为所引起的痛苦对动物意味着什么，更没有清楚地认识到他们在做什么。另一方面，一些学者指控，当父母突然死亡等家庭灾难出现的时候，儿童表现得无动于衷。这是由于儿童在一定年龄之前缺乏对家庭成员消失的真正含义，以及死亡是什么概念的理解，不能很好地把生死诀别与暂时离开区分开，但这并不意味着儿童缺乏同情心和丧失对周边环境的敏感性。相反，涂尔干认为，儿童具有非常强的共情意识，特别容易将自己的情感体验共享至对象物或同伴身上，如当看到同伴哭时，多数儿童会主动安慰。说明利他主义情感天然地根植于儿童内心深处。

3. 朴素性

个体的儿童阶段的道德认知基本处于自我中心的阶段，身心发展还相当不成熟，促进其道德认知水平提升的重要途径是社会交往和社会互动，但对儿童来说，他们接触到的社会环境及人际关系十分有限，其效仿对象和价值标准主要来源于他们熟悉的对象，如家人、玩伴及老师等。这使他们形成的价值认同比较单一，对陌生人

---

[1] 涂尔干·埃米尔.道德教育[M].陈光金,沈杰,朱谐汉,译.上海:上海人民出版社,2006:165.

际关系的处理规则缺乏经验性积累。因此，他们只能以一种不确定的方式构想一切，这只是一种无意识的、肤浅的认识，这种意识指导下采取的利他行为同样具有一定的粗陋性，因为现实社会中的很多人、物、事都离他们太遥远，也远远超出他们的认知范围和行为能力。如此看来，儿童所呈现出来的利他主义必然是粗线条和简朴的。

涂尔干的儿童利他主义思想给我们当代儿童道德教育带来宝贵的启示，其主张通过教育的手段来扩大儿童的意识范围，并逐步使其超出机体的边界，形成更具社会性的利他主义观念。尤其是通过让儿童逐渐熟悉那些最初他们只能模糊感觉到的事物，培养儿童对社会群体的依恋和认同，形成利他主义价值观。尽管越过这种界限是有难度的，但是通过富有智慧的教育是可以实现的。

本章小结

在本章中，笔者对本书研究的核心理论、班杜拉的社会学习理论、科尔伯格的道德发展阶段理论和涂尔干儿童利他主义理论作了详细的阐释。笔者认为，对于教育问题的研究要聚焦核心理论，这些理论可以来自教育学、心理学、社会学乃至政治学、历史学、文化学等，找到恰当的并可以支撑它们的理论作为基础，不必刻意强求理论的多样性，重要的是理论的精准性和适用性，这是笔者在做本书理论基础研究过程中的一个心得。

第三章

初中生利他行为的理论分析结构

人类是群居性生物，从人类产生开始，社会性生活和生产就成为人类社会生存和发展的主要样态。在人类个体与个体、个体与群体及群体与群体的交往中，存在三种基本的交往形态。第一种是利己的交往，这种交往的目的和结果通常有利于发起交往的一方，人的利己本能可以从达尔文的生物进化理论中找到答案。第二种是互利的交往，这种交往的目的、过程和结果一般有利于交往双方。这种方式可以从社会历史发展的进程中找到答案，人类社会是从等级、专制社会制度逐步走向平等、民主和互利双赢的社会制度。第三种是利他的交往，这种交往的目的、过程和结果通常不利于交往发起的一方，而有利于交往的另外一方。利他行为是一个健康社会所必须的，这是因为即使一个看上去设计得已经比较完美的社会制度和规则体系，也不可能仅仅通过利己的和双赢的制度和机制设计解决所有的交往和利益分配问题。例如，为了保护领土的完整和族群的根本利益，总得有人为此付出生命的代价。这里既有运行成本的问题，也显现问题本身限定了利己主义和互利的原则不可能解决这类问题。正因为如此，几乎所有的社会都赞美利他精神和利他行为，并把身上具有它们的优秀者定格为英雄。

利他行为内在构成要素和形成原因是复杂的，很显然，猜测和举例的方式已经不能满足我们对利他行为发生和发展作出深入的讨论和解释，只有构建一种较为系统的分析结构才有利于我们对初中生的利他行为作出更为深入的探讨。本书借鉴深圳大学博士生导师傅维利教授的研究成果，从以下两方面对初中生利他行为进行分析与研究。

一、初中生利他行为内在构成要素的基本分析结构

人的利他行为虽然是整体呈现的，但和其他绝大多数的事物一样，这些行为是可以解构成能够进行分析的诸种要素。当然，这些要素应是人们在一个人发生利他行为的过程中可以观察到的。也就是说，这些要素不是人们主观臆造的，而是客观存在的人的利他行为的重要组成部分。

这些要素可以分成两大类：第一类，利他行为作为一种在一定情境中现实实践活动的构成要素，如目的、对象、内容、情境等；第二类，人心理活动的内在构成要素，主要有知、情、意、行及知与行的关系。第一类关注利他对象及其周边环境对人的利他行为的影响；第二类考察人在实施利他行为过程中的内在心理活动。按照此种分类方式，利他行为要素可分为两大类，共十一个方面，具体阐释如下。

(一) 实践活动的构成要素

1. 利他行为的对象

人的利他行为从本质看是一种社会实践活动,而实践对象是构成利他行为最基本的要素。在对利他行为对象的分析中,我们可以较为清晰地观察到不同利他行为的一些重要特征。

笔者把利他行为的对象按照三个领域进行划分,试图在这些领域间的比较中发现、归纳出不同的人,特别是不同年龄阶段的个体利他行为的重要特征。这三个领域分别是:第一,私人领域,主要涵盖的利他对象有家人、亲属和朋友;第二,学习领域,主要涵盖的利他对象是老师和同学;第三,公共领域,主要涵盖的利他对象是在开放式空间中人们遇到的陌生人。

在前两个领域中人们彼此相识并结成稳定的关系,因此可称之为熟人领域;而在第三个领域中,人们彼此陌生,因此可称之为陌生人领域。熟人领域中形成的是个人德行,即个体在私人生活中的道德品质,以促进个体自我良性生活与成长为根本目标,具有"为了自己而活"的特殊性价值。❶ 而在陌生人领域中需要培育的是公共德行。社会公德的建设与个体的幸福息息相关,人民日益增长的美好生活需要就包含着对和谐有序的公共生活的期盼。❷

从这一要素展开的分析维度对判断学生利他行为的发展阶段或水平具有重要的意义。笔者的设想是,人们利他行为的优选对象首

---

❶ 任少波,范宁宇.道德教育共同体:学校道德教育的公共性建构[J].教育研究,2021(5),67.

❷ 中共中央宣传部宣传教育局.《新时代公民道德建设实施纲要》学习读本[M].北京:人民出版社,2020:32.

先是私人领域的，其次是学习领域的，最后是公共领域的，个体利他行为的发展水平也是按照这一顺序由低向高发展的。预判的个体利他行为发展水平情况为：在私人领域优先顺序是家人、亲属、朋友；在学习领域的优先顺序是老师、同学。当然，在老师中有班主任与学科任课老师之分，在同学中又有学生干部与普通同学、男同学与女同学、学习成绩好的与学习成绩差的，以及与自己关系好的和一般的之分；在公共领域其优先顺序一般遵循普遍的公德要求，如老弱病残及儿童和妇女优先，本地的道德习惯也会对一个人心目中实施利他行为的优先顺序产生影响。

2. 利他行为的目的

目的是人类行为的重要特征之一，是人类行为的出发点，也是检验行动是否成功的重要标准。通过检视一个人利他行为的目的，我们既可以看到其利他行为的性质，也可以看出个体道德发展究竟处于何种阶段。按照科尔伯格的道德发展阶段理论，儿童青少年的道德发展可分为六个阶段：第一阶段，服从权威、避免惩罚；第二阶段，工具主义与简单公平；第三阶段，听从家长和老师的嘱托与教导，寻求认同；第四阶段，遵循社会一般道德规范。当然，还有较高级的第五和第六阶段。

3. 利他行为的内容

利他行为的内容反映的是一个人在哪些方面对他人实施了帮助。对于普通人来说这些领域相当广泛，而对于初中生来说，主要有生活方面（包括家务劳动）、课程学习方面及课外活动方面（包括兴趣、爱好发展方面）（如附录一问卷第13题）。

对不同年级初中生利他行为内容的检视，一方面能帮助我们认识初中生生活与学习的主要范围及他们最容易面临的利他行为事件,另一方面能从侧面反映不同的初中生在不同的年龄阶段的内在需求。了解这些内容对家庭和学校合理安排教育内容和活动,并在活动中引导学生利他行为的发生和发展是十分重要的。

4. 利他行为的情境特征

利他行为的情境有两大特征:一是它是真实的,蕴含着与利他行为者密切的利害关系;二是情境中的要素是在与利他行为者互动中呈现的。人的利他行为是在一定的情境中发生的,这些情境或简单或复杂。比较复杂的情境大致包括四个基本维度。

第一,具体情境中,利他对象把握受助者对帮助的需要程度的整体性。在这个维度上,利他者会对受助者需要帮助的程度作出基本的判断,并决定去"帮"或者"不帮"。有的人的行事原则是"只帮助没能力做到的人,估计那个人能做到我不会帮助",而另外一些人的行事原则是"只要别人提出要求,我尽量提供帮助";有的人对事关他人重要利益的事予以帮助,有的人大事小事都给予帮助。

第二,个人能力与所要帮助对象的需求关系,即能不能帮成。有的人的行事原则是即使自己的能力有限,不能为别人提供有效的帮助,自己也会尽最大可能去做,而有些人会选择放弃。

第三,环境中其他人对利他者的态度。一般来说,在支持者人多势众的情况下,人的利他行为容易发生和持续,反之,则容易中断。例如,在帮助他人时周边有老师和同学的鼓励和支持,利他行为就容易发生和发展。

第四,利他行为者对具体情境中个人利益得失的预判。此维度又包括两个具体方面。

其一，对利益的大小判定。有的人只会在丧失较小利益时出手帮助，有的人即使预判到可能会丧失较大利益也会出手帮助，如下水去救溺水的人。

其二，对两难问题的抉择。两难问题最能检视人的利他行为的取向。例如，当人们遇到好朋友提出的明显错误的请求时（如帮助他撒谎、帮他考试作弊）就会面临"坚持原则"与"保持友情"间的道德两难选择。道德两难是指同一道德体系内不同的道德准则、道德要求之间冲突的集中反映和体现，同一道德体系内不同道德准则之间的冲突往往是社会生活和社会关系中存在的、人们无法预料与确定的因素所导致。基于道德体系准则的复杂性、变动性，每一道德准则或价值目标均有其特定的要求，它的提炼和概括舍去了生活之中的许多复杂情况。在人们的社会实践中，同一个社会行为可能对应于多个价值道德原则或准则，当多种价值道德准则同时介入并影响这个行为时，就会不可避免地产生同一道德体系内不同道德准则之间的冲突。道德两难问题归根结底还是人们心目中的利益权衡问题。

5. 利他行为的强度特征

人的利他行为的强度可用两个重要指标来衡量：一是利他行为发生的频度，一般来说单位时间内利他行为发生的频度越高，利他行为的强度越高；二是利他行为者的努力程度，利他行为者的努力程度越高利他行为的强度就越高，反之亦然。

需要强调的是，人的能力与努力程度是有区别的。因此，不能仅仅用利他行为的结果来衡量一个人利他行为的强度。同样的行为结果，能力强的人稍加努力就可以做到，而能力差的人则需要作出很大的努力。对于成长中的初中生来说，形成助人为乐的道德价值观是最为重要的，因此，应将努力程度作为检视他们利他行为强度的重要指标之一。

6. 利他行为的智慧特征

实践能力一般由实践动机、一般实践能力、专业实践能力和情境实践能力构成。情境实践能力是一种较高级的实践能力，包含着较高的智慧特征。在利他行为的范畴中，这种智慧特征的主要表现方式是：利他行为者能在一个具体的情境中，迅速判断出自身、利他行为受益者和周围环境的关系，并在其中找出最为合理、有效的利他方式。

7. 利他行为呈现的形式

用什么样的方式去帮助他人，不同的人有不同的选择。对利他方式的选择是个较为复杂的问题，这与利他行为者独特的价值排序有关，也与他们现实拥有的条件及自身的道德发展水平和个性特征有关。至少可以从以下四个方面对学生利他行为的方式进行检视。

第一，主动去做或被动去做。如附录一问卷第 10 题"你主要采用哪种方式帮助他人？"中的第二个问题（10-2）可供回答选项是"A. 在老师、家长等成人带领和指导下去做　B. 自主去做　C. 两者差不多　D. 说不清"。

第二，独立去做或大家共同去做。如附录一问卷第 10 题"你主要采用哪种方式帮助他人？"中的第一个问题（10-1）可供回答选项是"A. 独自一人去做　B. 两三个人一起做　C. 较多的人一起做　D. 几种方式差不多　E. 说不清"。

第三，采取物质帮助或其他形式的帮助。如附录一问卷第 10 题"你主要采用哪种方式帮助他人？"中的第三个问题（10-3）可供选择的答案是"A. 物质帮助（给予要帮助的人物质或金钱方面的帮助） B. 心理安慰（用语言给予支持或安慰） C. 帮助完成具体的工作（如抬东西） D. 几种方式差不太多 E. 说不清"。

第四，有组织或无组织地去做。如附录一问卷第14题"在帮助他人时，哪种情况使你变得更积极？"可供选择的答案是"A. 自发组织 B. 老师或学校组织 C. 家长或其他社会组织（如社区或少年宫）带领 D. 说不清"。

笔者通过分析学生对这一维度问题的回答，可以较为清晰地观察到不同年级的初中生较为偏好的利他方式，从而为引导学生发展利他行为找到易于为各个年龄阶段学生所接受的教育方式。

（二）心理活动的内在构成要素

1. 学生利他行为的价值认知

上文所述，对于人类而言，从知到行是心理和行为发生的基本流程，解决了认知的问题，特别是解决了人们对未来将要发生的行为的价值认同问题，对他们实施和坚持相应的行为具有重要的意义。因此，了解人们对利他行为的认知，特别是价值认同，对了解个体利他行为的发生与发展具有重要意义。

2. 学生实施利他行为后的感受特征

人的情感虽然不能独立存在，但作为人们认知和行为的重要伴随物，却能对人的认知和行为产生重要的影响。一般来说，积极的情感体验如适意、愉快、欢乐等可以增加相关认知和行为的频度和强度，消极的情感体验如难过、不满、惧怕等能消减相关的认知和行为。很显然，检视和研究在何种情况下，对于哪一阶段的学生，哪些相应的利他行为能给学生带来积极的情感体验；在何种情况下，对于哪一阶段的学生，哪些相应的利他行为能给学生带来消极的情感体验，对于教育者有针对性地开展利他型道德教育具有十分重要的意义。这方面的研究，有利于我们进一步弄清不同年龄阶段学生利他行为的优先范围。

3. 利他行为的意志特征

意志对利他行为的发生具有重要影响。意志与人的理想、信念、知识、世界观等有着密切的关联，利他行为的意志特征主要体现在个体实施利他行为的自觉性、果断性、坚持性和自制力等几个方面。坚强的利他意志来自崇高的利他理想，而这种理想的形成主要依靠深刻的利他认知，所以利他意志的形成需要有利他认知作基础，并且积极地进行意志磨炼，创设正向利他情境，进而增强利他行为生发的概率。

4. 利他认知与利他行为间的关系特征

利他行为一定由相关的道德认知做引导和支撑，当然，即使有了正确的道德认知，人们也未必会作出良好的利他行为。在检视利他认知与利他行为间的关系特征时，有三个问题要给予足够的关注。

第一，人们在作出利他行为之前是否做过相应的承诺。检视这个问题可以看出一个人的利他行为是否有理性的和稳定的道德认知作基础。有了一定的道德认知不一定导致道德行动，但是较高的道德认知容易导致较为稳定的道德行动。克雷布斯发现，"有75%的'习俗和前习俗水平'的儿童（阶段四和阶段四以下的）在四个实验性欺骗测验中（至少一个中）有欺骗行为，而同时却只有20%

的有原则的儿童（阶段五）这样做"。布朗等人在大学生中所做的测验也得出相似的结论，他们发现"近一半的'习俗水平'的大学生有欺骗行为，而在达到'后习俗水平'的大学生中只有11%的人有欺骗行为"。科尔伯格对这种现象的解释是："在每次可以得到的机会中，始终如一坚持不欺骗的那些儿童就是在根据成熟的道德判断行事，换句话说，他们已经内化了不欺骗的理由。"这些研究成果表明，不断提高人们对外在行为的价值认识有助于他们最终形成持久的道德外铄行为，或者说，高度的价值认同能为他们坚守道德外铄行为提供坚定的理由。❶

第二，人们在作出利他行为的同时，是否同时表现出较高的诚信水平。正如孟子所言"是故诚者，天之道也。思诚者，人之道也"。这是儒家文化一直推崇的，它也是本书值得关注的一个聚焦点。

第三，人们在实施利他行为时，将哪些人放在优先的位置上。这一维度大致发展的走向应该是，由最为亲近的人到陌生人。通过学生的回答可以进一步证实此推测结论。

二、影响初中生利他行为产生和发展的基本分析结构

多种因素影响了初中生利他行为的产生和发展。我们从两个方面来梳理这些影响要素的基本特征。第一方面是学校教育德育对利他行为形成与发展的影响（学校教育方式对初中生利他行为的影

---

❶ 劳伦斯·科尔伯格.道德教育的哲学[M].魏贤超,何森,译.杭州:浙江教育出版社,2000:84.

响),第二方面是环境支持对利他行为形成与发展的影响(环境支持包括来自社会环境、家庭环境和学校环境三个方面的支持因素)。这些紧扣班杜拉社会学习理论中的交互决定论,班杜拉指出,人的行为是由环境、自我定向和社会控制共同影响决定的。

(一)学校教育方式对人利他行为的影响

没有任何一种教育活动是不需要方式、方法的。德育方法指教师和学生在德育过程中,为了达成一定的德育目标而采用的、具有一定内在联系的活动方式与手段的组合。[1] 德育过程是一个由诸多要素组合而来的系统,它需要建立一种综合的抉择标准,即"经济地达成最佳道德教育效果"。这里的最佳道德教育效果主要指在德育目标的完成上取得最大的正面效果,同时尽可能将不良影响降到最低。需要注意的是,这个过程要尽可能简单、负担小。

教师的德育能力对初中生利他行为的生发产生重要的影响,它是实现利他教育目标的现实基础,具体来说包括教师的德育协调能力和道德移情能力。教师经常面临着诸多责任之间的冲突,影响着德育的效果。教师的移情能力主要指理解和分享他们或群体情感的能力。移情换位能力是提高利他素养的重要条件。教师在讲台上、教室中,生活的方方面面,无时无刻不在影响着学生。因此,教师要端正自己的品行,让学生发自内心地信任自己。同时教师和学生都应该有利他主义信仰,不断提升个体的利他德行。

在学校教育方式方面,本书设计了两个分析维度。第一个维度,何种德育方式(方法)会对学生利他行为产生较为重要的影响;第二个维度,哪些人实施的利他教育会对学生的利他行为产生

---

[1] 檀传宝. 德育原理 [M]. 北京:北京师范大学出版社,2007:230.

较为重要的影响。本书重点关注的几个问题，如学校中的哪些教育活动可能会影响学生的利他行为？哪类榜样会影响学生的利他行为？哪种组织方式会影响学生的利他行为？教师及时有效的表扬，会对学生的利他行为产生积极影响吗？后面将对这些问题进行详细的阐述和分析。

（二）环境支持对人利他行为的影响

环境指生物体生存空间内各种条件的总和。从广义视角来谈，环境主要包自然环境、社会环境和精神环境。其中，社会环境对个体道德成长的作用巨大。本书所指的社会环境是从狭义视角来界定的，它是与学校环境和家庭环境相对的一种形态。我们用两个维度来考察环境支持对人们利他行为的影响：维度一，相关社会环境支持的利他行为构成特征；维度二，不同的家庭和学校环境支持对学生今后利他行为发展的影响。

社会环境不仅可以对一定时期与文化中的学校德育起到决定、参与和补充的作用，而且还会对这一时期和特定文化的学校德育发挥动力和导向功能，使之进一步产生量的积累和质的飞跃。社会环境是影响个体利他品质形成的较为直接的因素，与物理环境和生物环境不同，其更为突出地体现在一定物质发展条件下，社会意识和人们之间的相互关系上。我国古代大儒孔子毕生所追求的就是"克己复礼"，他意识到自己理想中的德育环境已经失去了"礼"的社会意识，想通过努力重塑造新的社会道德环境，可见社会道德环境对个体道德品性的形成尤为重要。

学校环境，指学生在校学习和活动所处的境况。广义上说是学校影响学生发展的全部因素，如课堂教学、课外活动、校风等。学校本身可以是文化尤其是先进道德文化的讲坛和舆论阵地。学校德育环境作为个体道德成长的软环境之一，具有能动性，可以三动连接其他社会环境系统，组合各种正面影响形成合力。通过学校、家庭与社会之间的沟通形成学校内外目标、方向一致的大德育体系，对个体利他德行的形成产生关键性作用。

家庭环境，依据主观可控性成分的多少，可以分为客观环境和主观环境。客观环境指难以人为调节的环境因素，如家庭的经济、结构，家长的职业及文化程度等。其中，是否是独生子女对个体利他行为的形成产生一定的影响，家长的文化程度和职业类别也是影响个体利他行为的相关因素。家长文化及职业上的优势同子女良好的道德（利他）品行之间可能存在联系。主观环境指可人为调控的家庭环境因素，主要指家庭气氛和家长期望水平等。不良的家庭气氛会影响家长对子女德行养成的关注，同时家庭气氛的形成主要取决于家长的教育态度和方式，民主型的教育方式利于形成良性的家庭氛围，对学生利他德行的形成产生积极的影响。家长的期望构成要关注"五育"，尤其是德育对个体成长的动力和灵魂作用不可小视，这是素质教育的本质所在。值得注意的是，家庭环境只是制约青少年道德社会化的诸多因子之一，但不是唯一。

本书重点关注的几个问题，如家人对你实施利他行为的态度是否会影响你今后利他行为的生发；在你实施利他行为时，社会环境氛围中的不支持因素，是否会使你今后利他行为生发的概率下降；遇到困难时曾获得及时的帮助，是否会对你今后实施利他行为产生正强化作用，后面将对此类问题进行深入的解析。

本章小结

本章笔者从初中生利他行为内在的心理结构和利他行为产生和发展的基本结构进行分析。前者可以分为十一个子维度，即利他行为的对象、利他行为的目的、利他行为的内容、利他行为的情境特征、利他行为的强度特征、利他行为的智慧特征、利他行为呈现的形式、学生利他行为的价值认知、学生实施利他行为后的感受特征、利他行为的意志特征和利他认知与利他行为间的关系特征；后者分为学校教育方式对人利他行为的影响和环境支持对人利他行为的影响两部分。这两大部分是本书分析的基础结构，因此，本章在本书中的作用不可小视。

第四章
实践活动构成要素视域下的初中生利他行为

按照第三章的分析结构,本章以实践活动的构成要素为切入点,并结合附录一得出的数据分析初中生利他行为的特征,具体分析。

一、初中生利他行为的受助对象及内容

(一) 初中生利他行为的发生概率和受助对象

利他主义本身依赖于承认他人的实在性。[1] 人的利他行为想更好地实施,首先要做的就是认可他人的现实存在。人的利他行为从本质看是一种社会实践活动,而实践对象是构成利他行为最基本的要素。在对利他行为对象的分析中,我们可以较为清晰地观察到不同利他行为的一些重要特征。笔者把利他行为的对象按照三个领域

---

[1] 托马斯·内格尔.利他主义的可能性[M].应奇,何松旭,张曦,译.上海:上海译文出版社,2015:3.

进行划分，试图在这些领域的比较中发现、归纳出不同的人，特别是不同年龄阶段的学生利他行为的重要特征。这三个领域分别是私人领域、学习领域及公共领域。

1. 初中生对不同对象利他行为的发生概率

初中生的道德发展具有阶段性，其利他行为的发生与发展也在不断的变化。当社会成员的道德品质发展到一定成熟阶段时，其道德行为的发生并不会因对象的不同而表现出显著差异性。或者说，个体的道德行为尤其是利他行为如果因对象的不同而具有一定的选择性，这在一定程度上也标示着个体道德水平尚不够成熟，还需要教育者（教师和家长等）对其利他行为进行正向引导与教育，如表4-1所示。

表4-1　初中生对不同对象利他行为发生概率统计（基于不同的研究领域）　单位：%

问题	选项	初一	初二	初三	均值
1. 在过去的学习和生活中，你是否给家人、亲属或朋友提供过帮助？	是	80.4	78.5	82.3	80.4
3. 在过去的学习和生活中，你是否向老师或同学提供过帮助？	是	89.6	88.3	88.6	88.8
7. 在过去的学习和生活中，你是否在公共场合为有困难的陌生人提供过帮助？	是	80.0	68.4	60.9	69.8

从表4-1中的统计数据可知，学生回答"1. 在过去的学习和生活中，你是否给家人、亲属或朋友提供过帮助？"时选择"是"的比率由高到低依次为初三（82.3%）、初一（80.4%）、初二（78.5%）。这一题选"是"的均值为80.4%，说明有八成的初中生有过帮助亲人或朋友的经历，这与初中生对他们的依赖程度密切相关。对于初中生而言，其身心发展正好处于青春叛逆期，这一时期最

明显的心理特征即是反抗性。[1] 主要是因为这一时期的初中生具有了强烈的成人感,并且独立意识十分明显,他们时常认为成人会影响他们的自我独立,因此,他们对成人经常出现抵触情绪。这一时期的学生极容易因为生活和学习中的琐事与家人、亲属或朋友发生碰撞,初二学生尤其明显,这也是初二学生(78.5%)为家人亲属或朋友提供帮助相对最少的主要原因。初中生会切身地从利他行为中获得积极体验,并自觉不自觉地效仿大人,将这种体验付诸行动,在他人需要帮助时主动伸出自己的援助之手。这属于班杜拉社会学习理论观察学习过程中学生对榜样行为的效仿,榜样示范行为的信息在学习者头脑中被记忆与保存,久而久之成为一种利他习惯。

个体利他行为的产生不仅与教育相关,还依赖个体对受助者是否需要外在帮助的感知能力和向受助者实施利他行为的能力。在三个年级中选择"是"的比率最高的是初三的学生。初三学生对于"帮助"含义的理解及其标准的掌握水平较初一和初二的学生高,笔者同一些初三的学生进行过相关交谈,他们并不简单地把在生活中给予父母或亲人的一些琐事上的照顾定义为帮助。他们认为,"帮助"一词应该有更广泛和更深层次的含义。这是初三学生与初一、初二学生在对利他行为理解上产生差别的主要原因,也是本题初三学生选择"是"比例较高的一个原因。

当初中生在回答"3. 在过去的学习和生活中,你是否向老师或同学提供过帮助?"问题时,三个年级均有超出80%的人选择"是"。三个年级比率大致相当,不存在明显的差异。而初中生在回答"7. 在过去的学习和生活中,你是否在公共场合为有困难的陌生人提供过帮助?"时的均值为69.8%,初一、初二、初三的学生

---

[1] 林崇德. 发展心理学[M]. 北京:人民教育出版社,2009:328.

选择"是"的比率分别为 80.0%、68.4%、60.9%，这一比率与前两项相比明显下降。这说明，一方面初中生利他行为更多地受情感因素支配，普遍依据与自己的亲疏关系选择性地实施利他行为，因而与陌生人相比，初中生更倾向于向关系亲近的亲人、熟人付出其帮助性行为；另一方面与初中生的社会化水平相关，受社会活动范围和人际交往局限等因素的影响，初中生与陌生人接触和交往的机会有限，导致其对陌生人施予帮助的可能性较低。

总体来看，初中生实施利他行为的频率普遍较高，利他行为的发生频率和学生利他行为受助对象与自己的亲疏关系成正比，具有根据与利他行为受助对象的亲疏关系，选择性地实施利他行为的特点。不同领域初中生的利他行为发生概率表现出如下发展趋势：初中生的利他行为在学习领域最多，在私人领域较多，而在公共领域最少；初二学生在三个领域的利他行为明显少于另外两个年级学生的利他行为，这与初二学生的青春期叛逆发展（青春期危机）有很大关系。

2. 初中生利他行为的受助对象

初中生利他行为在受助对象上的差异反映了初中生利他行为的层次类型及其发展变化的趋势，如表 4-2 所示。

表 4-2 初中生利他行为指向对象选择比率统计　　　　单位：%

问题	选项	初一	初二	初三	均值
9. 在过去的学习和生活中，你给哪些人提供了较多的帮助？	亲人、家属或朋友	41.4	43.8	52.0	45.7
	老师或同学	37.2	27.0	26.4	30.2
	陌生人	2.6	2.5	2.4	2.5
	邻居等熟人	2.6	7.0	1.8	3.8
	说不清	16.2	19.7	17.4	17.8

初中生在回答"9. 在过去的学习和生活中,你给哪些人提供了较多的帮助?"时,根据初中生所选择的选项频率由高到低(均值)排序依次为,亲人、家属或朋友(45.7%),老师或同学(30.2%),说不清(17.8%),邻居等熟人(3.8%),陌生人(2.5%)。按年级来分析,对"家人、亲属或朋友"这一选项排序依次为初三(52.0%)、初二(43.8%)、初一(41.4%);对"老师或同学"这一选项排序依次为初一(37.2%)、初二(27.0%)、初三(26.4%);对"陌生人"这一选项排序依次为初一(2.6%)、初二(2.5%)、初三(2.4%)。从初中生利他行为施与对象的调查结果看,近半数初中生利他行为是指向亲人、亲属或朋友的,其次是老师或同学,然后是邻居等熟人和陌生人(排除选择"说不清"选项的学生)。可以看出,初中生利他行为受助对象的选择频率依对象与学生的熟识程度、亲疏程度由近及远而呈现出有规律的递减趋势。当然,初中生利他行为的这一趋势某种程度上是由于初中生社会实践活动或生活范围较小的缘故,初中生接触与自己熟识或与自己亲近的人群的机会较多,因而首选的帮助对象自然地指向这部分人群,但更重要的是初中生道德发展的阶段性特征使然。依据科尔伯格道德发展阶段理论,初中阶段学生的道德认知基本处于习俗水平(9~15岁)的第三阶段和第四阶段。第三阶段是好孩子定向阶段,即大家所一致认可的"好学生""好孩子""好朋友"等标准成为这一阶段孩子们选择何种行为的主要依据,即凡是成人赞赏的,自己就认为是对的,否则就是坏的。第四阶段是遵守法规取向,遵守社会法规,认定规范所定的事情是不能改变的。初中生基本处于第三阶段,为了获得"好孩子"的评价,大多孩子都会遵循家长或老师的教诲,实施自己的利他行为。当然,由于评价主体主要是家长、老师等熟人,为了获得他们的认可,在某种程度上孩子的行为具有讨好性质,因而他们的利他行为主要指向熟人群体。

如表4-3所示,当初中生在回答"(5-3). 如果曾经为同学提供过帮助,你为其中的哪些人提供过较多的帮助?"时,从均值看,有40.5%的同学选择了"与自己比较要好的同学",24.4%的初中生选择了"其他同学",30.3%的初中生选择了"差不多",另有4.7%的初中生选择了"说不清"这一选项,其中选择"与自己比较要好的同学"比率是最高的;分年级看,选"与自己比较要好的同学"初三学生最多(42.7%),初二学生最少(38.8%)。这印证了初中生利他行为在对象指向方面存在倾向于选择与自己关系比较亲近的同学。班杜拉的社会学习理论中强调观察学习对象的相似性和榜样性,换言之,初中生愿意向与自己亲近或相似的人学习,也愿意帮助与自己亲近的或相似的人。

表4-3 初中生利他行为受助对象选择比较　　　　单位：%

问题	选项	初一	初二	初三	均值
5. 如果曾经为同学提供过帮助,你为其中的哪些人提供过较多的帮助?[第三类(5-3)]	与自己比较要好的同学	40.0	38.8	42.7	40.5
	其他同学	25.0	25.1	23.2	24.4
	都差不多	32.8	29.4	28.8	30.3
	说不清	2.2	6.7	5.3	4.7

结合以上数据可知,初中生随着年级的升高,其利他行为对象更倾向于选择与自己有亲缘关系的人。这种亲缘性利他取向易于导致狭隘、功利化的利他行为,如果不加以有效引导,不利于初中生作为社会成员普遍意义上的利他品质的形成。利他作为社会成员的一种良好的道德品质,不仅有利于个人在所属群体中生活的融洽,提升群体的内在凝聚力,而且有利于促进整个社会的和谐发展。但这种品质的形成只有在利他对象的选择不以亲情或友情的近疏,唯

以对象困难的有无、程度大小为依据时，其社会性功能才能得以充分体现。在面对陌生人时，为陌生人提供过帮助的学生比率随着年级的升高而降低，这主要是因为，随着年级的升高，初中生对与自己无关世界的关注越来越少，而将更多的精力放在了自己熟识的社会中。由于与陌生人世界相比，个体更易于从熟识社会中获取利益和得到帮助，因此这一趋势也体现出高年级初中生利他行为中潜在的利益交换原则和自我中心倾向，这也是现阶段我国初中生利他教育的一个重点。

（二）初中生利他行为的内容

个体能力的不同使利他行为的发生情况变得不同，利他行为的内容依受助对象的需求而定。个体不一定在他人有需求时都会伸出援助之手，这不仅受个体行为能力的影响，同时还取决于受助对象的现实特征，更重要的是取决于利他行为实施者道德发展水平及道德品质状况。基于初中生的身心发展特点和社会化水平，本书主要从生活方面、学习方面和课外活动方面调查初中生的利他行为内容。学生对问题"13. 你在哪些方面对他人提供过较多的帮助？"的回答情况如表4-4所示。

表4-4　初中生利他行为的内容　　　　单位：%

问题	选项	初一	初二	初三	均值
13. 你在哪些方面为他人提供过较多的帮助？	生活方面	22.4	22.1	20.3	21.6
	学习方面	20.2	15.9	17.3	17.8
	课外活动方面	18.2	19.0	16.5	17.9
	都差不多	35.6	33.8	38.4	35.9
	说不清	3.7	9.1	7.5	6.8

从均值上看，除"都差不多外"，初中生利他行为的内容主要集中于"生活方面"（21.6%），"学习方面"和"课外活动方面"所占比例相近，分别为 17.8% 和 17.9%。有 35.9% 的初中生认为每个方面的情况都差不多，仅有 6.8% 的学生对自己所提供的利他行为内容不明确。分年级来看，"生活方面"的利他行为，初一学生（22.4%）最多，初三学生（20.3%）最少；"学习方面"的利他行为，初一学生（20.2%）最多，初二学生（15.9%）最少；"课外活动方面"的利他行为，初二学生（19.0%）最多，初三学生（16.5%）最少。初三学生学习任务相对其他两个年级重得多，因此在生活和课外活动方面的利他行为最少，在学习方面的利他行为也较少；初一学生由于学习竞争和压力较小，因此在生活和学习方面的利他行为最多。从教育心理学的相关知识可知，处在叛逆期的初二学生更愿意在课外活动中释放自己，因此在课外活动中的利他行为相对最多，而在学习方面的利他行为相对最少。

从学生的回答状况来看（排除选"都差不多"的），对于初中生来说，他们的身心发展尚不成熟，接触社会的机会有限，加之个人行为能力的限制，使初中生的利他行为内容主要局限于生活和学习领域。初中生认为，其利他行为的内容在不同领域"都差不多"的比率最高，达 35.9%，说明这部分初中生对于利他行为的内容并没有明确的选择倾向，主要视需求者需要的性质及内容而定，有一定应变能力，能够为受助者提供多方面的帮助，因而利他行为内容更为丰富和多样。初中生利他行为的主要内容重点集中在生活方面，其次是学习方面和课外活动方面。分年级看，生活与学习是各个年级学生利他行为的主要内容。初一学生在生活和学习方面的利他行为最多；初二学生在课外活动方面的利他行为最多，而在学习方面的利他行为最少；初三学生在生活方面和课外活动方面的利他行为都是最少的。

二、初中生利他行为的情境特征

利他行为的实施和个体对利他行为情境的感知能力是密切相关的。一般来说，个体利他行为大多是在无心理冲突的情境下按照个人的意愿、能力，以及受助者的需求状况完成的。在冲突的情境中，个体的利他行为选择反映了他的利他倾向性和标准。本书主要从三方面来探究初中生利他行为的情境特征，即不同情境中的两难选择和竞争压力下的利他行为特征、不同情境下初中生利他行为的判断依据、初中生对利他行为情境压力的认知。下面将逐一阐述。

（一）不同情境中的两难选择和竞争压力下的初中生利他行为特征

在大自然或社会中，个人的力量显得十分单薄，当个体在面对不同人际情境中的求助对象时，个体的道德标准与观念决定了其利他行为对象的选择。由于初中生身心发展的不成熟性，其对人际关系的认知能力十分有限，因此，根据他们不同情境下行为指向对象的差异性，总结出他们利他行为的情境特征。具体来说，本维度主要分析初中生在不同情境中的竞争压力（如附录一问卷第4题）和两难选择（如附录一问卷第2题和第27题）下的利他行为特征，如表4-5所示。

表 4-5 两难选择和竞争压力下初中生利他行为特征统计 单位：%

问题	选项	初一	初二	初三	均值
2. 当个人和团体同时需要你帮助时，你通常选择的是谁？	个人	10.7	11.5	14.0	12.1
	团体	69.4	66.7	62.4	66.2
	都不选	4.0	3.3	3.1	3.5
	说不清	15.9	18.4	20.5	18.3
4. 当需要帮助的人与你是竞争关系时，你通常的做法是什么？	提供帮助	56.9	57.7	62.8	59.1
	有时会提供，有时不能	36.2	31.0	28.1	31.8
	不能提供帮助	1.7	5.5	4.3	3.8
	说不清	5.2	5.8	4.7	5.2
27. 好友让你帮他撒谎，你会如何做？	犹豫，但帮助	22.5	17.0	23.0	20.8
	提供帮助	11.0	10.8	13.4	11.7
	果断拒绝	21.2	24.3	18.9	21.5
	犹豫，找个理由拒绝	38.1	34.3	30.9	34.4
	说不清	7.2	13.5	13.8	11.5

1. 对个人与团体的选择

如表 4-5 所示，初中生在回答"2. 当个人和团体同时需要你帮助时，你通常选择的是谁？"时，从均值上看，选择"团体"的占绝大多数，达 66.2%，而选择"个人"的只占 12.1%；分年级来看（按照由多到少排序），选择"团体"的学生分别是初一、初二、初三，而选择"个人"的学生分别是初三、初二、初一。

从整体来看，这说明当面临个人与集体两难选择时，初中生的利他行为多倾向于集体。这主要是因为初中生从入学开始就属于班集体成员，学校对学生的教学、管理、评价等都是以班级为单位，使得班集体意识成为初中生的第一意识,强化班级管理、维护集体荣誉等集体取向的教育管理模式,使学生有了较强的集体归属感。正如我国著名的集体主义伦理学家罗国杰先生所说,初中阶段是学生贯彻集体主义精神的最佳时期,集体主义教育在这一时期非常重要。❶ 要引导学生明白如何处理个人和集体、个人和国家的关系问题,其核心价值为当个人利益与集体利益冲突时,个人利益要服从集体利益。这一集体主义取向的道德教育目标对初中生的品德建构发挥着重要的引导功能,成为初中生在选择利他行为受助对象时的主要依据。❷ 因此,在初中生心中,集体的利益高于个人利益,他们在实施利他行为时更倾向于将集体视为首要受助对象。

初中生普遍遵循集体价值取向第一性。从年级分布情况看,初中生在个人与团体冲突情境中其利他行为选择"团体"的比率有随着年级升高而降低的趋势,其比率分别是,初一 69.4%、初二 66.7%、初三 62.4%。选择"个体"的比率随年级的升高而升高,初一为 10.7%、初二为 11.5%、初三为 14.0%。这与初中生的社会化水平和自我价值标准的形成及道德认知发展水平密切相关。随着年龄的增长和对校园生活的适应,初二、初三学生对集体的认识和评价能力明显高于初一学生,由于社会生活和文化实践中的多元价值观多少会对他们产生一定的影响,部分同学已经意识到某种复杂情境中的人际关系的特殊性,因而在个人与集体的冲突情境中,并不是所有的学生都会选择集体优于个人,而是打破了集体主义价值观教育的束缚,优先考虑个人利益。这是教育者必须注意的一个变化。

---

❶ 罗国杰. 罗国杰文集(上卷)[M]. 保定:河北大学出版社,1999:106.
❷ 王雁飞. 略论对青少年实施利他教育的社会意义[J]. 广州师院学报(社会科学版),1998(2):52.

2. 对竞争对手的选择

初中生在回答"4. 当需要帮助的人与你是竞争关系时,你通常的做法是什么?"时,从均值来看,59.1% 的同学选择"提供帮助",有 31.8% 的学生选择"有时会提供,有时不能",二者之和达到 90.9%。这一结果说明初中生在面对竞争对手的求助时,绝大多数还是倾向于向对手实施利他行为。对初中生来说,他们所理解的竞争对手,主要指学习过程中的伙伴或运动中的对手。多数学生没有因为在学习上或运动中是对手关系而放弃对竞争对手的帮助,他们并没有把竞争对手与扶助对象两种身份区别开来,而是使自己的利他行为更多地站在客观原则的立场上,这反映了多数初中生的利他行为都能以满足受助对象的真实需要为指向,利他行为处于较高的道德水平。而且,从不同年级初中生选择"提供帮助"选项的比率来看,初一为 56.9%、初二为 57.7%、初三为 62.8%,比率随着初中生年级的升高而升高,这说明随着年龄和受教育水平的提升,客观与公正原则被越来越多的初中生认可并成为他们选择利他行为的主要参照与标准之一。

3. 对好友非正当请求的判断

当初中生在回答"27. 好友让你帮他撒谎,你会怎样做?"时,从均值来看,回答"犹豫,但帮助"的初中生比率为 20.8%,回答"提供帮助"的初中生比率为 11.7%,回答"果断拒绝"的初中生比率为 21.5%,而回答"犹豫,找个理由拒绝"的学生的比率为 34.4%。从数据的结果分析可知,初中生利他行为认知发展的水平是良好的,即从总体意义上看,大多数的学生会拒绝为好友提供非正当理由的帮助,但我们也要具体分析,不能只停留在数字意义上的大多数，有些问题可能只取决于少数，而非多数。从不同年级发展水平看，随着年级的升高，初三学生能够"果断拒绝"为朋友做坏事，但三个年级相较其比率最低，选择"犹豫，找个理由拒绝"的比率也最低。这说明他们比初一、初二学生更重视朋友之情，朋友在其心中有举足轻重的作用，这在一定程度上削弱了其应有的道德判断力。在中国的人情社会中，人们很难轻易摆脱情感因素对其道德行为的束缚，初中生更不例外，因此，在道德和友谊发生冲突时，初中生经常会陷入一种艰难的境地。教育者必须认识到解决这一问题紧迫性，促使学生的利他行为由盲目利他向合理利他转变。

（二）不同情境下初中生利他行为的判断依据

个体利他行为的判断依据是影响个体利他行为选择的定向性因素，这一标准的形成是多种复杂因素综合作用的结果，既有家庭因素的作用，也有学校教育的作用，更重要的是初中生日常生活中所积累的道德经验的影响。这一维度主要分析初中生在具体情境中帮助对象的特征状况，如表4-6所示。

表4-6 初中生对利他行为情境判断分析　　单位：%

问题	选项	初一	初二	初三	均值
15. 在帮助他人时，你的主要依据是什么？	没能力做到的人	18.0	28.1	27.4	24.5
	能帮就帮	66.3	60.0	58.1	61.5
	说不清	15.7	11.9	14.6	14.1
17. 在下列何种情况下你出手帮助了他人？	这件事对他很重要	17.9	25.0	23.2	22.0
	这件事对他比较重要	16.0	20.4	19.3	18.6
	对方需要就帮	56.9	41.6	44.7	47.7
	说不清	9.2	13.1	12.8	11.7

从表 4-6 所示的结果看，初中生在回答"15. 在帮助他人时，你的主要依据是什么?"时，从均值看，选"能帮就帮"的比率最高，占 61.5%，选"没能力做到的人"仅占 24.5%，选"说不清"的占 14.1%。由此可见，初中生在实施利他行为时并没有明显的参照依据，更多的是出于良好的愿望。对这一问题要做具体的分析。一是，回答"能帮就帮"的学生，我们会思考他们是否注意到帮助对象是否真正需要帮助？是否是施助者不分缘由地去利他？这体现了利他行为的实施必须注意的合理性原则。二是，尽管选"没有能力做到的人"仅占 24.5%，但说明这部分初中生在实施利他行为的过程中，分析了受助者对利他行为的需求度，即他们是否真正需要帮助，同时也要注意自己是否真的有能力去帮助他们。因此，虽然这部分初中生并没有占据数理统计意义上的大多数，但他们却是我们不得不注意的一部分，即他们的利他智慧更强。

从不同年级初中生利他行为的特点来看，选"能帮就帮"的初一学生（66.3%）比率高于初二学生（60.0%），初二学生的比率高于初三学生（58.1%），而初二和初三学生选择帮助"没能力做到的人"的比例明显高于初一的学生。这说明随着学生道德认知发展水平的提高，他们利他行为的实施更为合理，即盲目利他的比例有了适度的降低。

通过分析"17. 在下列何种情况下你出手帮助了他人？"数据可知，初中生选择"对方需要就帮"的比例最高，达 47.7%，而选择"这件事对他很重要"的比例次之达 22.0%，选择"这件事对他比较重要"占 18.6%。这说明初中生在具体情境中主要依据受助对象是否真的需要帮助而去实施相应的利他行为。

（三）初中生对利他行为情境压力的认知

这一部分主要对不同情境下初中生利他行为情境表现特征的四个维度进行分析，即个人能力与所要帮助对象的关系、个人能力与当时环境中人和物的支持关系、具体情境中个人利益得失的预判、具体情境中包含的两难选择。

个体的认知系统控制并支配个体行为，但这种控制与支配并不是绝对意义上的，它还取决于多种因素的制约与影响，如个体的情感、动机、意志及外在环境压力等，并且这是一个动态平衡的过程。不同的利他情境认知会产生不同的利他行为，因此，初中生的利他行为会因利他情境认知的不同而具有显著的差异性。

1. 对来自他人的利他行为情境压力的认知

由表4-7可见，当学生在回答"19. 如果周围的人不支持你，你还能坚持帮助他人吗？"时，从均值来看，有35%的初中生选择"能"，45.6%的学生选择"会犹豫"，6.9%的学生选择"不能"。分年级来看，选择"能"和"会犹豫"具有年级越高比率越低的特点。当学生在回答"25. 如果有熟悉的人在场，你会更容易果断地帮助他人吗？"时，从均值来看，有38.5%的学生回答"不受影响"。在回答"29. 公交车上没给老人让座，你会感到有压力吗？"时，从均值来看，选择"会"的学生比率达59.2%。从学生对以上问题的回答情况来看，初中生利他行为的发生具有脆弱、易受环境影响等特点。初中生受到"熟人在场"的影响比"周围人不支持"的压力要大得多。因此，初中生的利他行为极易受到群体压力的限制，可以说外在环境对初中生利他品质的塑造及道德成长都具有十分重要的作用。

表 4-7　初中生对于利他行为情境压力的认知分析　　单位：%

问题	选项	初一	初二	初三	均值
19. 如果周围的人不支持你，你还能坚持帮助他人吗？	能	39.7	33.2	32.0	35.0
	会犹豫	45.9	45.6	45.3	45.6
	不能	6.5	8.0	6.3	6.9
	说不清	7.8	13.3	10.4	10.5
21. 如果帮助他人给自己带来不利，你还能坚持帮助他人吗？	能	67.9	53.6	65.9	62.5
	犹豫	24.4	24.3	13.0	20.6
	不能	2.3	9.7	17.5	9.8
	说不清	5.3	12.4	3.6	7.1
23. 当面对他人的困难，自己的能力有限时，你会怎么做？	尽最大可能去做	66.6	59.7	64.4	63.6
	犹豫	24.0	21.0	19.7	21.6
	放弃	5.3	8.8	8.5	9.3
	说不清	4.0	10.4	7.5	7.3
25. 如果有熟悉的人在场，你会更容易果断地帮助他人吗？	会	17.0	7.1	5.1	9.7
	有时会有时不会	6.2	1.8	9.8	5.9
	不会	19.5	27.0	29.5	18.6
	不受影响	30.7	41.2	43.5	38.5
	说不清	26.5	23.0	12.0	20.5
29. 公交车上没给老人让座，你会感到有压力吗？	会	60.4	58.2	58.9	59.2
	不会	10.0	11.9	16.7	12.9
	有时会有时不会	15.5	18.4	16.9	16.9
	说不清	5.0	11.5	7.5	8.0

分年级来分析初中生的利他行为情境认知特征，"周围的人不支持"的情境压力对初中生的利他行为的影响具有随年级升高而增强的特点，年级高的初中生感受到的"周围人不支持"的压力比年

级低的初中生更大。而"给老人让座"的压力对于初一学生来说，他们感受到的压力更大。对于初三学生，他们感受到的压力要小得多，这是教育者不可忽视的教育问题。尊敬老人是中华民族的传统美德，我们必须使初中生正确对待这一问题，形成良好美德。

通过数据分析可知，三个年级的学生均会不同程度地受到"熟悉的人在场"的影响。回答"不受影响"的初中生比率三个年级的均值为 38.5%，其中初一学生的比率最低，为 30.7%。可见，"熟悉的人在场"对于初一学生来说所产生的压力更大一些，即初一学生对于周围环境的敏感度更高。

2. 初中生对利他行为情境自我压力的认知

心理学的研究证明，情境压力主要源于外在因素和个体对自身压力的感知，以及利他行为可能给自己带来的后果的预判。有 63.6% 的初中生在"面临他人的困难"时，即使自己能力有限，也会尽最大努力去帮助他人。62.5% 的初中生认为，即便帮助他人会给自己带来不利影响，也能坚持完成利他行为，两者的比率都是相对较高的。这说明，绝大多数初中生在利他情境下不计较行为本身可能给自己带来的消极后果，竭尽全力去帮助那些需要帮助的人。也可以说更能克服自身在能力上和心理方面的困难完成利他行为，反映了初中生的利他意志比较坚定，并且年级越高越不容易犹豫，或者说利他行为实施得更果断。

从表 4-7 中可以看出，学生在回答"21. 如果帮助他人给自己带来不利，你还能坚持帮助他人吗？"时，从均值来看，选"不能"的初一学生占 2.3%、初二学生占 9.7%、初三学生占 17.5%。这说明随着年级的升高，初中生对于自己的利他行为可能带来消极后果产生顾虑的人数有上升的趋势，或者说此时他们对自身利益是否会受影响考虑得更多一些。现阶段我国大部分家庭中都只有一个子女,父母都非常注重对子女的安全教育,这一现象本无可厚非,但如果安全教育超过了必要的限度,就会使学生易于产生对周边环境和人的不信任,使他们的社会化受阻,进而造成人际关系的不和谐等一系列问题。

存在主义(existentialism)是一种个人色彩很浓的危机哲学,它产生于19世纪末20世纪初,本质上是一种非理性的主观唯心主义哲学,十分重视人的主观能动性的重要作用。存在主义的创始人是德国著名哲学家马丁·海德格尔(Martin Heidegger),而后一批学者如雅斯贝尔斯、梅劳·庞帝、卡缪等将其理论进一步发展,真正使存在主义的发展达到顶峰的是法国哲家让·保罗·萨特(Jean Paul Sartre)。萨特作为存在主义发展过程中的灵魂人物,提出了著名的"存在先于本质"命题,该命题被视为存在主义的第一原理。萨特本人对这句话的解释是"首先有人,人碰上自己,在世界上涌现出来,然后才给自己下定义。如果人在存在主义者眼中是不能下定义的,那是因为在一开头人是什么都说不上的。他所以说得上是往后的事,那时候他就会是他认为的那种人了"[1]。这就是说一个人成为何种人完全由自己负责,或是他自己选择的结果,或是某种情况下别人替他选择的结果。前者是一种主动、勇敢的选择,而后者的沉默却是一种被动、懦弱的选择。萨特强调主观情感是道德行为选择的依据,他曾经这样表示,情感是一种主观随意的、不可捉摸的、不受理智支配和不受客观因素影响的东西。道德教育的本质作用是使学生形成正确的道德认识,陶冶学生的道德情感,使情与

---

[1] 让-保罗·萨特.存在主义是一种人道主义[M].周煦良,汤永宽,译.上海:上海译文出版社,2012:6.

理更好地结合起来,最终形成道德意志而支配道德行为。情感在道德选择上固然十分重要,但只强调个人情感的决定作用而忽视其制约因素,忽视教育本身对情感的塑造,忽视理智推断的积极作用,这是不可取的。存在主义者们反对学校设置统一的道德教育科目,反对学校统一大纲式的教育模式,因为这严重压抑了学生的个性发展。他们提倡的是一种个体自发式的道德习得模式,而不是学校干预式的强制灌输模式。

三、初中生利他行为的方式、目的与动机、强度和智慧特征

(一) 初中生利他行为的方式

用什么样的方式去帮助别人?每个人的选择都不同,这是个较为复杂的问题,这与利他行为者独特的价值排序有关,也与他们现实拥有的条件及自身的道德发展水平和个性特征有关。本书从以下四方面对人们利他的方式进行检视:第一,主动去做或被动去做;第二,独立去做或大家共同去做;第三,采取物质帮助或其他形式的帮助;第四,有组织或无组织地去做。

个体在对他人实施利他行为之前,首先要对受助者所处的情境、所面临的困难加以评估,然后确定采用何种方式去实施恰当、有效的利他行为,这是初中生必须掌握的一种能力,即选择最适合自己的行动方式去有效地做事,如表4-8所示。

表 4-8　初中生利他行为方式统计　　　单位：%

问题	选项	初一	初二	初三	均值
10. 你主要采用哪种方式帮助他人？[第一类(10-1)]	独自一人去做	39.9	28.8	26.4	31.7
	两三个人一起做	22.7	29.6	33.7	28.7
	较多的人一起做	3.0	8.4	4.7	5.4
	几种方式差不多	29.5	25.9	26.2	27.2
	说不清	4.8	7.3	9.1	7.1
10. 你主要采用哪种方式帮助他人？[第二类(10-2)]	在老师、家长等成人的带领和指导下去做	9.8	12.2	14.4	12.1
	自主去做	45.2	42.0	35.4	40.9
	两者差不多	39.4	33.6	37.4	36.8
	说不清	5.5	12.2	12.8	10.2
10. 你主要采用哪种方式帮助他人？[第三类(10-3)]	物质帮助	6.8	6.6	6.3	6.6
	心理安慰	21.4	16.2	15.9	17.8
	帮助完成具体工作	25.5	28.3	31.1	28.3
	几种方式差不多	39.9	31.6	35.8	35.8
	说不清	6.3	17.3	10.8	11.5
12. 大家共同帮助他人时，你如何做？	率先进行帮助	51.3	40.9	37.3	43.2
	跟着别人做	32.4	33.2	33.5	32.9
	旁观	7.5	9.1	7.5	8.0
	说不清	8.8	16.8	21.7	15.8

续表

问题	选项	初一	初二	初三	均值
14. 在帮助他人时，哪种情况使你变得更积极？	自发组织	42.4	42.9	45.7	43.7
	老师或学校组织	21.2	27.9	19.3	22.8
	家长或其他社会组织带领	17.8	8.0	9.3	11.7
	说不清	18.5	21.2	25.8	21.8

初中生利他行为的组织方式，如"14. 在帮助他人时，哪种情况使你变得更积极？"，该题学生的回答情况，从均值来看，初中生在"自发组织"的利他行为情境中其积极性更高一些（43.7%），其次是"老师或学校组织"（22.8%），再次是"家长或其他社会组织带领"（11.7%）。从年级来看，在自发组织的利他环境中实施利他行为的积极性与学生的年级呈正相关，与初中生的自主意识发展水平也呈正相关。初中生随着年级的升高，其认识能力、自主能力、判断能力有所增强，他们更倾向于个人的自主性得到尊重和认可，更倾向于自主选择利他行为的受助对象及利他行为。自发组织的利他情境更符合初中生对于这一问题的心理初衷，因此，在这一情境中他们的积极性更高。

初中生利他行为的方式，从 10-1 题学生的回答情况来看，"独自一人去做"均值（31.7%）的比例最高，而"两三个人一起做"均值（28.7%）的比例次之。10-2 题学生的回答情况，"自主去做"均值的比例最高（40.9%）。10-3 题学生的回答情况，从均值来看，"帮助完成具体工作"比例（28.3%）最高，其次是"心理安慰"（17.8%），"物质帮助"比例（6.6%）最低。从以上问题的分析结果可知，初中生利他行为的方式主要以主动、独立、无组织地实施利他行为为主,他们对受助者以"帮助完成具体工作"为主。

当初中生遇到共同帮助他人的情境时,如"12. 大家共同帮助他人时,你如何做?"时,学生的回答情况从均值来看,有43.2%的学生选择"率先进行帮助",32.9%的学生选择"跟着别人做",只有8.0%的学生选择"旁观"。这一调查结果说明,初中生有较强的集体归属感和依恋感,作为集体的一员,初中生渴望在班集体或非正式群体中建构自己的地位,以获得群体成员的认可,因此,在集体行动中通常会更为积极主动。从年级来看,选择"率先进行帮助"的比率随着年级的增高而降低(初一为51.3%、初二为40.9%、初三为37.3%),而"跟着别人做"的比率随着年级的增高而上升(初一为32.4%、初二为33.2%、初三为33.5%)。这说明,随着年级的升高,初中生对集体的认识更加深刻和成熟,不只是单纯地为了突出自己在集体中的地位,转而开始融入集体,保持与大家的步调一致是这一时期学生适应和融入集体的主要方式,教育者要尽可能地创设利于学生融入集体的和谐氛围。

(二) 初中生利他行为的目的与动机

初中生要想成为真正意义上道德生活的主体,只有从认知层面将道德观念转化为行动范畴上的道德行为才能实现这一目标。而从道德认知转向道德行为的过程,必须存在一个中间环节,即动机,否则认知将永远停留在观念的层面。从这个角度看,道德动机是促使道德观念向道德行为转化的原动力,因此,研究者必须充分认识动机在利他行为发生过程中的重要价值与意义,如表4-9所示。

表 4-9　初中生利他行为目的与动机统计　　　单位：%

问题	选项	初一	初二	初三	均值
11. 你帮助他人的最主要目的是什么？	得到表扬	2.2	7.1	5.3	4.9
	回馈他人	29.9	23.9	25.8	26.5
	遵从师长	7.5	11.3	6.3	8.4
	对自己有利	2.2	3.5	3.1	2.9
	尽社会责任	12.5	13.5	14.6	13.5
	为他人高兴	31.7	28.8	35.4	32.0
	说不清	10.4	11.9	13.2	11.8

当初中生在回答"11. 你帮助他人的主要目的是什么？"时，从均值来看，初中生选择比率的高低排序依次为"为他人高兴"（32.0%）、"回馈他人"（26.5%）、"尽社会责任"（13.5%）、"说不清"（11.8%）、"遵从师长"（8.4%）、"得到表扬"（4.9%）、"对自己有利"（2.9%）。从选项比率看，初中生实施利他行为的主要目的集中于"为他人高兴""回馈他人""尽社会责任"三个选项，而这三个选项实际上也代表了初中生道德发展的不同层次。选择"回馈他人"的学生，其利他动机更多考虑了他人的感受，把他人的利益作为个人行为的出发点。这部分学生的道德发展尚处于"我想取悦某人"的层面，即习俗水平中的第三阶段。而选择"为他人高兴"的学生，其利他行为的出发点是由于所帮助的人困难得到解决，因此自己的情感很愉悦。这部分学生的道德发展水平与选择"回馈他人"的学生是一致的。对于那些选择"尽社会责任"的学生来说，他们把自己视作社会的一个组成成员，认为社会成员应该遵从社会的各项制度，在一定程度上认识到个人尽职尽责的重要性。这部分学生的道德发展水平处于第四阶段，但已具

有了道德发展水平第五阶段的某些特征。因此，从初中生利他行为的目的来分析，近六成初中生（58.5%）是处在科尔伯格道德发展的第三阶段——寻求认可定向阶段，而约 13.5% 的初中生处在科尔伯格道德发展的第四阶段——遵守法规和秩序定向阶段，并且随着年级的升高处在第四阶段的学生比例也在提升。北京师范大学林崇德教授的研究成果表明，青年初期的学生（初中生）第三阶段的道德判断占据主要优势，而处在第二阶段的道德判断人数大幅下降。与此同时也开始出现第四阶段的道德判断，即"维护权威和秩序的道德观"❶。因此，本书在这一问题上的结论与林教授的研究成果具有内在的一致性。

从年级来看，初一、初二学生利他行为的目的与动机并无明显特征，而对于初三学生来说，"尽社会责任"（14.6%）、"为他人高兴"（35.4%）两个选项上的人数比率在三个年级中是最高的。实际上，这两个选项也代表着初中生道德发展处在相对较高的水平，他们能够立足于社会的视角，将自己的行为置于社会规范、社会责任的框架下对个人行为的属性予以认真衡量，认识到了自己所肩负的社会使命，这是我国现阶段道德教育尤其需要强化的一部分——责任感教育。

（三）初中生利他行为的强度和智慧特征

由表 4-10 可见，初中生在回答"20. 在遇到他人需要帮助时，你出手帮助的次数是多少?"这一问题时，从均值来看，有 52.8% 的学生会"多数情况出手帮助"，有 32.1% 的学生"几乎一半的情况"会出手帮助，选择"少数的情况出手帮助"有 6.5%，而只有

---

❶ 林崇德.发展心理学[M].3 版.北京：人民教育出版社,2009:355.

极少数的学生选择"从未"(1.0%)或"说不清"(7.6%)。

表 4-10 初中生利他行为强度和智慧特征　　　　单位:%

问题	选项	初一	初二	初三	均值
20. 在遇到他人需要帮助时,你出手帮助的次数是多少?	多数情况出手帮助	58.8	42.3	57.3	52.8
	几乎一半的情况会出手帮助	30.9	33.4	32.1	32.1
	少数的情况出手帮助	3.8	9.1	6.7	6.5
	从未	0.5	2.0	0.4	1.0
	说不清	6.0	13.3	3.5	7.6
22. 在帮助他人时,你能尽自己最大的力量吗?	能	59.4	48.7	46.3	51.5
	有时能有时不能	35.9	37.2	42.7	38.6
	不能	1.5	4.6	3.7	3.3
	说不清	3.2	9.5	7.3	6.7
24. 在帮助他人时,你会考虑使用合理或有效的方法吗?	会	63.6	54.2	53.9	57.2
	有时会有时不会	27.7	33.4	29.1	30.1
	不会	2.7	3.1	3.7	3.2
	说不清	6.0	9.3	13.3	9.5

初中生在回答"22. 在帮助他人时,你能尽自己最大的力量吗?"这一问题时,从均值来看,有51.5%的学生选择"能",有38.6%的学生选择"有时能有时不能",只有极少数3.3%的学生选择"不能"。初中生在回答"24. 在帮助他人时,你会考虑使用合理或有效的方法吗?"时,从均值来看,有57.2%的学生回答"会",30.1%的学生回答"有时会有时不会",只有少部分即3.2%的学生选择"不会"。

从初中生利他行为的智慧特征角度看(如附录一问卷第24题),大部分初中生在面临具体的求助情境时,能够做具体的分析,尽可能采取富有针对性的措施向求助者提供帮助。分年级来看，尽管各年级的初中生保持这一倾向的人数差异不大，但还是表现出随着年级升高而降低的趋势（初一为 63.6%、初二为 54.2%、初三为 53.9%），这与初中生的认知能力发展水平及生活经历的丰富程度有关。与初一或初二学生相比，初三学生在面临他人的求助情境时，无需太多考虑就会较容易地判断出对方的需求所在，进而提供适切的帮助。

初中生利他行为的强度特征（如附录一问卷第 20 题和第 22 题），初中生向他人提供帮助，多数学生能够尽自己最大努力去帮助他人，但这一问题仍表现出随年级的升高其努力程度有所下降的趋势（初一为 59.4%、初二为 48.7%、初三为 46.3%）。从学生出手帮助他人的次数看，选择"多数情况出手帮助"的学生，初一多于初三，初三多于初二。初二学生的利他强度最差，这与他们处在青春叛逆期密切相关，这一时期他们的身心发展具有不平衡性和矛盾性，很多初中生成绩下滑主要在初二时期，而初一学生带有刚入学的冲劲，利他强度最大，初三学生则由于学业压力过大，其利他强度次之。

本章小结

本章主要从实践活动的构成要素来分析初中生的利他行为的特征，具体结论阐释如下。

第一，初中生利他行为的受助对象及内容特征。初中生实施利他行为的频率普遍较高，具有根据与利他行为受助对象的亲疏关系程度选择性地实施利他行为的特点，并且利他行为的频率和学生利他行为受助对象与自己的亲疏关系成正比。不同领域内初中生的利他行为发生概率的发展趋势为，学习领域利他行为的发生概率最高，私人领域次之，而在公共领域利他行为的发生概率最低。初二学生在三个领域的利他行为明显少于另外两个年级学生的利他行为。

初中生利他行为受助对象的选择依对象与学生的熟识程度、亲疏程度由近及远呈现出有规律的递减趋势。初中生随着年级的升高，其利他行为对象更倾向于选择与自己有亲缘关系的人。初中生利他行为的主要内容重点集中在生活方面，其次是学习方面和课外活动方面。初一学生在生活和学习方面的利他行为最多；初二学生在课外活动方面的利他行为最多，而在学习方面的利他行为最少；初三学生在生活和课外活动方面的利他行为都是最少的。

第二，初中生利他行为的情境特征。初中生在面对个人和集体冲突时，将集体视为第一受助对象。但从年级分布情况看，初中生在个人与团体冲突情境中其利他行为选择"团体"的比率有随着年级升高而降低的趋势。初中生在面对竞争对手的求助时，绝大多数还是倾向于向对手实施利他行为。从不同年级初中生选择"提供帮助"选项的比率来看，这一趋势随着初中生年级的升高表现出逐渐增强的态势。

初中生在拒绝为好友做坏事的意志力不如为竞争对手提供帮助的果断性那么强烈，作出"拒绝"的决断更为艰难。友情在初三学生的心中占据着非常重要的地位，而且在一定程度上对学生有削弱其道德准则判断力的倾向。

初中生在实施利他行为时并没有明显的参照依据，更多的是出于一种良好的愿望。随着初中生年级的升高，其利他行为受受助者个人特点等情境性因素的影响就越小，且这种倾向随着年级的升高表现得越来越清晰。

初中生利他行为的发生还比较脆弱，极易受外界环境因素的影响。初中生感受到的对于利他行为情境中"周围人不支持"的压力具有随年级升高而增强的特点。"熟人在场"对于初一学生来说所产生的压力更广泛一些，也说明初一学生对于周围环境的敏感度更高。绝大多数初中生在利他行为情境下会不计较行为本身可能给自己带来的消极后果，竭尽全力去帮助那些需要帮助的人。

第三，初中生利他行为的方式、目的与动机、强度和智慧特征。初中生在自发组织的利他行为情境中积极性更高一些，在自发组织的利他环境中实施利他行为的积极性与学生的年级呈现正相关，与初中生的自主意识发展水平也呈正相关。初中生实施利他行为的方式以主动、独立、无组织地去实施利他行为为主，他们对受助者主要以帮助做事进行帮助。

从初中生利他行为的目的来分析，近六成初中生是处在科尔伯格道德发展的第三阶段——寻求认可定向阶段，而13.5%的初中生处在科尔伯格道德发展的第四阶段——遵守法规和秩序定向阶段，并且随着年级的升高处在第四阶段的学生比例也在升高。

初中生利他行为的强度特征：初中生向他人提供帮助，多数学生能够尽自己最大努力去帮助他人，但这一问题仍表现出随年级的升高其努力程度有所下降的趋势。从学生出手帮助他人的次数看，选择"多数情况出手帮助"的学生，初一多于初三，初三多于初二。

初中生利他行为的智慧特征：大部分初中生在面临具体的求助情境时，能够做到具体问题具体分析，尽可能采取富有针对性的措施向求助者提供帮助。分年级来看，各年级的初中生保持这一倾向的人数差异不大，但还是表现出随着年级升高而降低的趋势，即初中生的利他智慧初三高于初二，初二高于初一。

第五章

心理活动构成要素视域下的初中生利他行为

人的道德生成过程展现为"知—情—意—行"的辩证运动过程。❶ 按照第三章的分析结构,本章以心理活动的构成要素作为切入点,并结合附录一得出的数据,运用 SPSS 21.0 的相关数理统计分析法(如独立样本 t 检验、χ^2 检验、单因素方差分析等)来分析初中生利他行为的特征,主要有初中生利他行为的价值认知、感受特征、意志特征,以及认知和行为之间的关系特征四部分。

一、初中生利他行为的价值认知

利他行为的价值认知是学生对利他行为发生、发展所具有的意义的一种看法和认识。美国教育家杜威曾指出,只有思考了的行动,只有一个经过反思性选择的行动,才具有道德特性。❷ 因此,

---

❶ 刘磊.教育生活中的伦理利己主义及其批判[J].中国教育学刊,2015(4):9.
❷ 约翰·杜威.我的教育信条:杜威论教育[M].彭正梅,译.上海:上海人民出版社,2013:174.

初中生在行动之前对利他行为进行选择性思考,并了解其价值与意义就显得尤为重要。本书对这一问题的研究主要涉及附录一问卷中的第28题,如表5-1所示。

表5-1　初中生利他行为的价值认知　　单位:%

问题	选项	初一	初二	初三	均值
28. 帮助他人之前,你已经对该行为的意义有较深的了解了吗?	已经有了深入的了解	28.3	23.9	30.6	27.6
	了解一些	49.8	50.2	51.1	50.4
	不太了解	5.1	7.1	6.0	6.1
	不了解	3.9	4.9	1.3	3.4
	说不清	12.8	13.9	11.0	12.6

初中生在回答"28. 帮助他人之前,你已经对该行为的意义有较深的了解了吗?"时,从均值来看,有50.4%的学生回答"了解一些",27.6%的学生回答"已经有了深入的了解",有12.6%的学生回答"说不清",只有少部分的学生选择"不太了解"(6.1%)和"不了解"(3.4%)选项。分年级来看,初三学生选择"已经有了深入的了解"(30.6%)和"了解一些"(51.1%)的比例最高。从这一题的回答情况可以看出,大部分初中生在实施利他行为之前已经对行为的意义有了一定的了解(选择"已经有了深入的了解"与"了解一些"的初中生之和为78%),并且年级最高的初三学生对利他行为的价值认知最佳,这主要是与初三学生的道德认知水平相对较高有关。

二、初中生利他行为的感受特征

人在实施一些行为后,通常会表现出相应的喜怒哀乐的情绪体验或感受。本书主要针对初中生在实施利他行为之后的快乐的程度和对哪些受助者提供帮助后感觉更快乐一些进行调查研究，这主要体现在初中生对附录一问卷第 16 题和第 18 题的回答情况上，如表 5-2 所示。

表 5-2　初中生利他行为感受特征　　　　单位：%

问题	选项	初一	初二	初三	均值
16. 帮助他人后你的感受是？	很快乐	59.8	42.7	47.6	50.0
	比较快乐	24.9	26.8	27.8	26.5
	无所谓快乐	8.3	11.9	11.4	10.5
	不太快乐	0.8	2.9	1.4	1.7
	一点也不快乐	0.2	1.1	1.4	0.9
	说不清	6.0	14.6	10.4	10.3
18. 你帮助哪些人后感觉最快乐？	父母、亲属或朋友	25.7	20.8	25.2	23.9
	陌生人	6.7	16.6	13.4	12.2
	同学或老师	18.1	10.4	10.6	13.0
	邻居等较熟悉的人	3.0	0.9	2.8	2.2
	都一样	39.4	41.8	39.8	40.3
	说不清	7.0	9.5	8.3	8.3

初中生在回答"16. 帮助他人后你的感受是？"时，从均值来看，有 50.0% 的学生回答"很快乐"，26.5% 的学生回答"比较快乐"，有 10.5% 的学生回答"无所谓快乐"，有 10.3% 的学生回答"说不清"，而只有少部分的学生选择"不太快乐"（1.7%）和"一点也不快乐"（0.9%）选项。分年级来看，初中生在实施利他行为后，有近八成（"很快乐"与"比较快乐"的初中生之和为 76.5%）的学生感受到的是快乐，而初一学生感觉最快乐（59.8%）。初中生在回答"18. 你帮助哪些人后感觉最快乐？"时，

从均值来看，有 23.9% 的学生回答"父母、亲属或朋友"，13.0% 的学生回答"同学或老师"，有 12.2% 的学生回答"陌生人"，有 8.3% 的学生回答了"说不清"，有 2.2% 的学生回答"邻居等较熟悉的人"。这说明初中生在帮助与自己最亲近的"父母、亲属或朋友"之后感觉更快乐。而选择"都一样"的比例最高（40.3%），说明初中生的利他发展程度较高，与相关领域中对于小学生利他行为的研究进行比较，可以知道初中生逐渐打破了简单的以亲疏远近作为实施利他行为的主要标准的这样一个现状。

三、初中生利他行为的意志特征

利他意志主要指为达成某种利他行为而产生的坚持性心理品质或状态。动机过程在决策的形成和促进方面起中介作用，而意志过程则对决策的实施和维护起调节作用。❶ 因此，利他意志通过影响利他动机，进而影响利他行为的发生与发展。本书对于初中生利他意志特征的考察，如表 5-3 所示。

表 5-3　初中生利他行为意志特征　　　　　单位：%

问题	选项	初一	初二	初三	均值
26. 确立了助人的任务后（比如帮助学习有困难的同学学习），你能坚持下来吗？	能	45.4	49.2	54.4	50.0
	有时能有时不能	35.7	37.8	37.9	37.1
	不能	2.7	4.4	3.0	3.4
	说不清	7.2	12.4	10.0	9.5

---

❶ 胡谊,郝宁.教育心理学:理论与实践的整合观[M].上海:华东师范大学出版社，2009:239.

初中生在回答"26.确立了助人的任务后（比如帮助学习有困难的同学学习），你能坚持下来吗？"时，从均值来看，有50.0%的学生回答"能"，37.1%的学生回答"有时能有时不能"，有9.5%的学生回答"说不清"，有3.4%的学生回答了"不能"。分年级来看，回答"能"的初中生数量，随着年级的升高而逐渐升高，初一45.4%、初二49.2%、初三54.4%。从广义上说明近九成（选择"能"和"有时能有时不能"的初中生有87.1%）的初中生在确立了助人的任务后能坚持完成它。初中生的利他行为意志特征和年级之间存在正相关，即年级越高学生的利他行为意志性越坚强。

四、初中生利他认知与利他行为之间的关系特征

利他认知和利他行为的关系问题，归根结底就是知与行的关系问题。知即是一种思想、一种意识；行即是一种行为，一种行动。正确的认知指导行为向正确的方向发生与发展，而错误的认知会使行为走向错误的泥潭。因此，正确的利他认知对利他行为产生正向的影响作用，而错误的利他认知则会严重影响并阻碍利他行为的发生与发展。对于利他认知与利他行为关系问题的研究，如表5-4所示。

表5-4　初中生利他行为知行关系特征　　　　单位：%

问题	选项	初一	初二	初三	均值
6.你曾做过要积极帮助他人的保证吗？	是	54.2	50.0	51.4	51.9
	否	18.9	27.2	27.4	24.5
	说不清	26.8	22.8	21.3	23.6

续表

问题	选项	初一	初二	初三	均值
(6-1) 如果做过要积极帮助他人的保证,你真正履行了吗？	履行了	63.6	54.2	53.9	57.2
	只是随便说说，没有履行	6.0	9.3	13.3	9.5
	有时会，有时不会	27.7	33.4	29.1	30.1
	说不清	2.7	3.1	3.7	3.2

初中生在回答"6. 你曾做过要积极帮助他人的保证吗？"时，从均值来看，有 51.9% 的学生回答"是"，24.5% 的学生回答"否"，有 23.6% 的学生回答"说不清"。初中生在回答"（6-1）.如果做过要积极帮助他人的保证，你真正履行了吗？"时，有 57.2% 的学生回答"履行了"，30.1% 的学生回答"有时会，有时不会"，有 9.5% 的学生回答"只是随便说说，没有履行"，有 3.2% 的学生回答"说不清"。可见近半数（51.9%）初中生做过要积极帮助他人的保证，这部分学生中大部分可以履行他们的保证，也就是说利他行为知与行之间的关系十分紧密，做过保证的半数初中生，绝大多数学生都可以履行保证，即知行统一性良好。而从年级上看，回答"履行了"的初中生中初一为 63.6%、初二为 54.2%、初三为 53.9%，做过保证后初一学生的履行程度最好，而初三学生的履行程度最差。我国学者顾鹏飞和李伯黍在一项关于 5~16 岁儿童利他观念发展的研究中指出，随着年龄的增长，儿童对助人行为的选择反应和理由的推断能力是不断发展的，儿童对助人理由的推断能力随着年龄的增长而逐渐增强。[1] 最近的研究发现，个体想要表现出稳定的道德行为或是利他行为，就必须保证在不同

---

[1] 顾鹏飞,李伯黍.5—13 岁儿童利他观念发展研究[J].心理科学通讯,1990(3):32.

情境下的道德同一性,而道德的自我理解则是道德同一性的重要组成部分,道德的自我理解能力能够预测利他行为产生。[1] 可见,初中生的认知能力对其利他行为的产生与发展具有先决意义。根据傅维利教授关于道德认知与道德行为之间关系的研究成果可知,从道德认识到道德行为,既可以是连续的也可以是中断的。具体分为两种情况,一是人面临的道德问题是虚拟的,二是人面临的道德问题是真实的。虚拟的道德问题没有明确的道德要求,它很难促进学生的道德成长,因此不能立刻产生道德行为。而真实的道德问题又分为四种情况,其中第三种(学生的道德认知支持其道德行为的实现,但是限于认识和环境等因素的不确定性,其内心产生道德冲突。这种冲突加以合理引导或得到环境的有力支持,就可促进利他行为的生发,进而解决相应的道德问题)最具教育意义和价值,对学生的道德成长作用最大。[2] 因此,有了正确的利他认知不一定有良好的利他行为,但没有正确的利他认知一定不会有稳定的、良好的利他行为,我们必须具体问题具体分析,重视对学生利他认知的引导,促进其利他行为的有效实施。

本章小结

本章主要从心理活动的构成要素来分析初中生利他行为的特征,具体结论阐释如下。

关于利他行为的价值认知特征。有78%的初中生在实施利他行为之前已经对行为的意义有了一定的了解,并且年级最高的初三学

---

[1] JENNINGS P L, MITCHELL M S, HANNAH S T. The Moral Self: A Review and Integration of the Literature[J]. Journal of Organizational Behavior, 2015, 36(1):108.

[2] 傅维利. 真实的道德冲突与学生的道德成长[J]. 教育研究, 2005(3):14.

生对利他行为的价值认知最佳。

关于利他行为的感受特征。初中生在实施利他行为之后,有近八成的学生感受到的是快乐,而初一学生感觉最快乐。初中生在帮助了与自己最亲近的"父母、亲属"之后,感觉更快乐,而选择"都一样"的比例最高(40.3%),说明初中生的利他发展程度较高,与相关对于小学生利他行为的研究进行比较,可以知道初中生逐渐打破了简单的以亲疏远近作为实施利他行为的主要标准的这样一个现状。

关于利他行为的意志特征。初中生具有较坚定的利他意志,近九成的初中生在确立了助人的任务后能坚持完成它。并且初中生的利他行为意志特征和年级之间呈现正相关,即年级越高学生的利他行为意志性越坚强。

关于利他认知与利他行为之间的关系特征。近半数初中生做过要积极帮助他人的保证,在这部分学生中大部分可以履行他们的保证,也就是说利他行为知与行之间的关系十分紧密,即做过保证的半数初中生中绝大多数都可以履行保证,知行统一性良好。而从年级上看,做过保证后初一学生的履行程度最好,而初三学生的履行程度最差。

第六章

初中生利他行为的差异性分析

初中生如何发展为现实性的道德生活主体，涉及多种复杂因素，这些因素是导致个体利他行为发展水平差异的根本原因。分析影响初中生利他行为形成与发展的诸多因素是探究有效道德教育策略的前提条件，在本章中将对独生子女、城乡居住环境、父母学历、学生性别、班级干部及学习成绩等因素与初中生利他行为的关系进行探究与剖析，其中主要研究上述诸要素与初中生利他行为的对象和内容、不同情境下利他行为的表现特征、利他行为方式、利他行为目的与动机、利他行为强度特征和智慧特征、利他行为价值认识、利他行为感受特征、利他行为意志特征及利他认知与利他行为之间的关系特征。

一、性别与初中生的利他行为

通过 SPSS 21.0 统计软件对问卷调查的数据进行分析，性别与初中生利他行为的关系主要采用独立样本 t 检验和 χ^2 检验进行分析，得出性别与利他行为的智慧特征及感受特征存在显著相关性。

（一）性别与初中生利他行为的智慧特征

由表 6-1 和表 6-2 可知，在回答"24. 在帮助他人时，你会考虑用合理或有效的方法吗？"时，男生中有 55.3% 的学生回答"会"，32.7% 的学生回答"有时会"，只有少部分的学生选择"不会"（4.1%）、"说不清"（8.0%）选项；女生中有 63.6% 的学生回答"会"，26.9% 的学生回答"有时会"，只有少部分的学生选择"不会"（2.2%）和"说不清"（7.4%）选项。男生得分的均值是 3.39，女生得分的均值是 3.52。这说明女生在助人的时候会更多地考虑使用较合理的方式，即初中女生的助人智慧略强于男生。女生的感性思维强于男生，而且女生心思更细腻，更容易考虑帮助他人的具体细节，因此，女生比男生更注意助人智慧的使用。

表 6-1　性别与初中生利他行为智慧特征独立样本 t 检验

问题	性别	样本量/人	得分均值	方差	t	P
24. 在帮助他人时，你会考虑使用合理或有效的方法吗？	男生	787	3.39	0.802	3.271	0.001
	女生	774	3.52	0.728		

表 6-2　性别与初中生利他行为智慧特征百分比　　　单位：%

问题	选项	男生	女生	均值
24. 在帮助他人时，你会考虑使用合理或有效的方法吗？	会	55.3	63.6	59.4
	有时会有时不会	32.7	26.9	29.8
	不会	4.1	2.2	3.1
	说不清	8.0	7.4	7.7

从初中男生和女生利他行为的智慧特征角度看,超半数初中生(男生和女生)在面临具体的求助情境时,能够做具体的分析,尽可能采取富有针对性的措施向求助者提供帮助,且女生的利他智慧略高于男生。

(二) 性别与初中生利他行为的感受特征

从表6-3和表6-4可见,初中男生和女生在回答"16. 帮助他人后你的感受是?"时,存在极其显著差异($P=0.000$)。45.6%的男生回答"很快乐",56.2%的女生回答"很快乐",而只有少部分的学生选择"不太快乐""一点不快乐"选项。从均值来看,男生得分均值为5.02,女生得分均值为5.23,这说明初中女生实施利他行为后感受快乐的程度要明显强于男生,这主要与女生偏感性的思维特质有关,而且在这一年龄段女生的情绪表达能力也要强于男生。

表6-3 初中男生和女生利他行为感受特征百分比　　单位:%

问题	选项	男生	女生	均值
16. 帮助他人后你的感受是?	很快乐	45.6	56.2	50.9
	比较快乐	28.1	24.5	26.3
	无所谓快乐	11.8	8.9	10.3
	不太快乐	0.9	0.8	0.8
	一点也不快乐	1.5	1.7	1.6
	说不清	12.1	7.9	10.0

续表

问题	选项	男生	女生	均值
18. 你帮助哪些人后感觉最快乐？	父母、亲属或朋友	23.3	24.9	24.1
	陌生人	10.3	13.4	11.8
	同学或老师	16.3	10.5	13.4
	邻居等较熟悉的人	2.0	2.6	2.3
	都一样	38.2	42.3	40.2
	说不清	9.9	6.4	8.1

表6-4　初中男生和女生利他行为感受特征 t 检验

问题	性别	样本量/人	得分均值	方差	t	P
16. 帮助他人后你的感受是？	男生	787	5.02	1.157	3.841	0.000
	女生	774	5.23	1.090		

二、是否是独生子女与初中生利他行为的关系

2018年9月28日，习近平总书记来到辽宁省抚顺市雷锋墓及其纪念馆，并敬献了花篮。他指出，雷锋是时代的楷模，雷锋精神是永恒的。实现中华民族伟大复兴，需要更多时代楷模。我们既要学习雷锋的精神，也要学习雷锋的做法，把崇高理想信念和道德品质追求转化为具体行动，体现在平凡的工作生活中，作出自己应有的贡献，把雷锋精神代代传承下去。❶家庭是个体的第一成长环境，子女的个性品质和道德素养很大程度上受家庭氛围和教育观念的影

---

❶　中共中央文献研究室.习近平关于实现中华民族伟大复兴中国梦论述摘编[M].北京:中央文献出版社,2013,34.

响，这与他们的家庭结构密切相关。独生子女家庭中，家庭的一切资源（物质和情感等）都会向其倾斜。对这一问题我们从两方面来分析：一方面，一部分孩子因为自己的资源太过丰富，使他们对物质资源的占有欲望并不强烈，他们在面对他人需要帮助的时候，总是可以慷慨解囊，无私付出；另一方面，一部分孩子也是由于家庭的资源太过丰富，使他们产生了强烈的占有欲，他们与同龄孩子交流较少，缺乏对他人困难的感知，进而养成了他们自私自利的个性，他们的利他行为也随之减少。

独生子女和非独生子女在家庭生存环境、与父母之间的关系、在家庭中的地位等方面存在显著不同。就个体而言，独生子女和非独生子女同样都是受教育者，刚出生时作为自然人的个体不存在本质上的差异，而从自然人成长为社会人的过程中出现的差异受家庭教育的影响较大（与非独生子女相比较）。具体来说，独生子女有三个明显特征。

其一，独生子女与父母的互动频率较高。他们的成长过程本质上是一种亲子互动的过程，家庭的结构和规模决定了亲子互动的质与量。家庭结构和规模是家庭情况的一种外在表现形式，其变化会影响家庭的内部关系。城市独生子女家庭存在三种最为基本的关系：父子关系、母子关系和夫妻关系。父母与独生子女的互动具有单点性（不同于非独生子女的多点性），即父母与其子女之间的互动永远是只发生在一个固定的对象身上，因此这种互动的效果和作用更为明显。独生子女在成长互动过程中获得的父母之爱是强烈而集中的（较非独生子女而言）。他们可以在精神上获得满足，同时产生强烈的归属感和安全感，这是他们生存的精神环境和生命成长的原动力。在文化生活和物质生活的互动中，独生子女获得的资源也多于非独生子女。

其二，独生子女的地位被进一步强化。中国社会大家长制根深蒂固，在新的社会历史时期，父辈在家庭的中心地位开始向子女倾斜，这使独生子女获得了家庭中的核心位置，独生子女成为全家关注的焦点和家庭生活的绝对主角。父母闲暇时间在家务和照顾孩子上与孩子数量成反比，家庭日常生活安排上也更为凸显独生子女的地位。家庭文化娱乐方面看，独生子女家庭的父母陪孩子时间的比重明显高于非独生子女的父母。

其三，独生子女父母的压力增大。由于社会竞争日益激烈，独生子女父母把家里的全部期望寄托在家中唯一的孩子身上，社会上"不能让孩子输在起跑线上"等功利主义教育理念，进一步加剧了父母对独生子女在生活、学习、特长培养等方面的攀比心理，在这种背景下，父母宁愿背负很多也要给独生子女创造更有利于其成长的环境和条件，但有的时候往往适得其反。很多父母把全部的希望放在独生子女身上，一切围绕着孩子转，"下一代为重"的思想倾向较为明显，因此，在多种因素的交互作用之下，独生子女家长往往形成了十分明显的"替代性成就感"，即将孩子的成就转移到自己身上，以满足自己未实现的目标和梦想。有的家长在这种思想倾向下产生了"厚小薄老"的做法，这种家庭成长起来的独生子女感恩之心、利他性、责任心等方面明显欠缺，自我中心问题突出。这种所谓的"一切为了孩子"的思想应该得到纠正，应该使孩子成长为"有用的好人"，而不是利他性明显不足的个体。

本书中笔者通过运用 SPSS 21.0 统计软件对数据进行分析处理（用独立样本 t 检验和 χ^2 检验等方法），得出初中生是否是独生子女与初中生利他行为的对象与内容、不同情境下初中生利他行为的表现特征、利他行为的目的与动机、利他行为的强度和智慧特征，以及利他行为的价值认知五个方面具有显著相关性。收集到的独生子女和非独生子女的学生数分别为 1222 人和 339 人,由于数据差距过大,如果直接比较两者的差异性,其结果很难具有说服力。由于非独生子女数主要来自大连 Y 中,因此,笔者抽取大连 Y 中的独生子女 200 人,非独生子女 200 人,作为这一维度研究的数据依据。具体分析结果阐释如下。

(一)是否是独生子女与初中生利他行为的对象与内容

由于家庭结构的不同,初中生是否是独生子女影响着他们日常生活的社会关系及人际互动的对象与内容,进而对他们在利他行为等道德行为品质的发展产生一定影响。

1. 独生子女与非独生子女在利他行为指向对象上的差异

如表 6-5 所示,从 t 检验的结果来看,独生子女与非独生子女在"家人、亲属或朋友"($P=0.015$)和"老师或同学"($P=0.005$)的利他行为得分均值上存在显著差异,而在对"陌生人"($P=0.285$)提供帮助上并不存在显著差异。以上三个问题的计分方法是,初中生在回答问题时如果选择"B. 否",记 1 分,选择"C. 记不清"记 2 分,选择"A. 是"记 3 分。从初中生对三个问题回答状况来看,独生子女的得分均值由高到低排序依次为"老师或同学"2.86、"亲属或朋友"2.79、"陌生人"2.74。而非独生子女的得分由高到低排序依次为"亲属或朋友"2.77、"老师或同学"2.71、"陌生人"2.70。这说明独生子女平时为老师或同学提供的帮助最多,而对亲人或朋友提供的帮助相对较少,为陌生人提供的帮助最少;非独生子女平时为亲人或朋友提供的帮助最多,而对老师或同学提供的帮助相对较少,为陌生人提供的帮助最少。

表 6-5　独生子女与非独生子女初中生利他行为对象的 t 检验

问题	是否是独生子女	样本量/人	得分均值	方差	t	P
1. 在过去的学习和生活中，你是否给家人、亲属或朋友提供过帮助？	是	200	2.79	0.490	2.443	0.015
	否	200	2.77	0.514		
3. 在过去的学习和生活中，你是否向老师或同学提供过帮助？	是	200	2.86	0.416	2.853	0.005
	否	200	2.71	0.533		
7. 在过去的学习和生活中，你是否在公共场合为有困难的陌生人提供过帮助？	是	200	2.74	0.532	1.070	0.285
	否	200	2.70	0.573		

可见"老师或同学"在独生子女的心目中的地位是很重要的，相比之下，非独生子女则更倾向于把自己的首选利他对象指向"亲人或朋友"。独生子女平时在家得到来自父母和亲人的爱非常多，以至于他们忽视了对父母和亲人的爱的感知，以为这是理所应当，而对同学或老师的关爱格外敏感，这也是他们对老师和同学帮助较多的主要原因。而非独生子女把亲情看得比其他人更重一些，这主要是由初中生的身心发展特点和人际交往范围所决定的。从调查对象看，初中生的年龄主要在 12~15 岁，由于生活范围和安全的需要，这一年龄段学生的主要活动场所为学校和家庭，主要交往人群

为家人和老师、同学。而在"亲属或朋友"与"老师或同学"的选择上,非独生子女更倾向于将利他行为指向"亲属或朋友",这主要与他们在家庭中分享家人关爱的经历有关,他们希望家人可以多爱他们一点,这是他们愿意将利他行为指向家人的主要原因之一。相比而言,独生子女在家庭中独享关爱的优势比较明显,这使他们更容易将这种爱的体验传递给与自己亲近的人,而老师和同学属于没有血缘的亲近之人,至少在他们对人际关系的情感判断上是如此,因而利他行为指向上首选"老师或同学"。

2. 独生子女与非独生子女在利他行为内容上的差异

利他行为内容是研究独生子女与非独生子女利他行为差异的另一维度。在这一问题调查中(表6-6),初中生在回答"13.你在哪些方面对他人提供过较多的帮助?"时,除了选择"都差不多"以外,独生子女和非独生子女选择最多的选项都是"生活方面",独生子女达21.2%,非独生子女达23.3%,非独生子女在生活方面的利他行为更多一些。非独生子女要面对更复杂的日常人际关系(与长辈、兄弟姐妹等交往),他们要在复杂的人际交往中承担更多的责任。因此,他们对不同人需求的捕捉能力更强,更有能力为他人提供帮助。非独生子女有更多的分享经验,这主要是因为他们要与兄弟姐妹分享家人的关爱和物资资源。而且在家庭环境中为了获得比兄弟姐妹更多的关注与关爱,对人际关系和不同人的需求较敏感,也会自觉发展满足不同人的不同需求的能力,因而生活方面的能力相对要强于独生子女。

表6-6 独生子女与非独生子女初中生利他行为内容的差异　　单位：%

问题	选项	独生子女	非独生子女	均值
13. 你在哪些方面对他人提供过较多的帮助？	生活方面	21.2	23.3	22.2
	课程学习方面	19.0	14.5	16.7
	课外活动方面	16.9	21.5	19.2
	都差不多	36.7	33.3	35.0
	说不清	6.2	7.4	6.8

排在第二位的利他行为内容分别是课程学习方面（独生子女）和课外活动方面（非独生子女）。这主要是由于独生子女受家人管束的密集度明显要高于非独生子女，因此他们更多的时候会选择在课程学习上帮助他人，相比较而言非独生子女有更多的时间用在课外活动上，这就使他们会在课外活动上帮助他人多一些。因此，按照由多到少排序，独生子女的利他行为的内容主要是生活方面、课程学习方面、课外活动方面；非独生子女利他行为的内容主要是生活方面、课外活动方面和课程学习方面。

（二）是否是独生子女与不同情境下初中生利他行为的表现特征

利他行为的实施需要在具体的、现实的情境中，而非虚拟的情境中。利他行为是否有效主要取决于利他行为的实施者对利他行为情境的感知能力。本研究表明，是否是独生子女对初中生利他行为情境的感知能力具有一定的影响，下面对其进行详细阐释。

1. 冲突情境下是否是独生子女与初中生的利他行为特征

从检验结果看，冲突情境下独生子女和非独生子女初中生的利他行为特征存在显著性差异。如表 6-7 所示，当初中生处于个人与团体的利他对象冲突情境下，独生子女选择个人为利他对象的比率低于非独生子女，而选择团体为利他对象的比率则高于非独生子女，二者存在显著性差异（$P=0.002$）。如表 6-8 所示，当初中生面对利他行为对象是与自己存在竞争关系时，独生子女与非独生子女相比，他们更倾向于为对方提供帮助，二者之间的差异显著（$P=0.004$）。当初中生在回答"27. 好友让你帮他撒谎，你会如何做"时，独生子女的得分均值为 3.46，非独生子女的得分均值为 3.30，因本题计分方法为逆向计分即拒绝态度越坚定分数越高，即选择"C. 果断拒绝"分值为 5，选择"B. 友情为重，提供帮助"分值为 1，这说明独生子女与非独生子女相比更倾向于拒绝为朋友撒谎，且二者差异显著（$P=0.038$）。一般来说，独生子女与非独生子女在社会交往的差异性上，更多地体现在家庭之中。独生子女与家长交往的时间明显要多于非独生子女，交往过程中对规则的认识与理解主要来源于家长，而家长对于子女的要求往往趋于理性，因此子女所掌握的规范更具客观性。而非独生子女在家庭中与兄弟姐妹的接触机会更多，儿童之间的交往内容往往以游戏为主，尤其对于初中生这一年龄阶段来说更是如此，他们之间的游戏主要以娱乐、心情愉悦为目的，规则的制定带有主观性、情绪化的特征，以维持良好的合作关系为目的。这也许是导致非独生子女初中生更愿意为朋友而撒谎的主要因素，毕竟初中阶段学生的心理特征及认知水平的成熟度都是有限的。

表 6-7　冲突情境下是否是独生子女的利他行为 χ^2 检验

问题	选项	独生子女/%	非独生子女/%	χ^2	P
2. 当个人和团体同时需要你帮助时，你通常选择的是谁？	个人	11.3	14.5	14.516	0.002
	团体	67.6	61.9		
	都不选	2.7	6.5		
	说不清	18.3	17.1		

表 6-8　冲突情境下是否是独生子女的利他行为 t 检验

问题	是否是独生子女	样本量/人	均值	方差	t	P
4. 当需要帮助的人与你是竞争关系时，你通常的做法是什么？	是	200	3.50	0.748	2.855	0.004
	否	200	3.16	0.778		
27. 好友让你帮他撒谎，你会如何做？	是	200	3.46	1.263	2.071	0.038
	否	200	3.30	1.266		

2. 是否是独生子女与初中生利他情境感知特征

通过上面的研究可知，初中生的利他意愿比较强烈，但在现实生活中是否将这种意愿转化为行动，还受诸多因素的影响。在这些不同的情境中，初中生若想完成他们的利他行为，需要具有较强的利他意志。独生子女与非独生子女在这一问题上是否具有差异性呢？

从表 6-9 的检验结果可知，学生是否是独生子女在回答附录一问卷第 21 题和第 29 题时存在显著差异，而在回答第 23 题时无显著差异。当初中生在面对不同的利他情境时，独生子女比非独生子女更能表现出利他的倾向性，利他意志也更为坚定，他们更能够在面对他人求助时作出牺牲和付出，在没有为对方实施帮助时感受到了更大的压力，具有一定的对周围环境的敏感性。独生子女通常通过家长或老师的权威来建构自己的规则意识，而与权威者的互动通常是一种不对等的互动，家长或老师是以真理般的教导方式传递其各种价值规范的，因而对于孩子来说这些规范几乎是刚性的、不可违逆的，一旦遇到特定情境就应付诸行动，不然会产生深刻的歉疚感或心理压力。与之相比，非独生子女的同伴交往更多一些，在同伴交往中习得的规则往往会更为灵活，富有一定的弹性，因而在实施时不像独生子女那么果断，若不能付诸行动则会为自己找到各种理由，故而心理压力稍低于独生子女。当然，无论独生子女还是非独生子女，这都是由初中生的心理认知特点所决定的，他们的道德发展总体处于他律阶段，服从权威、主要通过权威建构自己的价值观是其共同特点，这使他们在执行利他行为的意志力方面并不存在显著性差异。

表 6-9　独生子女与非独生子女的利他行为情境感知差异 t 检验

问题	是否是独生子女	样本量/人	得分均值	方差	t	P
21. 如果帮助他人会给自己带来不利，你还能坚持帮助他人吗？	是	200	3.27	0.862	1.869	0.042
	否	200	3.17	0.830		

续表

问题	是否是独生子女	样本量/人	得分均值	方差	t	P
23. 当面对他人的困难，自己的能力有限时，你会怎么做？	是	200	3.42	0.912	0.210	0.834
	否	200	3.41	0.897		
29. 公交车上没给老人让座，你会感到有压力吗？	是	200	3.23	1.102	2.451	0.015
	否	200	3.05	1.226		

（三）是否是独生子女与初中生利他行为的目的与动机

表6-10的χ^2检验结果表明，独生子女与非独生子女初中生在利他行为的目的上存在显著性差异。在利他行为目的方面，抛开"说不清"选项，独生子女初中生首选的三个选项依次是"为他人高兴""回馈他人""尽社会责任"；非独生子女初中生首选的三个选项依次是"回馈他人""为他人高兴""尽社会责任"。尽管二者的选择内容相同，但排列顺序不同。独生子女更倾向于以满足情感需要为目的而去实施利他行为。对于独生子女而言，他们追求的是一种令人愉悦的人际环境，而非独生子女帮助他人的切入点主要是感恩。由于非独生子女所占有的家庭资源相对少于独生子女，因此他们在日常生活中所面临的困难相对较多，在社会交往中获得的来自不同人群的帮助也会多一些。正是在这一过程中体会到获得帮助对于个体的重要意义，基于此目的，他们自然会在他人遇到困难之

时伸出援助之手。因此，独生子女的同情心更为强烈，而非独生子女的感恩之心更为明显。

表 6-10　独生子女与非独生子女利他行为目的与动机 χ^2 检验

问题	选项	独生子女/%	非独生子女/%	χ^2	P
11. 你帮助他人的最主要目的是什么？	得到赞扬	4.9	3.5	15.316	0.018
	回馈他人	25.5	32.2		
	遵从师长	8.3	8.0		
	对自己有利	3.0	2.7		
	尽社会责任	14.9	8.3		
	为他人高兴	32.3	31.6		
	说不清	11.1	13.9		

（四）是否是独生子女与初中生利他行为的强度和智慧特征

由表 6-11 可见，在回答"20. 在遇到他人需要帮助时，你出手帮助的次数是多少？"时，有 51.0% 的独生子女选择"多数情况出手帮助"，有 32.5% 选择"几乎一半的情况出手帮助"，而只有少数选择"从未"或"说不清"。非独生子女有 49.9% 选择"多数情况出手帮助"，有 30.4% 选择"几乎一半的情况出手帮助"，而只有少数选择"从未"或"说不清"。在回答"22. 在帮助他人时，你能尽自己最大的力量吗？"这一问题时，有 53.4% 的独生子女选择"能"，有 37.6% 选择"有时能有时不能"，只有少数独生子女选择"不能"或"说不清"。有 47.2% 的非独生子女选择"能"，有 41.3% 选择"有时能有时不能"，只有少数非独生子女选择"不能"或"说不清"。

表6-11 独生子女与非独生子女利他行为强度特征χ^2检验

问题	选项	独生子女/%	非独生子女/%	χ^2	P
20. 在遇到他人需要帮助时，你出手帮助的次数是多少？	多数情况出手帮助	51.0	49.9	4.364	0.359
	几乎一半的情况出手帮助	32.5	30.4		
	少数的情况出手帮助	5.9	7.7		
	从未	9.7	10.0		
	说不清	1.0	2.1		
22. 在帮助他人时，你能尽自己最大的力量吗？	能	53.4	47.2	6.286	0.099
	有时能有时不能	37.6	41.3		
	不能	5.7	8.6		
	说不清	3.3	2.9		

由表6-12可见，在回答"24. 你在帮助他人时，你会考虑用合理或有效的方法吗？"时，有62.4%的独生子女回答"会"，28.2%回答"有时会"，只有少部分选择"不会""说不清"选项。有48.7%的非独生子女回答"会"，35.4%回答"有时会"，只有少部分选择"不会""说不清"选项。

表6-12 独生子女与非独生子女利他行为智慧特征χ^2检验

问题	选项	独生子女/%	非独生子女/%	χ^2	P
24. 在帮助他人时，你会考虑使用合理或有效的方法吗？	会	62.4	48.7	24.286	0.000
	有时会有时不会	28.2	35.4		
	不会	2.5	5.3		
	说不清	6.9	10.6		

从独生子女和非独生子女利他行为的强度特征角度看，大多数学生（独生子女多于非独生子女）会在他人遇到困难时出手相助，

并且在这一过程中会尽自己最大努力去做。从初中生独生子女和非独生子女利他行为的智慧特征角度看,大多数学生(独生子女多于非独生子女)在面临具体的求助情境时,能够做具体的分析,尽可能采取富有针对性的措施向求助者提供帮助。

(五)是否是独生子女与初中生利他行为的价值认知

正如著名存在主义哲学家萨特所说,道德的抉择比较像一件艺术品的制作。[1] 这实际是十分复杂的,学生对利他行为价值的认知也是如此。学生是否是独生子女与初中生利他行为的价值认知之间的关系分析如表6-13所示。

表6-13 独生子女与非独生子女利他行为价值认知 χ^2 检验

问题	选项	独生子女/%	非独生子女/%	χ^2	P
28. 帮助他人之前,你已经对该行为的意义有较深的了解吗?	已经有了深入的了解	27.3	30.4	6.436	0.019
	了解一些	51.6	46.0		
	不太了解	5.5	8.0		
	不了解	12.3	13.3		
	说不清	3.4	2.4		

独生子女和非独生子女在回答"28. 帮助他人之前,你已经对该行为的意义有较深的了解吗?"时,并没有显著性差异。他们都是将"了解一些"作为首选,排在第二位的是"已经有了深入的了解",只有少部分的学生选择"不太了解""不了解"和"说不清"选项。从这一题的回答情况可以看出,大部分独生子女初中生

---

[1] 让-保罗·萨特.存在主义是一种人道主义[M].周煦良,汤永宽,译.上海:上海译文出版社,2012:28.

(78.9%)和非独生子女初中生（76.4%）在实施利他行为之前已经对行为的意义有了一定的了解（即选择"已经有了深入的了解"与"了解一些"的初中生），并且独生子女的比例略高于非独生子女。

独生子女在帮助他人之前对于利他行为的意义有更为清晰的认识。现实中，独生子女身处他人求助的情境不多，这主要受限于他们自身的交往范围，他们探求事物真相的本能使他们认清了为他人实施利他行为的意义。独生子女与父母接触的机会更多，父母可以为孩子提供更多的理性的处理问题的方式，并且可以使孩子掌握更多的处理问题的规则与方法，独生子女更倾向于使用细致的思考方式去了解利他行为的意义。非独生子女有更多的机会与同伴交流，同伴之间处理问题的方式往往更加注重情感的维系，这也是导致非独生子女在实施利他行为时不够注重行为意义的理解而直面问题解决的主要原因。

三、城乡居住环境与初中生的利他行为

个体的内在状态与外在环境共同决定人的社会化进程。个体的价值观、意志品质等均受到不同成长环境的影响。环境对人道德品质的塑造起着举足轻重的作用。城乡居住环境（主要指学生居住、成长在城市或农村）会对初中生的利他行为产生不同的影响，本节主要研究其对初中生利他行为的对象和内容、不同情境下利他行为的表现特征、利他行为方式、利他行为目的与动机、利他行为强度特征和智慧特征、利他行为价值认识、利他行为感受特征、利他行为意志特征及利他认知与利他行为关系的影响。通过对《初中生利他行为调查问卷》数据用 SPSS 21.0 的相关数理统计分析法进行分

析（如独立样本 t 检验、χ^2 检验、单因素方差分析等），得出初中生的城乡居住环境与利他行为对象与内容、利他行为方式、利他行为强度和智慧特征，以及利他行为的意志特征之间存在显著相关性。笔者调查的学校主要是城市里的初中，因此，这里所谓的"农村学生"主要是指跟随进城务工的父母在城市里读书的初中生，即新型产业工人随迁子女。本书收集到的城市和农村的学生问卷分别为 1291 份和 268 份，由于数据差距过大，如果直接比较二者的差异性，其结果很难具有说服力。居住地点为农村的学生主要来自大连 Y 中，笔者抽取大连 Y 中的居住地点为城市的学生 200 人，居住地点为农村的学生 187 人，作为这一维度研究的数据依据。

（一）城乡居住环境与初中生利他行为的对象与内容

从表 6-14 可以看出，居住地在农村或城市的初中生在利他行为对象的选择上存在着显著性差异。城市初中生为亲人或朋友提供帮助的次数明显多于农村初中生（居住地在城市的初中生均值均高于居住地在农村的初中生）。从当前城乡生活方式的差异来看，来自城市的初中生在生活空间上与亲人常常处于一个较为紧凑的范围内，他们有更多的机会与亲人发生交互作用，并在交互作用过程中实现与亲人之间的相互帮助。另外，城市生活由于环境的复杂性，潜在的危险也要明显多于农村的环境。因此，城市的父母安全意识更强烈，他们往往会局限孩子的活动范围，希望孩子更多待在自己或朋友的家庭之中，与父母或朋友结伴活动。城市初中生与亲人及朋友的感情也较为融洽，他们愿意为亲人及朋友提供更多的帮助。相比之下，农村的社会环境人口密度相对稀薄，社会活动的形式与内容单一，人与人之间关系交往和谐，对他人的防范意识相对较弱，孩子的活动范围较为宽泛，所受约束较少，自由活动时间较为充足，与家人之间的互动反而较少。另外，由于处于农村环境中的父母在文化程度上相对较低，对于孩子在学业上的指导能力有限，他们对于子女所抱有的期望也相对较低，加上养家糊口的压力较大，他们通常疏于与孩子的沟通交流，更多关注的是孩子的物质需要，对孩子的精神世界关注较少，这种生活体验决定了农村孩子对于亲人或朋友的需求不够敏感，关心和帮助亲人或朋友的机会也比较少。

表 6-14　城乡居住环境对初中生利他行为对象的 t 检验

问题	居住环境	样本量/人	得分均值	方差	t	P
1. 在过去的学习和生活中，你是否给家人、亲属或朋友提供过帮助？	农村	187	2.55	0.724	1.939	0.006
	城市	200	2.78	0.483		
3. 在过去的学习和生活中，你是否向老师或同学提供过帮助？	农村	187	2.61	0.595	22.145	0.000
	城市	200	2.85	0.440		
7. 在过去的学习和生活中，你是否在公共场合为有困难的陌生人提供过帮助？	农村	187	2.71	0.565	0.617	0.961
	城市	200	2.73	0.542		

农村的孩子即便来到城市学习，由于以往在农村环境中形成的行为习惯，他们在交往的意识与技能上处于弱势。对于新环境的陌生感，对于新环境生活秩序的重新适应都需要他们在心理上重新作

出调适。在这个过程中,有的孩子索性将自己封闭起来。由此看来,来自农村的初中生对于老师或同学提供帮助的概率少于城市学生也就不足为怪了。

对于农村的孩子来说,无论出入公共场合的机会还是接触陌生人的机会,都相对少于城市的孩子。因为农村孩子一直生活在熟人环境之中,与陌生人交往的能力相对弱于城市的孩子。而且那些来到城市生活的农村孩子,由于父母首先要解决生活压力问题,加之他们所掌握的生活技能单一,无疑也在一定程度上限制了他们在日常生活中接触不同职业人群的机会,也制约着其子女融入城市生活的进程。总体来看,出生于农村家庭的孩子,无论是在与陌生人接触的机会上还是城市生活技能方面,都明显不如城市孩子,在公共场合对于陌生人的关照也明显少于城市的孩子,这也从另一个侧面反映出城乡生活环境差异是影响初中生利他行为频率的重要因素。

表6-15的χ^2检验结果表明,城乡初中生对于利他行为的对象,以及针对不同对象承诺后践行的情况存在显著差异(P值均小于0.05)。在利他行为的内容上,存在极其显著的城乡差异(P值为0.000,小于0.001)。班杜拉的社会学习理论十分强调榜样示范作用对利他行为的影响,他提出构成道德认知与道德行为的来源的示范原型主要有三方面,即家庭成员(父母、兄妹等)、社区成员和传播媒介,因此父母对学生利他行为的影响不可忽视。对父母承诺后的践行情况,农村的初中生略好于城市的学生。由问题13的数据可知,在助人的内容上,"生活方面"是农村初中生为他人提供帮助最多的内容(44.7%),而城市初中生选择最多的是"都差不多"(36.6%),这说明农村初中生最擅长的还是与生活相关的一些事物,而城市初中生在生活、学习和课外活动方面的助人都比较均衡,这也从一个侧面反映了城乡环境对初中生利他内容选择上的

潜在性影响是较大的。初中生在学校中的学习任务是其现阶段的首要任务，但由于农村初中生学习习惯和学习能力都相对较差，且在此方面主要由老师帮助解决，因此，农村初中生的利他内容主要集中在生活方面，而学习方面和课外活动方面的利他行为表现弱于城市初中生。

表 6-15　初中生利他行为对象与内容的城乡差异 χ^2 检验

问题	选项	农村/%	城市/%	χ^2	P
8. 你向哪些人做过帮助他们的保证后会最大程度地履行？	父母、亲属	39.5	32.6	30.965	0.006
	朋友	23.7	16.8		
	同学	10.5	9.0		
	老师	5.3	5.3		
	邻居等较熟悉的人	13.2	4.7		
	陌生人	0.1	1.9		
	都一样	7.7	29.1		
	说不清	0.1	0.6		
9. 你为哪些人提供了较多的帮助？	家人、亲属或朋友	39.5	45.8	36.501	0.001
	老师或同学	28.9	30.7		
	陌生人	7.9	2.9		
	邻居等熟人	2.6	2.4		
	说不清	18.4	17.6		
13. 你在哪些方面对他人提供过较多的帮助？	生活方面	44.7	21.0	30.401	0.000
	学习方面	10.5	18.1		
	课外活动方面	10.5	18.1		
	都差不多	15.8	36.6		
	说不清	18.4	6.2		

（二）城乡居住环境与初中生的利他行为方式

一个人的知识经验是由多种途径获取的，既有个体通过学习活动所获取的间接经验，也包括个体通过对个人生活经历、实践活动的反思而形成的直接经验。由于所处的环境的差异，不仅影响到个体所经历的社会实践活动的对象、活动内容的性质与方式，个体从中所获得的感悟也会有所差异。实际上，即使不同的人经历同一件事情或活动他们所产生的感悟也不可能完全相同。其中除了个体认知能力的差异外，个体的成长经历和生活经验也发挥着至关重要的作用。由于个体所处的环境与经历不同，他们在对于新事物进行评价分析时所依赖的既有观念及可供比较的对象不同，由此影响他们所生成的新观念的表现形式与质量，进而影响其后续处事的方式，也影响其行为方式。

从表6-16的统计结果可知，城乡初中生在利他行为的频率及对待利他行为的态度上，都存在显著性差异。城市的初中生在助人的频率上明显高于农村学生（从得分的均值来看，城市学生为4.231，农村学生为3.789），而且能够在面对他人求助时尽力而为。由于城市比农村人口密度大，而且交通工具便捷，这样就使城市的孩子在日常生活中人际交往的频率更高，范围更宽。不仅城市初中生在学习之外与同学之间的接触频率高于农村的孩子，他们在公共场合接触陌生人的机会也明显高于农村的孩子，在不同的人际交往过程中难免会面临各种不同的求助情境，为求助者提供帮助的机会明显增多。

表 6-16　初中生利他行为方式的城乡差异 t 检验

问题	居住环境	样本量/人	得分均值	方差	t	P
20. 在遇到他人需要帮助时,你出手帮助的次数是多少?	农村	187	3.789	1.255	2.153	0.038
	城市	200	4.231	1.000		
22. 在帮助他人时,你能尽自己最大的力量吗?	农村	187	3.105	0.981	1.849	0.029
	城市	200	3.401	0.737		

由表 6-17 的 χ^2 检验结果可见,城市与农村初中生的利他行为在组织方式(第一类)、是否需要他人指导(第二类)及利他行为的内容(第三类)上都存在显著差异。无论是城市还是农村的初中生都更喜欢自发组织的利他行为方式,但城市的初中生选择这一方式的比率(47.7%)要略高于农村的初中生(36.8%)。这说明,城市的初中生在体现个人自主性方面的要求更强烈,他们不希望自己的行为受到他人的影响。这是经常在父母、教师或其他成人支配下做事的初中生由于个人自主意识萌发而表现出的对于成人世界的一种反叛。由于城市孩子的经历更丰富,他们有更多体验和自我反思的机会,自主性、独立性的成长要快于农村同龄的学生,表现出的独立要求更加强烈。

表 6-17　初中生利他行为方式与内容的城乡差异 χ^2 检验

问题		选项	农村/%	城市/%	χ^2	P
10. 你主要采用哪种方式帮助他人?	第一类(10-1)	独自一人做	39.5	28.1	89.864	0.000
		两三个人一起做	31.6	32.4		
		较多的人一起做	5.3	4.7		
		几种方式差不多	7.9	28.0		
		说不清	15.8	6.7		
	第二类(10-2)	在老师、家长等成人的带领和指导下去做	18.4	11.8	79.354	0.000
		自主去做	28.9	40.9		
		二者差不多	31.6	37.4		
		说不清	18.4	9.4		
	第三类(10-3)	物质帮助	7.9	5.4	23.547	0.003
		心理安慰	23.7	17.8		
		帮助完成具体工作	26.3	30.0		
		几种方式差不多	15.8	36.9		
		说不清	26.2	9.9		
12. 大家共同帮助他人时,你如何做?		率先进行帮助	39.5	45.9	13.094	0.053
		跟着别人做	39.4	32.3		
		旁观	5.3	7.9		
		说不清	15.8	13.8		
14. 在帮助他人时,哪种情况使你变得更积极?		自发组织	36.8	47.7	5.911	0.433
		老师或学校组织	18.4	22.5		
		家长或其他社会组织带领	13.2	8.3		
		说不清	31.6	21.6		

在利他行为的方式上：农村初中生经常采用的前三种利他行为方式依次是"帮助完成具体工作"（26.3%）、"说不清"（26.2%）、"心理安慰"（23.7%）；城市的初中生经常采用的方式是"几种方式差不多"（36.9%）、"帮助完成具体工作"（30.0%）、"心理安慰"（17.8%）。从数据分析的结果可知，城市初中生首选的是"几种方式差不多"，而农村初中生首选的是"帮助完成具体工作"。由于城市初中生所经历的求助情境要多于农村初中生，他们在面临他人的求助时，能够准确判断对方的需要及自己所应采取的实施帮助的合理方式，能够从助人的急迫性出发决定自己的利他行为内容与方式，因此他们的利他行为方式没有固定的选择。农村的初中生在面临他人的求助情境时，以"帮助完成具体的工作"为首选，这主要与他们的成长经历有关，他们没有更多的物质财富，在心理安慰方面不如城市初中生善于发挥，因此，他们最好的利他方式就是帮助对方完成具体的工作。这除了农村初中生所拥有的资源、人际交往的机会、所积累的助人经验等少于城市初中生之外，导致这种状况出现的原因可能与不同地区的初中生面临的求助情境存在一定差异有关。附录一问卷第12题和第14题的独立样本 χ^2 检验 P 值均大于0.05，说明差异不显著，在此不做过多分析。

（三）城乡居住环境与初中生利他行为的强度和智慧特征

由表6-18和表6-19可见，附录一问卷第20题和第24题的独立样本 χ^2 检验结果 P 值均小于0.05，这说明存在显著性差异，其中第20题存在极其显著性差异，而第22题 $P=0.125$，故不存在显著差异。初中生在回答"20. 在遇到他人需要帮助时，你出手帮助的次数是多少？"时，农村学生中有39.5%的学生选择"多数情况会出手帮助",有 23.7% 的学生选择"几乎一半的情况出手帮助",而只有少数的学生选择"说不清"(13.4%)或"从未"(5.3%);城市学生中有 51.3% 的学生选择"多数情况出手帮助",有 32.3% 的学生选择"几乎一半的情况出手帮助",而只有少数的学生选择"说不清"(9.5%)或"从未"(1.1%)。也就是说,尽管城市初中生和农村初中生在他人需要帮助时多数情况都选择会出手,但城市初中生的比例明显高于农村初中生。

表 6-18　城乡居住环境初中生利他行为强度特征 χ^2 检验

问题	选项	农村/%	城市/%	χ^2	P
20. 在遇到他人需要帮助时,你出手帮助的次数是多少?	多数情况出手帮助	39.5	51.3	40.544	0.000
	几乎一半的情况出手帮助	23.7	32.3		
	少数的情况出手帮助	18.4	5.8		
	从未	5.3	1.1		
	说不清	13.4	9.5		
22. 在帮助他人时,你能尽自己最大的力量吗?	能	44.9	52.2	14.468	0.125
	有时能有时不能	22.7	38.7		
	不能	7.9	3.0		
	说不清	18.4	6.0		

表 6-19　城乡居住环境初中生利他行为智慧特征 χ^2 检验

问题	选项	农村/%	城市/%	χ^2	P
24. 在帮助他人时,你会考虑使用合理或有效的方法吗?	会	42.1	59.8	9.669	0.005
	有时会有时不会	34.2	29.6		
	不会	7.9	3.0		
	说不清	15.8	7.5		

初中生在回答"24. 在帮助他人时，你会考虑使用合理或有效的方法吗?"这一问题时，农村学生中有 42.1% 的学生回答"会"，34.2% 的学生回答"有时会有时不会"，只有少部分的学生选择"不会"（7.9%）和"说不清"（15.8%）选项；城市学生中有 59.8% 的学生回答"会"，29.6% 的学生回答"有时会有时不会"，只有少部分的学生选择"不会"（3.0%）和"说不清"（7.5%）选项。这说明城市学生比农村学生在帮助他人时更多地会采取更为合理的助人方法，这主要与城市学生生长在城市所面对的实施利他助人机会更多有关。此外，城市初中生家长在平均学历水平上要高于农村初中生家长，他们对子女的家庭教育更趋于理性化、科学化，往往会要求子女保持完成的任务与使用的手段方法之间的匹配度，以提高行事效率，这种理性的思维模式影响着子女对于问题情境的审视与判断，并作出相对合理的方法选择。按照班杜拉的社会学习理论，他提出人的行为是由环境、自我定向和社会控制共同影响决定的。人的行为并不是先天安排好的，而是后天逐渐形成的，这取决于个人社会经验的积累。交互决定论具体表现在人与环境影响的相互依赖性，这也从另一个侧面验证了城乡居住环境的不同，对初中生利他行为的发展具有重要的作用。

（四）城乡居住环境与初中生利他行为的意志特征

从表 6-20 可见，通过对本题的 χ^2 检验可知 $P=0.000$，城乡居住环境与初中生利他行为的意志特征之间存在显著性差异。城市和农村初中生在回答"26. 确立了助人的任务后（如帮助学习有困难的同学学习），你能坚持下来吗?"这一问题时，农村初中生有 42.1% 的学生回答"能"，26.3% 的学生回答"有时能有时不能"，有 15.8% 的学生回答"说不清"，有 15.8% 的学生回答"不能"。

城市初中生有50.4%的学生回答"能",37.3%的学生回答"有时能有时不能",有10.0%的学生回答"说不清",有3.2%的学生回答"不能"。将选择"能"和"有时能有时不能"的比率叠加到一起,近七成的农村初中生(68.4%)和近九成的城市初中生(87.7%)在确立了助人的任务后能坚持完成它,城市初中生的利他意志明显强于农村初中生。这说明,农村初中生在进入城市读书过程中,还需要进一步提升利他素养,进而促进其更好地社会化。

表6-20 城乡居住环境与学生利他行为意志特征χ^2检验统计表

问题	选项	农村/%	城市/%	χ^2	P
26. 确立了助人的任务后(如帮助学习有困难的同学学习),你能坚持下来吗?	能	42.1	50.4	30.242	0.000
	有时能有时不能	26.3	37.3		
	不能	15.8	3.2		
	说不清	15.8	10.0		

四、父母的个人情况与初中生的利他行为

我国著名社会学家费孝通先生曾在其代表作《生育制度》中明确表示:"婴孩要有机会长大成人,不但要得到适当的营养,还要得到适当的教育,这件重要的工作一定要有人负责。我们若观察任何地方孩子的生活,总能见到他周围有不少人向他负责的,并且这些人各有各的责任,不紊乱,也不常逾越。在这些人中,在这些人中,最主要的人物是这孩子的父母……父母是抚育孩子的中心人

物。"❶ 法国著名社会学家、教育社会学之父涂尔干认为，家庭是儿童利他主义倾向的第一培训基地，父母是孩子的第一任道德教师，他们的文化修养、道德品质、处事方式等将直接影响儿童的道德成长。❷ 因此，家庭教育对于孩子一生的成长发挥着奠基性作用。父母是未成年子女的监护人。中华人民共和国成立以来，我国出台了一系列保障未成年合法权益的法案，如民法通则、婚姻法、未成年人保护法、预防未成年人犯罪法等，从不同方面规定了监护人及家庭对未成年人的抚养义务和教育责任等。监护人应尽的职责主要包括对未成年子女尽抚养义务；教育和引导未成年人；矫治不良行为，预防未成年人犯罪；管理被监护人的财产等。2020年8月24日教育部新修订的《家长家庭教育基本行为规范》对家长的教育行为提出了明确的要求，其中第四条明确提出："注重子女品德教育，引导子女爱党、爱国、爱人民、爱社会主义，形成尊老爱幼、明礼诚信、友善助人等良好道德品质，遵守社会公德，增强法律意识和社会责任感，养成好思想、好品行、好习惯。"

　　父母的基本素质主要包括生理素质、心理素质、道德素质、文化素质等几个方面。个人情况主要指一个人的性别、年龄、学历等反映其自身基本情况的信息。本书主要关注的父母个人情况是父母学历，并探究其与初中生利他行为的关系。父母学历的差异导致其对子女的期望、教养方式，以及为子女营造的成长环境都会存在一定的差异，这些差异是影响其子女的世界观、人生观、价值观、道德观等的重要因素。我国学者对学生品德差异的家庭背景研究是较为重视的，代表人物是著名的教育社会学家吴康宁教授。他对这一

---

❶ 费孝通.生育制度[M].北京:商务印书馆,2008:61.
❷ 王世锋.涂尔干儿童利他主义的特点及其德育启示[J].教育评论,2017(1):93.

问题的研究结论是：父母的文化水平与孩子的品德之间存在显著差异，即家长的文化程度与孩子的品德之间存在"正向对应关系"[1]。也就是说，家长文化层次越高，其子女品德发展状况越好，反之亦然。也可以说，知识阶层的品德取向与社会统治阶层对学生的品德要求之间存在更多的同质性。因此，知识阶层的父母对其子女的品德影响与学校教育对学生的品德影响具有很多的相似性，或者说具有更多的相容性。

（一）父母学历与初中生的利他行为方式

学历高低是体现一个人的学识水平的重要标志。换言之，学历是一个人综合素质的最好表征之一，它不能绝对地决定个体的一生，但却可以决定一个人未来"主动选择"机会的多与少、好与坏等。研究表明，父母的学历与初中生的利他行为方式和利他知行特征紧密相关。父母的学历是一个家庭文化资本的重要反映。笔者总结出两种父母学历影响其子女利他行为的路径：其一是通过对子女进行直接的道德教育使他们形成新的道德行为标准，或者改变子女固有的不正确的道德观念，以达到影响其道德行为的目的；其二是父母本身的道德行为成为影响子女道德认知的潜在而富有成效的力量，为子女的道德行为提供相应的效仿典范。另外，父母学历不同，直接影响他们的人际关系、道德实践内容和形式及相关的道德经验。因此，父母学历的不同导致他们在道德认知、道德行为及道德实践情境等方面都会对其子女的道德行为方式产生根本的影响，从而造成其子女在道德行为方式上的差异，如表6-21所示。

---

[1] 吴康宁.教育社会学[M].北京：人民教育出版社，1998：242.

表 6-21　初中生利他行为方式的父母学历差异方差分析

问题	学历		样本量/人	得分均值	方差	F	P
20. 在遇到他人需要帮助时，你出手帮助的次数是多少？	父亲	初中	371	4.15	1.094	9.230	0.016
		高中或职高中专	525	4.17	0.994		
		专科及以上	665	4.21	0.966		
	母亲	初中	357	4.16	1.122	17.416	0.710
		高中或职高中专	558	4.11	1.015		
		专科及以上	644	4.15	0.915		
22. 在帮助他人时，你能尽自己最大的力量吗？	父亲	初中	371	3.11	0.767	1.658	0.191
		高中或职高中专	525	3.22	0.747		
		专科及以上	665	3.32	0.735		
	母亲	初中	359	3.30	0.771	3.945	0.020
		高中或职高中专	558	3.29	0.765		
		专科及以上	644	3.25	0.714		
24. 在帮助他人时，你会考虑使用合理或有效的方法吗？	父亲	初中	371	3.34	0.816	4.964	0.007
		高中或职高中专	525	3.37	0.770		
		专科及以上	665	3.47	0.734		
	母亲	初中	359	3.36	0.827	8.564	0.000
		高中或职高中专	558	3.37	0.803		
		专科及以上	644	3.51	0.730		

　　父亲学历不同的初中生在利他行为的频率、利他行为方式有效性方面均存在显著性差异，母亲学历不同在利他行为努力程度和有效性上存在显著差异。父亲学历不同的初中生在利他行为方式的得分均值由高到低的排序依次为专科及以上，高中或职高中专，初中。这一结论反映出初中生利他行为的发展与父亲学历的

高低呈正相关，父母学历与初中生利他行为方式的有效性之间呈现正相关。

另外，父亲学历对初中生在利他行为上的努力程度具有明显影响。调查显示，父亲学历不同的初中生在实施利他行为时所付出努力的程度上也存在着显著差异，父亲学历的高低与其子女在实施利他行为时所付出的努力程度呈正相关。由此看来，尽管父母的学历对于初中生的利他行为方式均存在着明显的影响，但从影响的范围来看，父亲学历对于子女利他行为的影响更为广泛且其影响力也更为深远。研究结论表明，父亲的学历对于子女道德行为方式的影响更为重要。由此可见，父亲在家庭中的权威地位使其所发挥的道德榜样作用要强于母亲，子女更愿意以父亲为道德楷模进行效仿。

表6-22的X^2检验结果表明，父亲学历不同的初中生在"10.你主要采用哪种方式帮助他人？"问题上存在显著差异，即父亲学历对初中生利他行为在完成方式上是否倾向于与他人共同完成这一问题上的影响显著。父亲学历为"专科及以上"的初中生（45.6%）更倾向于独自完成利他行为，父亲学历为"初中"的初中生（38.2%）更倾向于两、三个人一起完成利他行为，体现出父亲学历较低的初中生在完成利他行为时存在依赖他人、自主性不强的心理特点，说明父亲学历低影响初中生对于利他行为完成方式的自信度。这主要是因为学生对于利他情境的感知能力较弱，缺少对于有效利他行为方式的驾驭能力，因此，当需要实施利他行为时父亲学历低的初中生更愿意与其他同学结伴而做。

表 6-22　初中生利他行为方式的父母学历差异 χ^2 检验

问题		选项	父亲学历/%			χ^2	P	母亲学历/%			χ^2	P
			初中	高中或职高、中专	专科及以上			初中	高中或职高、中专	专科及以上		
10. 你主要采用哪种方式帮助他人？	第一类（10-1）	独自一人去做	24.1	35.8	45.6	18.900	0.000	39.3	43.3	34.0	23.000	0.200
		两三个人一起做	38.2	22.0	24.8			24.8	25.6	23.0		
		较多的人一起做	7.7	4.9	5.8			7.3	6.0	5.0		
		几种方式差不多	22.3	26.1	18.4			21.4	19.4	26.3		
		说不清	7.7	11.3	5.3			7.3	5.8	11.6		
	第二类（10-2）	在老师、家长等成人的带领和指导下去做	9.1	9.5	8.4	5.113	0.110	9.9	9.4	7.9	10.479	0.210
		自主去做	46.3	47.3	46.3			42.0	50.5	45.4		
		两者差不多	31.4	32.3	31.5			34.0	29.2	33.0		
		说不清	12.2	10.0	13.2			13.0	10.0	13.1		
	第三类（10-3）	物质帮助	4.2	5.8	6.6	20.070	0.138	6.5	6.4	4.8	41.695	0.001
		心理安慰	12.2	17.5	16.0			11.5	19.0	14.5		
		帮助完成具体工作	39.0	29.1	30.0			44.3	28.8	28.0		
		几种方式差不多	33.1	37.4	35.2			26.0	36.5	39.6		
		说不清	10.8	9.2	12.3			11.1	8.5	13.1		

母亲学历不同的初中生只在"以什么形式帮助他人"问题上存在显著差异。母亲学历为"初中"的初中生更倾向于以"帮助完成具体工作"的方式帮助他人,而母亲学历是"专科及以上"的学生的利他形式更均衡,没有特定的利他形式(选"都差不多的"占比最高,达39.6%),这说明母亲的学历直接影响孩子利他助人形式的灵活性与多样性。

(二)父母学历与初中生的利他知行特征

父母应该清楚地认识到利他教育的重要性。斯宾塞曾说过:"教育中应该占据最高地位的科目,就是教育的理论与实践。"[1] 这就要求父母重视对孩子利他实践的强化,引导他们从利他认知向利他行为转化。父母学历与初中生利他知行特征存在密切的联系,具体分析如表6-23所示。

表6-23 初中生利他知行特征与父母学历差异方差分析统计表

问题	父母学历		样本量/人	均值	方差	F	P
6.你曾做过要积极帮助他人的保证吗?	父亲	初中	371	2.16	0.877	1.141	0.320
		高中或职高、中专	525	2.16	0.899		
		专科及以上	665	2.23	0.874		
	母亲	初中	359	2.10	0.896	2.117	0.121
		高中或职高、中专	558	2.19	0.900		
		专科及以上	644	2.24	0.857		

---

[1] 赫伯特·斯宾塞.斯宾塞教育论著选[M].王承绪,胡毅,译.北京:人民教育出版社,2005:86.

续表

问题	父母学历		样本量/人	均值	方差	F	P
(6-1) 如果你做过要积极帮助他人的保证，你真正履行了吗？	父亲	初中	371	3.09	0.968	10.128	0.000
		高中或职高、中专	525	3.13	0.958		
		专科及以上	665	3.39	1.051		
	母亲	初中	359	2.87	0.940	11.543	0.000
		高中或职高、中专	558	3.11	0.982		
		专科及以上	644	3.29	1.047		

父母学历不同，对子女实施家庭教育的能力及教育方式会存在一定差异，父母既可以通过对子女的道德教育直接影响子女对于道德行为意义的理解，也可以通过提高子女认知水平间接影响子女对于道德行为意义的理解水平。父母学历的高低对于初中生的利他认知与利他行为存在较为普遍的影响，初中生是否能够履行自己的承诺因父母学历不同而表现出显著差异，父母学历越高的学生能够履行承诺的比率越高。学生作出承诺后关键看他们是否有效履行，这与个人能力有关，如果承诺超出了个人能力与意志的可承受范围，就存在违背诺言的可能性。因此，作出承诺需要学生对于自己的能力有清醒的认识，具有准确、客观的自我认识与评价能力，切不可盲目承诺，不计后果。在履行承诺之时，需要学生有坚强的意志力和肯于付出的精神。在这一点上，学历较高的父母对于子女的影响所产生的效果是明显的。父母学历较高的学生不仅对自己有清晰的认识，希望尽自己的力量去帮助他人，而且具有信守承诺的优秀品质，这是父母学历对初中生知行特征的主要影响。

五、初中生的其他个人情况与他们的利他行为

上文探究了学生性别、是否是独生子女、城乡居住环境及父母学历对初中生利他行为发展的影响，接下来分析是否是班级干部和学习成绩高低与初中生利他行为发展之间的关系特征。笔者结合 SPSS 21.0 的统计分析结果，主要分析那些与利他行为特征之间存在显著差异性的部分，具体阐释如下。

（一）是否是班级干部与初中生的利他智慧特征

在教育社会学中对班级组织结构的研究较为丰富，其将班级组织结构分为正式结构和非正式结构。其中正式结构的功用主要是工具性角色（instrumental role）的发挥，班级组织中工具性角色的主要作用是为完成班级工作而服务。我国基础教育阶段班级组织的正式结构主要由三个层级结构组成，即班干部（第一层，对全班工作负责）、小组长（第二层，对小组工作负责）和组员（第三层，对自身的任务负责）。这三部分构成了班级组织正式结构的"金字塔"，即从上往下依次是班干部、小组长和组员（其中班干部和小组长占金字塔中上部分，而组员成为金字塔的基座）。是否是班级干部对初中生利他行为发展的影响主要体现在对智慧特征的影响上，如表 6-24 和表 6-25 所示。

表 6-24　班级干部与非班级干部利他行为智慧特征　　单位：%

问题	选项	班级干部	非班级干部	均值
24. 在帮助他人时，你会考虑使用合理或有效的方法吗？	会	63.6	55.3	59.4
	有时会有时不会	26.9	32.7	29.8
	不会	2.2	4.1	3.1
	说不清	7.4	8.0	7.7

表 6-25　班级干部与非班级干部利他行为智慧特征独立样本 t 检验

问题	班级角色	样本量/人	均值	方差	t	P
24. 在帮助他人的时，你会考虑使用合理或有效的方法吗？	班级干部	863	3.57	0.691	6.590	0.000
	非班级干部	698	3.31	0.833		

在回答"24. 在帮助他人时，你会考虑使用合理或有效的方法吗？"时，班级干部中有63.6%的学生回答"会"，26.9%的学生回答"有时会有时不会"，只有少部分的学生选择"不会"（2.2%）和"说不清"（7.4%）选项；非班级干部有55.3%的学生回答"会"，32.7%的学生回答"有时会有时不会"，只有少部分的学生选择"不会"（4.1%）和"说不清"（8.0%）选项。从本题得分均值来看，班级干部为3.57，非班级干部为3.31，这说明班级干部的利他智慧更强。

从班级干部和非班级干部利他行为的智慧特征角度看，大多数学生（班级干部和非班级干部）在面临具体的求助情境时，能够做具体的分析，尽可能采取富有针对性的措施向求助者提供帮助，且班级干部的利他智慧强于非班级干部。

(二) 学习成绩高低与初中生利他行为的意志特征

从表 6-26 中可以看出，$P=0.000$，说明学生的学习成绩与其利他意志特征之间存在极其显著的差异。从均值来看，学习成绩优秀者的得分为 3.51，学习成绩良好者的得分为 3.39，学习成绩一般者的得分为 3.27，学习成绩较差者的得分为 3.07。这说明，学生的学习成绩和利他行为意志性之间呈现正相关，即学生学习成绩越好，其利他意志越强烈。这主要由于学习成绩优秀者在学习过程中要克服很多困难以取得更优秀的成绩，这就使他们的意志变得更加坚强。可以说，学习成绩好的学生比学习成绩差的学生的利他意志更坚强。

表 6-26 学习成绩与初中生利他行为意志特征单因素方差分析统计表

问题	学习成绩	样本量/人	均值	方差	F	P
26. 确立了帮助他人的任务后（如帮助学习有困难的同学学习），你能坚持下来吗?	优秀	309	3.51	0.710	14.944	0.000
	良好	563	3.39	0.748		
	一般	502	3.27	0.772		
	较差	187	3.07	0.930		

本章小结

性别与初中生利他行为的关系。从初中男生和女生利他行为的智慧特征角度看，超半数初中生（男生和女生）在面临具体的求助情境时，能够做具体的分析，尽可能采取富有针对性的措施向求助者提供帮助，且女生的利他智慧略高于男生。初中女生实施利他行为后感受快乐的程度要明显强于男生。

是否独生子女与初中生利他行为的关系。独生子女平时为老师或同学提供的帮助最多，而对亲人或朋友提供的帮助相对较少，为陌生人提供的帮助最少；非独生子女平时为亲人或朋友提供的帮助最多，而对老师或同学提供的帮助相对较少，为陌生人提供的帮助最少。按照由多到少排序，独生子女的利他行为的内容主要是生活方面、课程学习方面、课外活动方面，非独生子女利他行为的内容主要是生活方面、课外活动方面和课程学习方面。

独生子女选择个人为利他对象的比率低于非独生子女，而选择团体为利他对象的比率则高于非独生子女，二者存在显著性差异。独生子女与非独生子女相比更倾向于拒绝为朋友撒谎，且二者表现出显著性差异。当初中生在面对不同的利他情境时，独生子女比非独生子女更能表现出利他的倾向性，利他意志也更为坚定，他们更能够在面对他人求助时作出牺牲和付出，在没有为对方实施帮助时感受到了更大的压力，具有一定的对周围环境的敏感性。

在利他行为目的方面，独生子女初中生首选的三个选项依次是为他人高兴、回馈他人、尽社会责任，非独生子女初中生首选的三个选项依次是回馈他人、为他人高兴、尽社会责任。尽管二者的选择内容相同，但排列顺序不同。相比之下，独生子女更具有同情心，而非独生子女更具有感恩之心。

从独生子女和非独生子女利他行为的强度特征角度看，大多数学生（独生子女多于非独生子女）会在他人遇到困难时出手相助，并且在这一过程中会尽自己最大努力去做。从初中生独生子女和非独生子女利他行为的智慧特征角度看，大多数学生（独生子女多于非独生子女）在面临具体的求助情境时，能够做具体的分析，尽可能采取富有针对性的措施为求助者提供帮助。大部分独生子女初中生（78.9%）和非独生子女初中生（76.4%）在实施利他行为之前已经对行为的意义有了一定的了解，并且独生子女的比例略高于非独生子女。

城乡居住环境与初中生利他行为的关系。在利他对象上，城市初中生为亲人或朋友提供帮助的次数明显多于农村初中生。在助人的内容上，"生活方面"是农村初中生为他人提供帮助最多的内容，而城市初中生选择最多的是"都差不多"，这说明农村初中生最擅长的是与生活相关的一些事情，而城市初中生在生活、学习和课外活动方面的利他行为比较均衡。农村初中生的利他内容主要集中在生活方面，学习方面和课外活动方面的利他行为表现弱于城市初中生。

城乡初中生在利他行为的频率及对待利他行为的态度上，都存在显著性差异。城市的初中生在助人的频率上明显高于农村学生，而且能够在面对他人求助时尽力而为。城市初中生在利他行为方式上首选的是"都差不多"，而农村初中生首选的是"帮助完成具体工作"。

城市初中生和农村初中生在他人需要帮助时出手帮助的次数首选的都是"多数情况会出手帮助"，但城市初中生的比例明显高于农村初中生，城市初中生的利他行为强度强于农村初中生。城市初中生比农村初中生在帮助他人时更会采取较为合理的助人方法，即城市初中生的利他智慧多于农村初中生。近七成的农村初中生和近九成的城市初中生在确立了助人的任务后能坚持完成它，即城市初中生的利他意志强于农村初中生。

父母学历与初中生利他行为的关系。父亲学历不同的初中生在利他行为的频率、利他行为方式有效性方面均存在显著性差异；母亲学历不同的初中生在利他行为努力程度和有效性上存在显著差异。初中生利他行为的发展与父亲学历的高低呈正相关，父母学历与初中生利他行为方式的有效性之间也呈现正相关。父亲学历对初中生利他行为完成方式是否倾向于与他人共同完成的影响显著，其中父亲学历为专科及以上的初中生更倾向于独自完成利他行为，父亲学历为初中的初中生更倾向于两三个人一起完成利他行为。

母亲学历为初中的学生更倾向于以帮助做事的方式去帮助他人，而母亲学历是专科及以上的学生的利他形式更均衡，使用物质帮助、安慰和帮助做事都差不多。母亲学历的高低直接影响孩子利他助人形式的灵活性。

父母学历的高低对初中生的利他认知与利他行为有较为普遍的影响，初中生是否能够履行自己的承诺因父母学历不同而表现出显著差异，父母学历越高的学生能够履行承诺的比率越高。

其他因素与初中生利他行为的关系。从班级干部和非班级干部利他行为的智慧特征角度看，大多数学生（班级干部和非班级干部）在面临具体的求助情境时，能够做具体的分析，尽可能采取富有针对性的措施向求助者提供帮助，且班级干部的利他智慧强于非班级干部。初中生的学习成绩和利他行为意志性之间呈现正相关，即学生学习成绩越好，其利他意志越坚强。

第七章

学校教育方式和环境支持对初中生利他行为的影响

初中生利他行为品质的形成是受学校教育和环境等因素综合作用的结果,是其内在系统与外在环境系统交互作用的产物。环境支持是其利他品质生成不可或缺的外因条件,直接影响着其利他动机的确定和向利他行为的转化。而环境支持功能的发挥是与教育性支持密切相关的,因而研究初中生利他行为的环境支持因素离不开学校教育。本章,笔者主要探究学校教育方式和环境支持与初中生利他行为的关系。

一、学校教育方式对初中生利他行为的影响

学校道德教育的基本目的是学生社会道德观念的培养,对社会有用的即是道德的。美国著名教育家杜威指出,应该使个体成为社会中的一名"有用的好人"。学校道德教育的最大目的是培养学生行动方面具有善性的品格,品格与行为应相互匹配。为了实现这样的道德教育目的,应该符合道德价值的社会标准,即道德教育的内

容只有较好地体现社会标准才具有价值，这些内容是经过丰富的社会实践而取得的。

初中生利他行为的环境支持是促进初中生利他品质和利他行为发展的重要动力因素，具有潜在强化其利他行为动机的功能，但此功能能否真正发挥取决于初中生对这种支持性力量的认知程度。在某种程度上，这种认知源于教育性支持，即学校教育方式对初中生利他行为的影响。这主要从两方面进行分析，一方面是何种教育方式会对学生的利他行为产生较为重要的影响，另一方面是哪些人实施的利他教育会对学生的利他行为产生重要的影响。教育方式多种多样，其中，以何种方式提供的榜样、用何种方式提供利他教育、用何种组织形式开展利他教育及学生产生利他行为后以何种方式进行引导是本节的重点。笔者之所以特别关注榜样的教育作用，是因为按照班杜拉观察学习的理论，榜样对学生的影响特别是道德行为方面的影响是真实而持久的，弄清楚何种榜样会对学生的利他行为产生重要影响，对我们有针对性地采取有效的教育方式有所帮助。

如表7-1所示，初中生在回答"36. 你认为帮助他人后及时获得表扬很重要吗？"时，从均值来看，选择"非常重要"和"比较重要"的初中生比率占26.9%，而41.6%的初中生认为外在的表扬对于自己的利他行为的实施并"不重要"。根据班杜拉的社会学习理论，外在强化对于个体的行为塑造具有重要作用。那些回答表扬对于自己的利他行为不重要的初中生，并非觉得外在强化对于自己行为的养成不重要，而是认为某种特定的强化形式如表扬对于自己来说不重要。任何一种强化形式如果能够被他人轻易地获得，这种强化形式就不再是一种稀有资源，所能够发挥的塑造个体行为习惯的强化作用也会随之大打折扣。可见，无论是物质资源或是精神资源都不应该被滥用，以保持资源本身的潜在作用。即便是同样的外在强化形式，如果强化来自不同的人，以不同的方式实施，其效果也会存在很大差异。在这一点上，27.4%的初中生认为来自家人或亲属的表扬对于自己更重要，19.4%的初中生认为来自老师的表扬更重要。可以看出，来自家长或亲属、教师的表扬对于初中生来说所具有的强化作用更有效。实际上也证明家长或亲属、老师在学生心目中所占据的地位更重要。从不同年级的回答情况来看，来自教师的表扬对于初中生利他行为的强化作用有随着年级的升高而升高的趋势，而来自家长或亲属的表扬对于初中生的强化作用则随着年级的升高而逐渐降低，这或许与教育过程中家长或亲属表扬手段使用不当有关。研究发现，大多初中生及家长都非常在意老师的评价，而表扬是老师肯定性评价的基本方法。家长在家庭教育中对学生的表扬作用同样不可小视，但很多家长对孩子的表扬千篇一律，轻描淡写或过于常规化，这意味着表扬的价值在降低，初中生对于家长这种平淡的、重复性的"表扬词"渐渐失去兴趣，自然表扬所能产生的激励效应也就弱化了。调查显示，低年级初中生更敬畏老师的权威，因而更在意老师的评价，无论表扬还是批评，如果老师的表扬方式合理，随着学生年级的升高，强化作用就会逐渐加强。

附录一问卷中的第30题有助于我们了解哪类榜样会对初中生的利他行为产生较为重要的影响。初中生在回答该问题时，从均值来看，选择"在社会上自己观察到的热心人帮助他人的行为"占30.3%，选择"同伴的榜样行为"占21.5%，选择"书刊或其他媒体上刊载的榜样"占17.7%，"老师或家长推荐的榜样"占9.5%。这说明初中生更看重社会上自己观察到的榜样的影响，而同伴的榜样作用次之，书刊或媒体和教师或家长推荐的榜样影响较弱。根据班杜拉的社会学习理论中的观察学习过程，观察者首先应对模仿者进行关注，注意他的声誉、能力、性别、年龄等显著特征，看他们与观察者的相似程度，观察者自身的特点也会影响观察学习的注意过程。因此，他们更注意现实的榜样行为，更注意自己真实观察到的榜样行为，更关注与自己亲密度和相似度更高的榜样，这也是社会上自己观察到的榜样和同伴的榜样作用更大的主要原因。

附录一问卷第 32 题有助于我们了解何种利他教育方式有利于学生产生利他行为。初中生回答该问题时，从均值来看，选择"集体性助人活动"占 23.3%，选择"了解的好人好事"占 17.5%，选择"老师讲的道理"占 15.7%，选择"参与有关讨论"占 6.7%。这说明对初中生利他行为进行集体性活动教育的效果最佳，了解到的好人好事和老师阐述的相关道理次之。组织方式对初中生的利他行为也会产生重要影响，我们可以通过附录一问卷第 34 题了解学生对这一方面的看法。初中生回答该问题时，从均值来看，选择"同学或朋友自发组织起来结伴去做"占 37.8%，选择"自己单独去做"占 27.8%，选择"家长安排去做"占 5.7%，选择"学校或老师安排去做"占 4.9%。这说明同伴自发组织起来的活动对初中生积极地实施利他行为影响最大，而自己安排的活动效果次之，家长或老师安排的活动对初中生积极地实施利他行为的影响效果有限，这主要和初中生更注重切身实践及青春期叛逆性发展密切相关。

表 7-1　学校教育方式对初中生利他行为的影响

问题	选项	初一/%	初二/%	初三/%	均值/%	χ^2	P
30. 你认为哪类榜样（行为）会对你的利他行为产生较大的影响？	书刊或其他媒体上刊载的榜样	19.9	15.7	17.5	17.7	21.703	0.041
	在社会上自己观察到的热心人帮助他人的行为	28.4	31.9	30.7	30.3		
	老师或家长推荐的榜样	8.2	12.6	7.7	9.5		
	同伴的榜样行为	25.0	18.1	21.5	21.5		
	说不清	18.5	21.7	22.6	20.9		

续表

问题	选项	初一/%	初二/%	初三/%	均值/%	χ^2	P
32. 你认为学校中哪些活动会对你帮助他人的行为产生积极的影响?	老师讲的道理	14.0	16.2	16.9	15.7	19.823	0.179
	了解的好人好事	19.2	16.4	16.9	17.5		
	参与有关讨论	5.8	8.6	5.7	6.7		
	集体性助人活动	24.4	24.8	20.7	23.3		
	都差不多	22.7	18.1	25.8	22.2		
	说不清	13.9	15.9	14.0	14.6		
34. 比较而言,哪种类型的活动方式会使你更积极地实施帮助他人的行为?	自己单独去做	30.7	24.8	28.0	27.8	31.380	0.008
	同学或朋友自发组织起来结伴去做	41.7	38.1	33.5	37.8		
	学校或老师安排去做	3.7	5.5	5.5	4.9		
	家长安排去做	3.3	6.2	7.7	5.7		
	都差不多	11.5	13.9	15.2	13.5		
	说不清	9.0	11.5	10.2	10.2		
36. 你认为帮助他人后及时获得表扬很重要吗?	非常重要	14.9	12.2	13.4	13.5	19.660	0.074
	比较重要	15.2	11.9	13.2	13.4		
	无所谓	7.3	13.1	11.0	10.5		
	不重要	40.6	43.1	41.1	41.6		
	说不清	22.0	19.7	21.3	21.0		
38. 在你帮助他人后哪些人的表扬对你最重要?	老师	17.3	20.4	20.5	19.4	59.549	0.000
	家人或亲属	29.0	27.9	25.4	27.4		
	陌生人	4.5	7.3	7.3	6.4		
	朋友	18.3	8.0	7.3	11.2		
	邻居或熟悉的人	1.8	2.4	3.1	2.4		
	同学	4.5	2.9	2.8	3.4		
	说不清	24.6	31.2	33.7	29.8		

学校教育的教学过程就是一系列教学活动彼此衔接的环节及其形式，体现了实现教学任务的活动进程。被誉为"现代教育学之父"的德国著名教育家赫尔巴特，提出了经典的"教育性教学"命题，并将其视作"普通教育学"理论的核心内容之一。他坚决主张不存在"无教育的教学"，更没有"无教学的教育"（赫尔巴特在其代表作《普通教育学》中，曾明确提到"教学如果没有进行道德教育，只是一种没有目的的手段，道德教育如果不通过教学就是一种没有手段的目的"）。也就是说，道德教育与知识传授相互连接，并融入教育教学的全过程之中。因此，他将"道德"视为教育的最高目的，即教育的本质属性是育德行，其核心是个体德行的养成。他将教育的目的分为"可能的目的"和"必要的目的"，前者指向儿童未来的职业，关注儿童的多方面兴趣，旨在使个体的多种潜能得到和谐发展；后者指向个体"道德"的培育，它是教育活动的最高目的，通过它使儿童具有绝对清晰和纯粹的善与正义的观念，使其形成"五道念"，即"内心自由""完善""仁慈""正义"和"公平或报偿"五种道德观念，最终使儿童成为具有完美意志和完善道德品格（包括利他意志和利他品格）的个体。

初中课堂教学过程中知识和技能的传授，可以使学生获得相应的社会立场和人生态度，为其正确的利他价值观与良好的利他品质形成与发展奠基。教学过程中学习者学习方法的选取对其自身态度与性格的形成具有显著的影响。教学过程中产生的班级和人际氛围，也将影响学生利他德行的生发。可以意识到教学过程打破了价值中立的状态，使学生生成了新的价值观和思想品德。作为教育者应该科学合理地优化、设计、组织教学材料，避免因教育的育德行发挥不当而产生教学过程"反德育"的不良后果。教学过程和德育过程各有自己的演进逻辑和立场，彼此相互区别、相互联系。因此，教学过程注重知识传递、能力形成的同时不可忽视学生相应正向价值观的生成，注意避免使利他教育内容流于空洞与虚妄的倾向。

现阶段初中课堂教学过程中，仍普遍存在教师注重"满灌"，把学生当成瓶子，忽视学生的态度、情感及相应的体验，导致课堂教学中的学生生命价值、个性和兴趣等被遗漏。应该使课程从注重"双基"向"三维目标"转向，最终指向学生核心素养的培育，从而使学生成为全面发展的完整的人。教学过程中兴趣的激发和保持至关重要，兴趣培养不仅是教育的目的之意，而且是育德行教学的途径，它应该贯穿于教育过程的始终。知识的传授可以借助外力使学生接受，而兴趣的培养必须向内探寻，触动深层次的内在动机，才可以使其卓有成效，即在知识传授的同时完成教育的育德行，使个体的道德和性格趋向完善。

对于初中课堂教学过程中的德育（利他教育）渗透，文科相关课程如政治、历史等本身具有较好体现德育的素材，语文教材本身具有双重性（知识性与文化性），要求教学过程中对其进行表层解读与深层文化内涵的阐释。理科的相关课程（如数学、物理等）应该把科学精神融入教材和教学过程中，通过课题组合、问题情境的创设、科学史专栏和科学家故事讲述等内容的整合，更好地体现学科的育德行。赫尔巴特主张人文学科的教学性侧重人文知识的传授与分析，而教育性则体现在多方面兴趣的培育以促成审美判断，进而为内心自由奠基。从柏拉图的知识二分观（可见世界和可知世界）可知，其更重视数理理念和伦理理念的传授，并以后者为重，要求教育的重点是理性个体的培养，在这个教学过程中突出教育的道德力量。素质教育观视角下，要求初中课堂教学面向全体学生，全面关注学生的个性差异，做到"以学生为本"。教师在课堂教学中体现出对学生的关心、关注和关怀尤其重要。教师的关怀行为会在隐性的视域下提升学生的关怀品质，进而利于他们德性的良性生成和生发。因此，初中课堂教学应尊重学生的主体性，提升课堂教学过程的德育价值，使学生的道德需要得到满足，积极进行道德情感的引导，进而促进个体道德信念的形成，培育良好的道德意志品格，使学生道德行为生发概率大幅度提升，最终塑造出新时代所需要的全面发展的完整的人。

学校道德教育有两种有效的模式，即直接与间接的道德教育模式。直接的道德教育模式是一种道德观念强行灌输的模式，或者说是一种关于道德的知识强行传授的模式，这一过程并没有考虑将道德观念付诸实践的动力。直接的道德教育模式是一种病态的、失败的、流于形式的道德教育模式。因为这种模式下道德教育并没有使学生以同情和尊敬之情去关注他人的思想感情，他们在兴趣和情感上根本没有触动，他们更多的只是一种佯装向善的行为。这种道德教育模式不利于学生良好道德品质的培养。间接的道德教育模式受到包括杜威在内的诸多学者的支持和肯定，它主要指道德教育"无所不在"，并不是专门的一门道德课程或科目就可以达到想要的道德教育效果。学校的道德教育要注重培养学生的社会性道德，学校里的一切设施都和道德教育有直接或间接的联系，道德教育不是单独分离的。美国著名教育家杜威提出的一种合理的间接道德教育模式——"三位一体"的道德教育模式，即通过学校生活、教材和教学方法来统一进行道德教育的模式。这三方面相互联系，共同促进学生道德品质的提升，在道德教育（利他教育）过程中具有不可替代的作用。

教育者应该更好地理解德育（利他教育）的社会性指向，即在学校道德教育目标、教育内容、途径和方法等都需要以社会需要为本。首先,社会性体现在学校德育实施的全过程中,那些脱离社会的道德教育的后果是儿童知善而不行善,出现严重的道德认知与道德行为脱节的现象,他们对道德知识半信半疑。德国著名哲学家康德曾明确指出"道德不等于美德",即道德认知转化为道德行为的关键在于实践。道德的实质是道德行为习惯的养成,它离不开社会生活实践。这就犹如在岸上学习游泳,而不在水下演练,这样是永远不可能学会游泳的。其次,学校道德教育的评价标准也体现社会性。道德教育忽视社会性评价标准的后果是产生口头上的道德,毫无价值可言。这就要求道德教育根据社会性标准进行,使儿童从以自我为中心向以社会中心转变,更好地融入社会、服务社会、学会做事、产生创造力,为社会做贡献。最后,学生在学校阶段就要去适应社会,而不是毕业后再融入社会中。学校的道德教育与社会是不可分割的统一整体,社会化是道德教育(利他教育)不可抹杀的特质。

教育应承认儿童的客观主体性,因为它是教育得以实现的先决条件。教育者应该关注儿童的天赋和能力,正视其"儿童期"的客观存在,即尊重儿童身体发展和认知发展的内在节律性。学校教育切忌强行将成人的知识和经验灌输给儿童。在教学中要注重对儿童真情实感的激发和引导,探究问题解决的有效办法,而不单纯是书本知识的机械堆叠,否则可能使其判断力、想象力和创造力等方面受到严重的影响,导致个体无法良性发展。儿童的教育过程中,要注意对其进行价值教育,即注重价值判断(道德判断等)的指引,使其进行合理的价值选择,并指导他们的现实和未来的行为选择。

学校教育的一切措施都是为了促进儿童的成长,"儿童本位教育观"是现代教育理论流派的一个核心观点。儿童是十分积极的个体,教育的问题就是要抓住他的活动并给予活动指导,通过指导可以使他们朝向有价值的结果前进而不致成为散乱的或任其流于仅仅是冲动性的表现。[1] 教师在学校教育中具有重要的作用，教师对儿童应既不予以压制，也不予以放任，强调教育过程既是儿童和教师共同参与的过程，也是儿童与教师相互合作、相互沟通的过程。师生之间在这种交流与互动中均可以获得相应的成长，教师也在互动中顺应着儿童的天性、兴趣与需要，探明其优势潜能，使个体朝向利于自身的方向发展。同时，教师应该视儿童为新时代社会的一员，给予他们应有的关心、尊重和教导，使其社会理智得到应有的发展，清楚地认识到自己与社会的关系，增强个体的社会适应能力，肩负起其在社会中的责任和义务，全面维护个体的社会关系，培养自我社会兴趣并使其与社会和国家的命运相联系，为国家的进步与发展贡献力量。教师还应警惕只把儿童当学生看所导致的学校生活单调化倾向，否则在这样的学校环境中儿童的社会意识与能力很难得到较为全面的发展。

道德教育的基本构成是唤起儿童的道德情感，进而使他们进行自我控制，接受公正和善良的东西，最终形成属于他们的正确的道德权利和义务观。这种道德教育要想更好地实现，需要进行长期的道德行为练习。任何道德品质的形成都不是一蹴而就的，都需要经过长期多次的练习才能实现。道德行为练习的主要方法有三种：其一，让儿童尽可能多地去帮助他人。裴斯泰洛齐在《林哈德与葛笃德》中指出，葛笃德曾启发她的孩子把自己的食物送给穷人家的孩子，而他本人也是通过自身的努力创办"新庄孤儿院"和"斯坦兹孤儿院"，并且都是在极其困难的条件下进行的，这样他帮助了

---

[1] 约翰·杜威.学校与社会·明日之学校[M].赵祥麟,任钟印,吴志宏,译.北京:人民教育出版社,2005:42.

很多穷苦的孩子。他通过自身的行动在教育孩子，促使他们更多地去助人，使他们养成利他主义素养。其二，教育与生产劳动相结合。"功课和劳作相结合"可以更好地培养儿童勤劳、坚韧不拔的道德品质和热爱劳动的习惯。其三，教师要发挥榜样与示范作用。教师要在儿童面前做给儿童看，这样才能使儿童更好地形成道德行为。

二、环境支持对初中生利他行为的影响

环境支持是指个体所感受到的来自其所在社会、学校和家庭环境的支持力量。社会支持是指网络成员的持续关心、尊重和重视的行为或信息。[1] 这种支持反映了一种帮助与关怀，同时还表达着人与人之间的社会互动关系，它是为了使社会成员不受相关压力事件的不良影响而产生的一种来自于社会的帮助。这种支持包括实际支持和虚拟支持（情感支持和心理支持等）。任何事物的发生发展都是由其内在组成部分和外在影响因素共同决定的，初中生利他行为的形成究其本质主要是个体、家庭和社会三个方面相互影响作用的结果，这是内在系统与外部环境交互作用的结果。环境支持对于利他动机的确定和利他动机向利他行为的转化大有益处。环境支持正向功能的发挥与教育性支持的作用不可分割，因此，初中生利他行为的环境支持离不开教育性情境因素（学校德育环境）和社会性情境因素两方面的支持。

学校的德育环境主要分为宏观环境（社会政治经济文化等）、

---

[1] COBB S. Social Support as a Moderator of Life Stress[J]. Psychosomatic Medicine, 1976:310.

中观环境（社区、社会媒体等）和微观环境（家庭）。家庭环境是学校德育的微观外环境，它对学校德育具有重要意义，在初中生利他行为的形成过程中影响深远，这是因为它具有特殊性。分析如下：其一，家庭环境是学校德育的基础。家庭为学生提供了经济支撑和精神支持，前者是学生成长的物质食粮，后者是学生成长的精神基础。可以说良好的家庭为初中生的德行成长提供了心理上的安全感和依赖感，学生最初的认知结构主要来自于家庭教育，学校教育的阶段性实施也不可能保障个体刚一出生便接受学校道德教育，这个功用主要是由家庭来承担。其二，家庭环境的作用具有深刻性。家庭作为首属群体，其不同于次属群体（社区、社会中的人群，如同学、教师等），因为前者具有更高的亲密度和聚合度（家长与子女更亲近、接触频率更高）。家庭德育具有隐蔽性和间接性的特质，家庭中的教育和生活具有重叠性，其在时间、空间和活动上是相统一的，家庭环境中的重要影响力量是父母的榜样作用（本研究初中生利他行为生发的关键性影响因素之一），它对子女道德成长具有重要的指向作用。其三，家庭德育是学校德育的重要补充性力量。这主要体现在德育内容上，学校德育内容有限，更注重理论性，而家庭德育更强调应用性（许多伦理问题在家庭中自动得到补充，我国古代的"子不教，父之过"中的"教"主要强调家庭德育），两者具有互补性，家庭环境对学校德育的补充主要体现在主动性和自觉性上。另外，家庭环境也是学校德育的一种重要时空补充，教育者要充分认识这一点。

本书中笔者用两个维度来考察环境支持对初中生利他行为的影响：维度一，相关社会环境的构成特征；维度二，不同家庭和学校环境对学生今后利他行为发展的影响。这两点主要体现在附录一问卷的第33题、第35题、第37题和第39题，如表7-2所示。

表 7-2 不同年级初中生利他行为的环境支持影响的 χ^2 检验

问题	选项	初一/%	初二/%	初三/%	均值/%	χ^2	P
33. 帮助他人后给予你最多支持的是谁?	老师	17.9	11.7	17.3	15.6	45.182	0.002
	家人或亲属	40.9	42.0	40.7	41.2		
	陌生人	2.0	4.4	3.1	3.2		
	朋友	18.9	11.3	15.6	15.3		
	邻居或熟悉的人	1.3	3.1	1.4	1.9		
	同学	5.5	6.6	3.1	5.1		
	说不清	13.5	20.6	18.7	17.6		
35. 当你帮助他人付出一定代价时(如捐钱或者花费了较多时间和精力),谁会不太高兴并最大程度上影响了你以后的利他行为?	老师	7.0	9.5	12.6	9.7	46.303	0.006
	家人或亲属	30.9	28.5	24.8	28.1		
	陌生人	6.7	6.6	5.9	6.4		
	朋友	13.0	6.9	4.7	8.2		
	邻居或熟悉的人	2.5	2.9	2.4	2.6		
	同学	4.5	5.5	5.1	5.0		
	说不清	35.4	40.0	44.5	40.0		

续表

问题	选项	初一/%	初二/%	初三/%	均值/%	χ^2	P
37. 哪些事对你以后的利他行为产生了最为明显的消极影响？	帮助他人后无回报的事情	33.4	28.1	30.7	30.7	17.645	0.479
	周围人不伸出援手的事情	11.7	14.6	15.0	13.8		
	帮助别人后受牵连的事情	17.7	15.3	14.0	15.7		
	几种情况都有的事情	15.9	17.0	17.1	16.7		
	对自己无不良影响的事情	3.7	4.9	4.5	4.4		
	说不清	17.5	20.1	18.1	18.6		
39. 当你遇到困难时，获得帮助会对你以后的助人行为产生积极的影响吗？	会	56.4	57.3	61.2	58.3	17.095	0.146
	有时会有时不会	23.5	19.0	20.7	21.1		
	不会	4.8	7.1	6.9	6.3		
	说不清	15.0	16.6	11.2	14.3		

个体良好道德品质的形成与塑造需要外在环境支持力量予以强化，但来自于不同对象的强化方式所发挥的作用不同。从表7-2可知，在这一问题的看法上，不同年级的初中生存在着显著差异。当初中生回答"33. 帮助他人后给予你最多支持的是谁？"时，不同年级的初中生回答状况存在显著的年级差异（$P=0.002$）。但从均值来看，不同年级的初中生都倾向于认为来自"家人或亲属"（41.2%）的支持是最多的，"老师"（15.6%）和"朋友"（15.3%）的支持次之。

当初中生在回答"35. 当你帮助他人付出一定代价时（如捐

钱，或者花费了较多时间和精力），谁会不太高兴并最大程度上影响了你以后的利他行为？"时，不同年级的初中生的回答存在显著差异（$P=0.006$）。从均值来看，选择"家人或亲属"最多，占28.1%，选择"老师"的占9.7%，选择"朋友"的占8.2%。分年级来看，选择"家人或亲属"的为初一占30.9%、初二占28.5%、初三占24.8%，具有随着年级升高比率降低的特点。初一学生认为如果利他行为给自己造成了损失，家人或亲属会批评自己并影响自己助人的积极性。选择"说不清"的随着年级的升高比例升高，初三学生的比例最高（44.5%）。这说明初一学生家长尽管希望培养孩子利他行为品质，但利他的界限以不给他们的利益带来损失为前提。这种家人或亲属对子女的担心如果过分绝对化，就会无形之中给初中生利他品质的培养设置了一道障碍。

附录一问卷第37题，初中生利他行为培养的不利环境支持因素还包括"帮助他人后无回报的事情"（30.7%），当利他行为还没有成为个人稳定的道德品质时，尤其是利他行为形成的初始阶段，外在环境对于利他行为的实施者给予一定的积极强化是必要的，而初中生作出利他行为的目的还略带一定功利化色彩，这一点上不存在显著的年级差异（$P=0.479$）。学校道德教育既要消除初中生纯功利化的利他行为取向，同时也要为非功利性利他行为习惯的养成创造良好的文化氛围。

初中生在回答"39. 当你遇到困难时，获得帮助会对你以后的助人行为产生积极的影响吗？"时，各年级学生的回答不存在显著性差异（$P=0.146$）。从均值来看，有58.3%的初中生认为遇到困难后及时获得帮助对以后的利他行为有积极的影响，只有6.3%的初中生选择"不会"。这说明大部分初中生对于良好的利他社会支持的作用（氛围）持肯定态度，也反映出初中生具有较清楚的报恩意识或回报意识（自己有困难的时候，他人伸出了援手，今后会以同样的方式去帮助其他需要帮助的人，这是一种利他精神的传承），对于今后利他行为的实施起着积极的促进作用。

初中生利他品质的生成与发展既受到个体内在因素的影响，也是社会综合力量塑造的结果。唯有将环境支持性因素与个体的内在因素相结合，方能取得预期的效果。初中生应该在有利的环境和学习共同体中获得伦理教化和德行，应从社会、家庭和学校三个视角进行有针对性的分析，要积极争取家庭、社会共同参与和支持学校的利他教育工作，引导家长注重家庭、注重家教、注重家风，营造积极向上的社会利他氛围。❶ 具体呈现如下。

（一）优化社会中的舆论与制度，优化社会的利他氛围，以促进初中生利他行为的发展

初中生的利他行为是由其利他品质决定的，而利他品质的一个重要影响因素是社会的利他氛围。依据初中生身心发展的特点，改进初中生利他教育的方法，优化利他教育的社会氛围，对初中生进行有计划、有策略的利他指引，是提升初中生利他品质的重要措施。社会利他氛围优化的最主要措施是动员社会环境中的支持力量来开展初中生利他相关的宣传与教育。

1. 舆论导向必须清楚和正确

一方面，政府相关核心部门要有责任、有担当，它们对社会道德氛围的好坏起关键性作用。它们应该大力宣传中华民族传统美德

---

❶ 王世铎.环境优化视域下初中生利他行为培养研究[J].辽宁教育行政学院学报，2020(3):58.

和优秀道德文化，树立典型的利他楷模（如新时代雷锋郭明义等），坚决痛斥社会上不道德的行为，正确评估社会上的利他现状（利他行为的发生频率、利他对象和利他内容等），以正确的利他理论来教育和引导人民，最大限度地扼杀影响初中生利他行为的丑恶的社会现象。另一方面，充分发挥新闻媒体（网络媒介、纸媒、电视台等）的舆论导向性作用，为初中生积极实施利他行为提供良好的社会氛围。

2. 建立和健全保障初中生利他行为实施权益的相关法律法规

国家应出台保障利他行为实施者在实施利他行为的过程中相关权益免受侵害的法律法规，也就是说要确保利他行为实施者的"利他过程无忧"，这样可以逐渐降低"扶不起"或"帮不起"等尴尬社会利他问题的发生概率，净化社会不良的利他氛围，为更多利他楷模的出现提供可能，使初中生利他行为的发生概率进一步变大。

（二）改善学校利他教育环境，以促进初中生利他品质的生发

个体要想产生利他行为首先要去除我们自身的偏爱，扩展我们关心、帮助他人的界限，遵循道德的普适性和正义的无差别性，消除"我"与"他"之间、"我们"与"他们"之间的界限，促使学生自觉地将"我"和"他"关系向"我们"关系转化。这种利他行为品质的养成离不开学校道德教育的滋养及其环境的熏陶。借鉴国外公德教育实践的成功经验，我国初中要加强学生参与利他性公益活动的认可与引导，并为其营造良好的环境氛围，把它们作为学校德育不可分割的有机组成部分。从这个意义上说，学校道德教育是初中生利他品质生成与发展最重要的渠道，学校道德教育的良

好氛围对初中生开展利他性教育有着重要的促进作用。同时，教师在学校的道德教育环境中要注意对学生真实的道德冲突与道德成长的识别与推动，这对于他们利他品质的生成起到决定性作用。在学校教育环境中，教师作为孩子直接接触的、最真实的利他榜样，他们的现实示范价值不容小视，必须重视教师的榜样示范作用。在学校环境中，针对初中生利他行为内容单一的现状，教师要提高学生独立自主的意识，增强实施利他行为的应变能力，为受助对象提供多维的帮助。同时，加强校内利他榜样的塑造与宣传，可通过校园或班级"利他之星"的评选或"利他榜样事迹会"等形式，打造利于学生利他品质形成的利他氛围，使初中生对眼前的道德榜样与事例产生强烈的好奇心，获得精神感染和情感熏陶，滋生出利他行为动机，遇到特定的利他情境时自觉地付诸行动。

相关研究表明，在学校中对学生道德发展具有重要影响的因素主要是教师的道德素养、师生关系和学科内容。基于现代教学论视角，教学的本质是基于师生双方相互理解基础上的认识活动。师生互动是一种知识性互动，可以促进学生新的认知结构的形成；师生互动也是一种情感互动，情感是认知和行为之间的纽带，师生之间的情感互动使学生在富有人情味的教学中获得道德成长和知识提升；师生互动还是一种价值互动，教学中的一个重要指向是对学生进行价值引导和道德教育，通过处理个体与他人、社会之间的矛盾冲突，形成正确的利他价值观念。学校视域下的良好利他氛围包括良好的师生关系，利于初中生利他品性形成的师生关系应该如下：

首先，这种关系是一种真实的平等关系。"我-你"（I-You）关系不同于"我-它"（I-It）关系，它强调两者是主体间关系，而非主客体间关系。换言之，师生之间是相互平等的交往关系，这种交往通过对话、交流来实现。它不赞同教师对学生单方面施加影响，即反对课堂上的个人专制及权威依从。教师应该把知识提供给学生，不含任何强制成分，这是一种平等的分享。

其次，这种关系是一种积极的相互信任关系。只有当学生被教师完全信任时，才能使其更好地意识到自我的价值，积极地去面对生活和学习，也才能使内心恐惧和失望的学生顿悟到人存在的真意所在。因此，当教师赢得学生的充分信任时，学生一定会"亲其师而信其道"，这样接受教师对其进行的教育就变成了一件顺理成章的事。

再次，这种关系是一种可感的包容关系。"我"和"你"相互包容，"我"中有"你"，"你"中有"我"。我们可以总结出"我-你"关系并不是单纯的相互关系，而是一种相互性与包容性并存的交叉关系，在教育过程中认识到这一点是极其富有深意的。

最后，这种关系是一种师生间的合作关系，通过合作来提高教学效率。让教师真诚、主动并带有明确目的地教，而不是屈从于外界压力被动地教，教师要认清其作为鼓励者和创造者的使命。同时，学生的学习要主动选择而不是一味地顺从与模仿。学生学习的目的是使个人的存在更充盈，而不夹杂任何功利色彩，健康快乐地生活和成长才是其真意。❶

（三）重视家庭利他氛围的塑造，为初中生利他德行的养成提供可能

环境对人的身体和心理的发展有着很大的作用，英国著名教育家洛克的"白板说"强调了外部环境或者教育在人的身心发展中的重要意义。家中轻松愉快的环境有助于儿童健康性格的形成。同时

---

❶ 王世铎,李圆,雷云.存在主义教育思想新探[J].洛阳师范学院学报,2019(3):71.

也是养成正确道德品质的关键，反之亦然。家长应时刻以自身为准则，做好示范，积极创造良好的家庭利他气氛。因此父母要做到情感上和谐融洽，行为上互相理解；同时家长也要学会管理自己的情绪，尽量做到不在盛怒之下呵斥儿童。家庭在儿童社会化过程中具有特殊的价值和作用。儿童不是用规则可以教得好的，规则总是会被他们忘掉，而习惯一旦培养成功之后，便用不着借助记忆，很容易、很自然地就能发生作用了。❶ 父母要注意对孩子利他行为习惯的培养，同时父母要对自身利他素养和利他教育的能力进行提升，改善家庭的利他教育环境，为孩子利他行为的发生与发展提供良好的家庭氛围。杜威反对苏格拉底"知识即德行"的命题，理由是很多人知善而为恶，他们缺少的不是关于善的知识，而是实践。❷ 父母要尽可能地多给子女创设利他实践的机会，并为其营造鼓励利他实践的家庭氛围。针对初中生利他行为在公共领域发生频率较低的现状，家长要鼓励他们尽可能多地参与到公共领域的利他活动中，并与他们一起去体验利他活动给自身带来的快乐，给社会创造的价值，进而体味利他行为本身的真意所在。父母在家庭利他教育中对子女利他行为对象的选择标准要予以合理的引导，即不单纯地以亲疏远近作为利他行为实施对象的取舍标准。

德行是所有教育的根基，因此，父母要重视儿童德行的培养，学会转变家庭道德教育的观念，树立起知识和道德并重、物质奖励和精神关爱并行的新时代教育理念。心态影响孩子对事物的看法，积极的心态有助于孩子发现生活与学习中的趣味，父母对孩子的教育应尽量避免使用否定性词汇来评价孩子，不给孩子贴负面标签，

---

❶ 约翰·洛克.教育漫话[M].傅任敢,译.北京:教育科学出版社,2014:34.
❷ 约翰·杜威.民主主义与教育[M].王承绪,译.北京:人民教育出版社,2013:373.

防止破坏他们的积极性。当孩子面对失败，父母应帮助他们调整好自己的心态，找到应对失败的有效方法，鼓励他们广泛结交朋友，尤其是同龄朋友，不应过多地替他们惋惜、后悔，让孩子沉湎于遗憾中，其乐观精神也会愈少。❶ 我国的教育目的是培养德、智、体、美、劳全面发展的社会主义建设者和接班人。家庭教育在很大程度上会影响儿童一生的发展，只有充分发挥家庭教育的育德功能，才能为儿童的思想道德建设奠定坚实的基础，才有可能使其成为利于国家、社会发展的人才。❷ 儿童时代是道德培养的关键时期，家长要不断更新道德教育的理念，在素质教育盛行的新时代背景下转变应试教育情境中过度关注知识的观念，致力于儿童良好利他品质的培养。此外，洛克还格外重视儿童精神的形成，因为这关乎他们未来的生活。爱孩子，不仅要给他们提供较好的物质基础，更要在精神上去关心和爱护他们。

在家庭环境中父母要注意对孩子的利他行为进行适度的奖赏，有效实施奖赏的基本原则之一是适度性原则。相关研究表明，当对一个利他行为做过度奖赏时，很可能使孩子将外部奖励视为发生利他行为的主要原因，这严重削弱了初中生实施利他行为的内部动机。换言之，适度原则在初中生利他行为的奖励上尤其重要，不要轻易地奖励那些很容易实施的行为或者他们本来就会做的事。因为这样不但会使学生忽视利他行为，还会削弱其实施利他行为的内部动机和对利他行为价值的认可度。过度频繁的奖励可能会使他们实施利他行为，但这种利他行为对孩子的内心或道德发展是失去其原有意义的、低价值的。对于孩子利他行为表现或发展不好的情况要

---

❶ 单璐. 梁启超的家庭教育思想及现代启示初探[D]. 上海：上海师范大学，2011：27.
❷ 曾爱平. 多途径开展青少年家庭道德责任教育[J]. 当代教育科学，2012(16)：40.

慎重考虑惩罚的使用。奖励与惩罚是一对对立统一体,要做到赏罚分明是一件难事,因此,在培养初中生利他行为的过程中父母一定要注意慎罚原则。班杜拉认为,观察学习是人类学习的一种重要方式,教师或家长惩罚学生很容易给孩子提供一种攻击性行为的习得模式,因为惩罚本身含有极大的消极因素。这就要求父母必须把握好利他教育的赏罚尺度,营造良好的家庭利他奖惩氛围,以最佳的教育形式和手段促进初中生的道德成长,使初中生利他行为的内容实现多样化与均衡化发展。

人类社会的道德起点是个体的自然良心,它是人类诸多其他美德的基础,人们可以跟随自然本性中的正义和道德去实施善举。所有德行之中以公正作为核心,有良好公正品质的个体能对其自身以及身边人运用恰当的德行。[1] 教育者应该重视儿童的善良天性,支持个体性善论,在教育过程中强调个体的自我觉醒和内在潜能的挖掘。尽管当下我国仍有一些教育者持有"性恶论"的观点,他们下意识地以消极的视角来看待儿童,认为他们天生具有劣根性,若不用严厉的惩罚等手段是难以控制的。因此,强制灌输、管制、体罚等方式被运用到学生的道德(利他)教育之中,有针对性地培养社会所要求的个体道德品质与素养,这样的教育方式明显存在着不同程度的心理和伦理上的缺陷。

当今社会,"立德树人"的引入使得道德教育的主导作用更加明显。道德教育是个体实现良好发展的重要手段,为了使家庭更好地培养儿童的利他德行,有如下方法可以借鉴。

(1) 说理教育与榜样示范结合

要多通过说理来教导儿童,这对儿童利他素养的提升十分有

---

[1] 亚里士多德.尼各马可伦理学[M].廖申白,译.北京:商务印书馆,2019:143.

利。所以，家长可以在儿童很小时对他们进行说理教育，但要注意措辞，使用的言语要简单明了，态度要温柔。在对儿童进行管教时，家长要以自身为准则，同时要结合道理教育，以便达到良好的效果。人类是一种具有很强模仿力的动物，因此家长要为儿童树立起正确的榜样形象，在日常生活中时刻注意自己言行，并时常让儿童接触应学习的榜样或应避免的事，从而使儿童在无意识中受到感化。

（2）奖惩适度

奖惩是家庭道德教育中经常使用的两种教育手段，但奖惩适度是很难把握的。我们不应该盲目强调一般性的物质奖励，而更支持精神奖励，把尊重、表扬等视为有效的教育方法。同时反对体罚，但对于屡教不改的孩子，并不反对对其进行严格的惩罚，直至孩子能够做到自我反省。需要指出的是"赞许声往往胜于责骂声"，要多对孩子进行表扬，少些责骂，培养其名誉感，会更有利于孩子利他德行的成长。

（3）宽严相济

在对子女进行利他教育时，提倡宽严相济、把握分寸、不失偏颇，不可管得太严，也不可放任不管。在儿童绝对服从管束时期，父母要正言厉色，使其产生敬畏心理；而一旦年龄稍长，权威的管束就应放松，要与孩子亲切交谈。只有这样，父母在纠正孩子不恰当的利他行为与习惯时，才能有效地使用自己的威信。

（4）遵循自然与理性约束

在利他教育中，提倡要在遵循儿童自然需求的基础上进行有效的理性约束。只有先了解了儿童、弄清楚其本性与正当需求后，才能更好地对其进行利他教育。所以在儿童进行一些幼稚的活动时，家长大可不必理会，但也不可过于放纵，对于儿童的不正当需求与不良喜好要理智地进行约束，教会他们用理智克服欲望。

在个体道德成长的过程中，教育者应认识到初中生本身具有亲自然属性与亲社会属性，自然和社会环境是个体道德品质培养的良好场所，初中生在其中可以感受到自然与社会的和谐之美及破坏它的严重后果，进而使学生善良的种子萌发。初中生不仅需要自爱之心，还需要怜悯心。怜悯心是一种自然的感情，它能缓和每一个人只知道照顾自己的自爱心，从而有助于整个人类的互相保存。❶ 培养初中生的利他性应该按照"自爱—他爱—博爱"品质的培养顺序进行，同时不可忽视历史、伟人传记和寓言等对儿童良好利他品质的塑造作用。不要单纯地进行道德说教，要使儿童通过观察社会，去体会人们所遭受的痛苦与不幸，进而培养他们的怜悯心和爱人之心。我们要用积极和乐观的眼光来看待初中生的天性，教育者要树立正确的学生人性观，善意地对待学生，注意发现学生自我提高与自我完善的内在力量，并不失时机地给予帮助，促使他们健康、幸福地成长。

现阶段我国实施素质教育是在逐渐纠正"应试教育"出现的若干问题。素质教育重视教育的育德指向性，注重知识习得的同时，更强调个体德行的生成。教育不是单纯地把人当做工具来培养，其最终目标是培养具有良好综合素质的公民。素质教育要求把学生当人来看，而不是作为知识的储存器。教育者应该看到学生的"未完成性"，即他们是不完善的、待成熟的、具有巨大潜能的个体。因此，素质教育就是要促进每一个学生充分发展，使其形成具有不同色彩的健全个性，为社会的向前发展贡献力量。

---

❶ 让-雅克·卢梭.论人与人之间不平等的起因和基础[M].李平沤,译.北京:商务印书馆,2016:78.

初中生利他行为的发生概率较高,主要体现在生活和学习领域,而在公共领域中利他行为发生的概率较低。初中生利他行为的发生概率和利他行为受助对象与自己的亲疏关系成正比,其利他行为的实施具有较强的"唯亲"选择性,而不是"唯需求"选择性,这种利他行为对象的选择标准需引起社会、学校和家庭道德教育的重视。为了改善初中生利他行为的上述问题,我们从社会环境、学校环境和家庭环境三方面入手来对其进行靶向性整治。通过重塑社会、学校和家庭的利他氛围,注重家庭与学校、社会的互动,充分发挥家长与教师在儿童道德教育中的关键性作用[1],进而为我国初中生利他行为的发展提供肥沃的土壤,使我国充满明媚的利他主义阳光。

本章小结

学校教育方式和环境支持对初中生利他行为的影响主要总结如下。

第一,学校教育方式对初中生利他行为的影响。表扬与利他行为中选择"非常重要"和"比较重要"的初中生比率加起来占26.9%,而41.6%的初中生认为外在的表扬对于自己的利他行为的实施并不重要。27.4%的初中生认为来自家人的表扬对于自己更重要,19.4%的初中生认为来自老师的表扬更重要。

利他榜样的形式中初中生更看重社会上自己观察到的榜样的影响,而同伴的榜样作用次之,书刊或媒体和教师或家长推荐的榜样

---

[1] 安妮特·拉鲁.家庭优势:社会阶层与家长参与[M].吴重涵,熊苏春,张俊,译.南昌:江西教育出版社,2014:73.

的影响较弱。

开展利他教育的方式与组织形式中对初中生利他行为进行集体性活动教育的效果最佳，了解到的好人好事和老师阐述的相关道理次之；同伴自发组织起来的活动对初中生积极地实施利他行为影响最大，自己安排的活动效果次之，家长或老师安排的活动对初中生积极地实施利他行为的影响效果有限。

第二，环境支持对初中生利他行为的影响。不同年级的初中生都倾向于认为来自家庭环境中父母的支持是最多的，来自学校环境和社会环境中的老师和朋友的支持次之。从均值来看，选择父母的最多，选择老师和朋友的次之。分年级来看，选择"父母"的初一多于初二，初二多于初三，具有随着年级升高比率降低的特点。初一学生认为如果利他行为给自己造成了损失，父母会批评自己并影响自己助人的积极性。

初中生利他行为培养的不利环境支持因素还包括"缺少回报"，这说明初中生利他行为的目的略带一定的功利化色彩。近六成初中生对于良好的利他环境支持的作用（氛围）持肯定态度，这反映出初中生具有较清楚的报恩意识或回报意识，这也强化了环境支持对初中生利他行为促进作用的意义。

第八章

促进初中生利他行为的教育策略

习近平总书记指出,新时代是全体中华儿女勠力同心、奋力实现中华民族伟大复兴中国梦的时代,要有新的精神风貌。[1] 初中生是祖国的花朵,其道德成长的好坏关系着祖国的命运与未来。本章的重点是结合本书第四章到第七章中对初中生利他行为特征的分析结果,构建具有鲜明针对性的促进初中生利他行为生成与发展的教育策略、初中生"认知—观察—实践"模式的利他行为教育策略、以"重塑环境支持力量"为核心的初中生利他行为教育策略三个方面来探究优化初中生利他行为的有效教育策略。教育绝不是往行李箱里装物品的简单的过程,而是充满智慧与策略的过程[2],这更体现了合理利他行为教育策略在利他教育中的重要性,具体教育策略阐释如下。

---

[1] 中共中央宣传部.习近平新时代中国特色社会主义三十讲[M].北京:学习出版社,2018:57.

[2] 阿尔弗雷特·诺尔司·怀特海.教育的目的[M].徐汝舟,译.北京:生活·读书·新知三联书店,2014:43.

一、构建具有鲜明针对性的促进初中生利他行为发展的教育策略

(一) 针对不同个人情况的初中生的有效利他行为改善策略

我国古代著名教育家孔子（公元前551年至公元前479年，名丘，字仲尼，山东曲阜人）在教育实践的基础上，首次提出了"因材施教"教育原则与方法，其弟子将其理论传承下来并影响至今。有效实施因材施教原则要注意承认学生之间的个体差异性，尽可能去了解他们的特点。孔子最为常用的了解学生特点的方法是谈话法和观察法。前者主要是通过有目的地找学生谈话，了解他们的志向，通过这种与学生之间的自由交谈而达到所需的目的；后者要做到"听其言而观其行""退而省其私"，即不能只通学生说而要看其具体的行动如何，同时只凭借一时的行动来判断也具有片面性，还要对其行动做全程的考察。因此，应该做到"视其所以，观其所由，察其所安"[1]，即注意看他的所作所为，观察他的一贯历程，考察他的秉性习惯，这对于德育工作者来说至关重要。2012年11月，习近平总书记提出了实现中华民族伟大复兴的中国梦，并吹响了强国的冲锋号。实现伟大复兴中国梦的关键在教育，教育是其根本和源泉，换言之，教育复兴的中国梦意义重大。何谓教育复兴的中国梦？教育部原部长袁贵仁给出了精准的回答，即"我们教育的孩子应成为一个堂堂正正的中国人，成为能够适应21世纪世界发

---

[1] 张燕婴. 论语：中华经典诵读[M]. 北京：中华书局，2010，17.

展潮流需要的有用人才"。用 16 字加以概括,即"有教无类、因材施教、终身学习、人人成才"❶。这种人才主要是指有文化、有道德、掌握专门知识的人才,他们是能更好地服务社会的人。

利他教育应该注意伦理学与心理学理论的结合,应多从心理学视角进行利他道德反思与探讨,即注重道德论的心理学化。在德育课程的设置上应该考虑儿童的心理发展次序,必须利用好儿童现有的经验和能力。重视儿童利他情感的培养,这种道德情感是儿童感受性方面的天性,这种天性很难用简单的言语加以描述。❷ 当时学校忽视了利于培养儿童道德情感的课程,如音乐、雕刻、绘画等,而将精力主要放在"读、写、算"上,对此应予以强烈地批驳。情感陶冶对儿童道德品质形成的意义非凡,儿童之所以为儿童而非成人,主要是因为其特殊的年龄和心理特点。要使儿童得到充分的发展,必须适合他的本性❸,即教育者要了解儿童不同的心理特点,因材施教。因此,利他教育必须心理学化。

因材施教原则要求教育者对初中生不同的个人情况提出不同的利他教育策略。初中生利他行为的发生比较脆弱,极易受外界环境因素的影响,针对这一问题主要从两方面入手:一方面,对于初中生利他行为的塑造,需要学校道德教育注重对学生道德信念的培养,使初中生的道德信念成为其生发道德行为的坚实基础;另一方面,为初中生健康成长营造良好的社会道德氛围(如利他氛围,即重视环境濡染的正向作用)仍然任重而道远。唯有两条途径共同发力,初中生的利他行为才能得到进一步强化和发展,符合我们社会和所处时代的要求。关于营造良好的利他氛围在后面有详细的

---

❶ 袁贵仁.我的中国教育梦[N].中国教育报,2013-03-08(01).
❷ 约翰·杜威.道德教育原理[M].王承绪,译.杭州:浙江教育出版社,2003:26.
❸ 单中惠,王玉凤.杜威在华教育讲演[M].北京:教育科学出版社,2007:229.

论述。

笔者针对初中生不同个人情况（性别、是否是独生子女、城乡居住环境、父母学历、是否是班干部及学习成绩）提出有效利他行为改善策略，这主要是结合数据分析结果探究具有差异性的利他行为特征，并提出相应的教育策略。具体分析如下。

1. 针对不同性别初中生利他行为的教育策略

本书中的数据分析：从利他行为的智慧特征上看，男生得分的均值为 3.39，女生得分的均值为 3.52；从利他行为的感受特征上看，男生得分的均值为 5.02，女生得分的均值为 5.23。由于是正向赋分，因此，初中女生的利他智慧和利他感受性略强于男生。根据英国剑桥大学卡罗尔·吉利根教授的研究成果，男性和女性在道德概念与标准、道德分析与推理等方面均存在显著性差异，具体体现为男性更注重公平和尊重他人的权利之类的抽象原则，而女性更容易移情并产生共情，她们对环境中的人际关系等更加敏感；女性的道德推理更倾向于关注个体对他人所承担的责任，而男性更倾向于个体的利益。[1] 因此，对初中生的利他教育应该更注重从两性的道德判断与推理上的差异性进行引导，不可不加区分一概而论。树立利他榜样的时候注意选取不同性别的优秀人物作为榜样，以增强初中生利他行为培养的实际效果。例如，组织学生集体观看 2020 年度《感动中国》十大人物事迹活动的颁奖盛典录像，教师在学生看完之后特别强调了两个榜样，他们是"最美教师"张桂梅（黑龙江省牡丹江市人，云南省丽江华坪女子高级中学校长，华坪县儿

---

[1] 胡谊,郝宁. 教育心理学:理论与实践的整合观[M]. 上海:华东师范大学出版社, 2009:241.

童福利院院长,时代楷模、2021年七一勋章获得者,因为爱让其扎根在大山深处,为帮助孩子们走出困境而艰苦奋斗的教育者,她爱党爱教、至诚报国、教育扶贫、攻坚克难、师德高尚、无私奉献)和"深山里的信使"王顺友(四川省大凉山中的平凡邮递员,20多年在雪域高原跋涉26万公里为普通百姓送去信件和希望,他以百分之百的投递准确率而成为最平凡的奋斗者,他在这个十分危险的工作上拼搏着,他被称为"王大胆",因为他喜欢为人民服务,给他们带来希望,他总能克服各种各样的困难)。在详细介绍了他们利他助人的事迹后,注意从性别视角对初中生的利他价值观念进行积极有效地引导,以增强他们的利他意志和信念,明确利他行为的意义所在,让榜样的巨大力量渗透到每个学生稚嫩的心灵之中,使利他主义精神的种子在其内心生根发芽,为未来利他行为的更好出现奠基。

利他榜样人物小传:

张桂梅:燃烧自己,点亮学生

2021年云南丽江华坪女子高级中学有150名学生参加高考(2008年至今累计近2000人考上大学,一本上线率稳居丽江市前列)。张桂梅校长曾经有"一个梦想",那就是让那些山区里的家庭贫困的女孩,走出大山,进入大学的殿堂读书,实现自己的人生价值,更好地去服务社会、人民,报效祖国。现在她的梦想实现了。

张桂梅以前跟丈夫一起在云南大理的一所中学任教,1995年丈夫不幸患癌症去世,她主动申请到偏远的丽江市华坪县工作。她到华坪县任教之后,发现当地很多女孩子基础教育阶段的学业根本完成不了,读着读着书就消失了,她开始大量地家访,发现她们有的去做农活,有的由于父母收彩礼而被迫结婚,等等。其中她亲眼见到父母收到3万元,而把女儿卖掉,去结婚,女孩哭着说自己要读书,不要嫁人。她试图将女孩带走,但父母以死相逼,迫使她不得不放弃。2001年,华坪县成立儿童福利院,张桂梅任院长,她进一步了解到福利院中的很多女孩并不是孤儿,而是被父母遗弃的。目睹了一个又一个的悲剧后,她的内心产生了一个梦——办一所免费的女子高中,让深山里的困难女孩都可以读书上大学。可是这个梦想看上去很美,但现实却是难以实现。要想创办一所免费的高中谈何容易,可以说是困难重重。为了筹集资金,她曾经连续几个假期去昆明、西双版纳等几个城市募捐,她把自己的个人简介打印出来,让路人看,可收获的却是不解、质疑和白眼,有的人甚至认为她是骗子、疯子。

对于张桂梅而言,梦想的转折点发生在2007年,她作为党的十七大代表到北京参会。一天早晨,她匆匆忙忙地前往会场,突然被一名女记者叫住,私下对她说:"你看看你的裤子?"张桂梅先是一愣,然后惊奇发现自己的裤子后面有一个大洞,她瞬间脸红了,她意识到可能是常年的家访,随地而坐无意间被划坏或磨坏,她对女记者表达了歉意。之后女记者通过与其深谈,了解了这名女代表的不容易和默默的坚守,她被张桂梅的利他主义精神所感动,决定帮助她。没过几天一篇题为《"我有一个梦想"——访云南省丽江市华坪县民族中学教师张贵梅代表》的文章被刊发,这名普通的大山中的女代表的事迹被报道,她的梦想也受到全国人民的关注。2008年,在各级党委和政府的关心与支持下,云南省丽江市华坪县女子高级中学(全国第一所公办免费女子高级中学)正式成立。同年9月,第一批新生(近100名)入学。

张桂梅在几十年的教学过程中十分重视对学生的家访,她对学生的日常管理细致入微,尽管她身患几十种重病,也日复一日,不敢松懈。她常年跟学生住在一起，每天早上5点不到就起床，第一个到教学楼里去检查，白天巡课、看课，晚上学生都入睡后她才休息。她非常重视家访工作，通过这个方式她了解到自己学生的实际情况和困难，她的学生大部分来自山区，家庭条件十分不好，很多学生在高中冲刺期选择了退学，这让张桂梅十分担心，她不能看着这些孩子放弃自己的人生，她不管怎样都要帮助他们，她说我只有通过家访了解他们的真实情况，才能帮助他们解决困难，让他们没有顾虑地、安心地投入到紧张而关键的高中学习之中。

　　长年累月的劳累，张桂梅身患多种重病（骨头瘤、血管瘤、肾病、肺气肿等），曾多次病危，体重从130多斤掉到80多斤。她的学生曾多次劝说她好好治疗，不要这样辛苦。可她却说："只要还有一口气在，我就要站在讲台上，倾尽全力、奉献所有，九死亦无悔。"她对学生的付出不求回报，只希望这些大山中的孩子可以走出大山，学到知识，将来更好地回报祖国和社会。她跟学生之间有个不成文的约定，那就是"走出大山之后，不要想着回来"。因为外面的世界很精彩，要求他们去创造属于自己的精彩人生。她十分重视学生的德行成长，她用她的一言一行教会了学生懂得"自强、感恩、利他、奉献"，她在实际教学中，用一首首革命歌曲、一个个英雄故事，使学生懂得中国共产党的伟大，更明白中华人民共和国成长的不容易，学生在这种利他主义和爱国主义氛围的熏陶下，树立了远大的理想，懂得了学习的真谛。她的学生遍布全国各地，很多学生进入大学的首要任务是成为一名中国共产党党员，更好地为人民服务。这些学生中有的成为乡村教师、乡镇医生、人民警察等。2020年9月，她接到了在大连和桂林读书的学生的电话，他们告诉老师将要申请到西藏去参军，报效祖国，张桂梅非常高兴，给予了充分的肯定和鼓励。她说尽管有点心疼，但她坚信她的教育是正确的，她可以为国家培养更多合格的社会主义事业的建设者和接班人，她深信知识能改变命运，同时她也在用自己的实际行动照亮着自己学生的未来之路，帮助他们走上人生正轨，将来成为一名合格的新时代中华人民共和国公民。她的这种利他主义精神也将鼓舞和激励更多的教育者燃烧自己，点亮他人。

2. 独生子女与非独生子女的利他行为教育策略

（1）优化独生子女初中生利他行为的对象和内容，使利他行为的实施更具合理性

从利他行为的对象方面看，独生子女初中生平时为亲人或朋友提供的帮助相对较少。这要求父母在家应该多让孩子实施力所能及的利他行为，不要以影响孩子学习或耽误时间为借口，要尽可能给他们提供更多的利他实践空间。教师可以使用有针对性的利他德育作业法，给他们安排一些在家对父母等亲人的利他活动，并通过与家长沟通的方式一起对他们的利他习惯进行有效的培养，以达到相应的道德教育目标。

从不同情境下初中生利他行为的表现特征看，独生子女选择个人为利他对象的比率低于非独生子女，而选择团体为利他对象的比率高于非独生子女，二者存在显著性差异。这与他们特殊的家庭教育和成长环境密切相关，这要求教育者重视对非独生子女的个别化或差异化引导，促进非独生子女更好地将集体利益与个人利益相统一，个人利益让集体利益先行。

从利他行为内容方面看，独生子女初中生课程学习方面利他行为较多，教育者要增强他们课外活动方面利他行为实施的兴趣。教育绝不是往行李箱里装物品的过程，它是一种完全具有自身特点的过程。教育者在对独生子女初中生进行课外利他教育的过程中，必

须遵循教育本身的规律和特点,给予他们较多的课外践行利他行为的机会,增强他们课外实施利他行为的动力与自觉性。

(2) 改善独生子女初中生略重的自私倾向性,提升个体的利他品质

儿童成长过程中影响较大的因素是父母的教育行为,儿童利他性发展很大程度上取决于父母处理品行问题的观点和看法。儿童在成长发育初期具有一定的自私行为产生的心理基础,在儿童自私倾向性逐渐增强的过程中,父母应及时加以引导,并对孩子进行劝诫,一般来说孩子都会作出积极反应。相反,父母若采取放纵溺爱的态度,则会加强儿童自私行为的生发。独生子女家庭初中生由于父母的溺爱,使他们产生了强烈的占有欲,他们与同龄孩子交流较少,更使他们缺乏对他人困难的感知,进而养成了他们自私自利的个性,他们的利他行为也随之减少。

解决这一问题的有效办法,一是减少初中生在日常的学习和生活中接触"自私源"的可能,打下良好行为规范的基础。二是培养学生较好的合作意识,"合作"是新时代个体的一种生存方式,也是现代初中生必须具备的一种素质。初中生通过合作增强了对他人具体困难的认识,也强化了了解他人需求的感知能力,即通过"避源—合作"的过程降低初中生的自私倾向性,优化其利他行为的实施过程,进而提升其利他道德品质。

(3) 增强独生子女初中生利他行为的意志力,促进其利他行为的生发

利他行为意志力主要指为达成某种利他行为而产生的坚持性心理品质或状态,包括利他自觉性、利他果断性和利他坚持性。利他自觉性即个体意识到利他行为的目的,并能调整和控制利他行动的品质;利他果断性即面对他人需要帮助时,迅速而合理地作出决

定，不优柔寡断；利他坚持性即个体是否能克服困难将利他行为进行到底。

研究表明，初中生的学习成绩和利他行为意志性之间呈现正相关，即学生学习成绩越好，其利他意志越坚强。教育者通过和他们共同去完成有一定难度的利他活动对他们进行利他意志品质的培养。通过"增强利他自觉性—两难中排出不良干扰—鼓励个体坚持到底"的思路去帮助学生提升利他意志，实施利他行为。具体步骤：首先，从提升他们的利他自觉性开始，引导他们认识利他行为的真意所在，积极主动地去实施利他行为；其次，当学生实施利他行为出现犹豫或两难时，教育者要给予正确的引导，使其排除不良因素的干扰并果断行动；最后，帮助并鼓励他们在困境中依靠自己的力量坚持到底并最终克服困难，完成利他行为。这几步对于他们利他意志品质的形成起到不可替代的作用。还可以让学生通过写日记的方式，记录自己道德成长过程中的困难与进步，宣泄不良情绪，促进他们的利他成长。

（4）优化独生子女初中生利他行为的动机，注重对他们进行感恩教育

从利他行为的目的与动机上看，独生子女更渴求和谐愉悦的人际环境，并为营造这样的环境而去努力，非独生子女更倾向从感恩的角度去帮助他人，即独生子女的利他倾向更具同情心，非独生子女的利他倾向更具感恩之心。这就要求教育者注重对独生子女和非独生子女交叉使用相应的教育方法和手段，如心理学中的移情理论等，注意对他们进行心灵上的引导，而不是简单的道德说教。同时重视感恩教育对初中生利他品质提升的重要意义，这就要求教育者要不断提升自己的道德素养和专业知识，以更好地促进初中生的利

他素养的全面提升。[1]

我们如何来判断一个行为的善与恶,以及是否具有道德价值,关键在于行为者的动机,如果动机是好的或具有"善良意志",则可以断定其行为是道德行为,是善的、具有道德价值的,反之亦然,而这一切与行为的效果无关。什么样的动机才是好的或具有道德行呢?德国著名哲学家康德给出答案,即一种行为,只有当它的动机是为义务而义务的时候,才具有道德行。他提出的善良动机是道德行为(利他行为等)的必要条件,这是对功利主义道德的有力批判,具有合理性。感恩是一种美好的情怀,是一种温暖的回报。从利他行为的目的与动机上看,独生子女更渴求和谐愉悦的人际环境,并为营造这样的环境而努力,但在某种程度上其感恩之心弱于非独生子女。这要求教育者注重对独生子女使用有针对性的利他教育方法和手段,如运用心理学中的移情理论,注意对他们进行心灵上的引导,而不是简单的道德说教。相关研究结果表明,在初中生的利他教育中,言语性道德说教的作用十分有限,教育者必须重视参与性示范的重要教育价值,同时重视感恩教育对初中生利他品质提升的重要意义,使学生形成"识别恩情—回报恩情—施加恩情"的意识,更好地去回报社会和他人,促成良好社会利他氛围的形成。

良好的家庭教育是儿童习得优秀品格的基础。父母要提高个人修养,与孩子增进沟通,建立"民主、平等、和谐"的家庭氛围,做好孩子的第一任利他榜样。学校应采取多维的感恩教育模式,教材应尽可能将时代感较强的感恩教育内容融入其中。教育者采用生

---

[1] 王世铎,景敏.新时代独生子女家庭初中生利他行为的特征及教育策略[J].现代中小学教育,2020(7):73.

动、活泼、有效的方式进行感恩教育，对学生多一些关心与关照，增强学生的心理感受。教师要用马克思集体主义理论精神去影响学生，使学生理解个人利益和整体利益辩证统一的关系，在关键时刻作出正确的道德抉择。教师也要不断提升自己的道德素养，拓宽专业知识面，更好地促进独生子女初中生利他素养的进一步提升。社会上加强媒介对感恩行动的宣传力度，鼓励公民开展感恩活动，大力提倡中华民族知恩图报的传统美德，完善相应的社会规章制度，为学生的健康成长奠基。

（5）注重让学生在利他教育过程中感受到幸福真意之所在

康德曾经无奈表达过这样一种对幸福的看法，即幸福的概念很难从实质上说清楚。难以说清是因为幸福是一种主观感受，它会伴随社会经济、制度、文化、环境等的变化而变化，也跟个体独特的情感体验和生命体验息息相关。马克思主义哲学曾告诫我们，认识事物要善于抓住其主要矛盾，分清事物变化、发展的主流和支流。对幸福本质问题而言，学术界较为主流的观点是从外显和内隐两个大维度进行划分：从外显维度看，幸福可以作为一种知识，一种能力，一种体验；从内隐维度来看，幸福的本质内涵丰富，每种含义都是诸多学者智慧的结晶、相互思维碰撞和分享的结果。

康德把"至善"作为其最高的道德理想，这种道德价值论的最大特点是排斥道德中的个人利益。在这种道德理想中，幸福与德行必不可少。"德行和幸福是被人思想为必然地结合在那对我们说来有实践作用（即可以通过我们的意志实现出的）的至善里面的。"[1] 同时，现实生活中"德行、幸福和至善"三者很难协调统一，有德行的人往往并不幸福；相反，道德水平低下的人却常常是高官厚

---

[1] 伊曼努尔·康德.实践理性批判[M].韩水法,译.北京:商务印书馆,1999:117.

禄。为此，他提出了著名的"三假设说"：灵魂不死说、上帝存在说、意志自由说。通过这三种假设使得看似不能统一的关系变为现实，"至善论"在个体利他品质的培育上具有重要的指向性意义。康德强调人之所以为人，是由于其具有理性的存在。人要成为有道德的人必须是自律的，而这就需要理性来控制和指导。他反对以往的道德学说较重的他律主义倾向，道德原则完全是依据人的本质之外的原因，如外部的经验世界、社会法规和权威等，没有真正找到道德价值的依据所在。人区别于其他动物的本质是人的理性，若只知追求感性快乐与幸福，那人与动物何异，因此，必须从人的理性本质出发，去探究个体真正的道德（利他）价值。他进一步批评"经验主义快乐和幸福论"，强调确定善恶不能在道德法则之前，必须在道德法则之后，并且只能依赖道德法则来确定。

教育者要意识到利他行为不仅有利于社会和他人，而且更有益于利他者自身。使受教育者通过实施利他行为来提升生命的本体性意义，进而提升个人整体的幸福度，更好地促成个体自主性发展，给社会以应有的回馈和贡献，这对于良性社会风气的形成具有积极作用。利他教育过程中幸福真意的阐释主要体现在以下四个方面。

第一，利他教育过程中多关注学生精神上的需要和满足，禁忌单纯强调物质生活富足而忽视丰富精神文化生活。之前分析了快乐和幸福的区别，其中最为明显的是快乐关注的是生活的结果、功用，而幸福关注的是生活的过程、意义。快乐源自需要的满足，而需要的存在类型是多样的，如生物性需要与超越性需要、生存性需要与发展性需要、明示的需要与推断的需要、生活结果的需要与生活意义的需要等，不同类型的需要对学生成就幸福发挥的功效是不同的。因此，利他教育过程中教师应注意对学生不同类型需要的引导，帮助学生抵制利他行为实施过程中的种种欲望、诱惑和坚持感不足等问题，进而提升需要层次，诱发利他幸福感的产生，实现个体道德境界的提升与飞跃。

第二，从利他教育内容、指导思想、教育方法和教育手段等几方面将幸福贯穿于利他教育过程中。摒弃单纯为了明理而机械地进行道德知识灌输，而应该多注重学生德行成长和快乐成长所需要知识的传授和引导；放弃错误功利主义思想的指导，变之为一种追求卓越，挑战自我，为未来生活做准备的思想指导；禁止使用粗暴的体罚教育方法和所谓的高压教学，而变之为以兴趣引导和注重关怀的人性化教育艺术对学生施加正面积极的影响，回归利他教育的本真，还其真实的属性。幸福的利他教育不是喊出来的口号，而是需要真实去实践的任重而道远的一个过程，这需要我们德育教育工作者在实际教育教学过程中不断总结经验提升自我，让我们的学生在利他教育过程中切实地感受到这种幸福给他们带来的快乐和精神上的满足。

第三，突出学生心理健康教育在利他教育过程中的重要地位，提高学生的幸福能力，将幸福融入利他教育过程中。幸福是一种主观感受，因此是否能够获得幸福很大程度上取决于是否能够敏感到幸福之所在，在这种意义上，幸福的确是一种能力。1989年世界卫生组织对健康给出了新的定义，即"健康不仅是没有疾病，而且包括躯体健康、心理健康、社会适应良好和道德健康"。现代社会的迅速发展和急剧变化，对人的心理素质提出了更高的要求。人们心理承受的压力过大，各种心理障碍和疾病出现频率呈现不断增长的趋势，对个人的幸福构成了严重的威胁。[1] 加之现代标准化教育过多关注的是学生的身体健康，对其心理健康关心严重不足，导致

---

[1] 傅维利. 教育问题案例研究[M]. 北京：人民教育出版社，2004：392.

学生群体中自残、自杀等悲剧的上演频率不断提高，正是由于学生心理不健康及心理敏感度较低，导致幸福就在身边也视而不见，进而走入恶性循环的怪圈。这就要求我们教育工作者有良好的心理学素养，在知识经验传授的同时，注意正面积极的心理引导和人格塑造，与此同时各级各类学校开展心理健康教育课就显得尤为重要，使学生形成积极健康的心理状态，使祖国的未来茁壮成长。

第四，从彰显教育学意义的角度，将幸福融进利他教育过程之中。幸福教育比愉快教育更厚重、更包容。愉快教育从趋乐避苦的人之本性出发，认为要"在愉快的学习生活中让学生度过幸福的童年"❶。而幸福是一个整体，它不只反映人的生理、心理层面，还反映社会伦理层面。教育的对象是人，幸福教育就是要把教育的目的回归到人，体现出教育对人的关照，培养人的幸福情感和幸福能力，培养能够发现、创造、享受幸福的人，这正是教育学的本真意义所在。❷ 因此，幸福利他教育的内涵显得更加丰富，更具有长久的现实意义。这需要全社会通力合作，加强理论修养、制度保障，营造良好有序的教育环境，为我们学生的幸福开拓出一片教育的新境界。

（6）重视初中生对所属群体依恋感的培养

法国著名教育家涂尔干认为道德三要素之一就是群体归属感，因而培养儿童对所属群体的归属感是培养儿童利他主义的重要基础。❸ 当然，首先尽可能地使初中生对所属社会群体有一个清晰的、整体的观念。但对他们来说，这些所属群体可能显得太过复杂和庞大，这需要教育者充分发挥引导和榜样作用。只是单纯地把这些群

---

❶ 蒋祖钧.愉快教育："以学生为本"的办学观[J].上海教育,2007(2AB):75.
❷ 王长华.幸福教育的理论与实践[M].北京:知识产权出版社,2009:6.
❸ 王世铎.涂尔干儿童利他主义的特点及其德育启示[J].教育评论,2017(1):92.

体有关的意象机械地教给他们是远远不够的，必须认清他们身心发展的阶段性特征，并遵循其道德认知发展规律，把握并及时抓住适当的教育时机，坚持不懈地重复强化这种群体意象，使这些群体形象逐渐深入初中生的内心，成为规约和影响他们行为选择的基本要素，进而影响其在日常生活或人际交往中的价值判断和自我选择，使初中生对这些社会群体的依赖与认同感逐渐生成。但是在这一过程中，教育者要切忌"一刀切"地灌输和强制教育方法，尊重每个初中生的独立个性，应尽量做到因材施教。由于生活环境或者身心发展的差异，他们对同一意象的认知可能会出现差异性或者不平衡性，教育工作者应尽量给予个别化的关注，尊重初中生的差异性，保护他们的好奇心，激发每个学生的独特潜力，使每个人都能在获得自身最大发展的基础上，形成对群体的依恋与认同，形成其利他取向的道德情怀。

（7）在集体生活中培养初中生的利他意识

集体意识是儿童群体归属感的基本内容。要使儿童学会热爱集体生活，就需要让他们从小过集体生活，不仅在内心和想象中过集体生活，而且要在现实中过集体生活。[1] 儿童集体主义精神的培养是我国儿童道德教育中的重要任务和关键环节。我国著名集体主义伦理学家罗国杰指出："集体主义，即把集体利益看得高于个人利益。"[2] 涂尔干的儿童利他主义很重视集体主义精神的培养，他提倡儿童主动为集体做事，执行集体的任务，关心集体，有明确的集体责任感和荣誉感，维护集体利益，不做有损集体利益的事。通过这样的集体主义教育，集体主义精神的种子就可能在儿童的体内生

---

[1] 涂尔干·埃米尔.道德教育[M].陈光金,沈杰,朱谐汉,译.上海:上海人民出版社,2006:168.

[2] 罗国杰.罗国杰文集(上卷)[M].保定:河北大学出版社,2000:106.

根发芽，为集体主义素养与情怀的绽放提供可能。涂尔干儿童利他主义重视儿童融入集体生活的教育思想，无疑对于现阶段培养我国儿童集体主义意识具有特殊的价值，为儿童更好地融入集体、融入社会、避免孤立人格的形成产生积极的作用，最终促使初中生形成良好的利他意识。

3. 城市居住与乡村居住初中生的利他行为教育策略

一方面，从助人的内容上看，"生活方面"是农村初中生为他人提供帮助最多的内容，而城市初中生选择最多的是"都差不多"，这说明农村初中生最擅长的还是与生活相关的一些事情，而城市初中生在生活、学习和课外活动方面的利他行为都比较均衡。农村初中生的利他内容主要集中在生活方面，而学习方面和课外活动方面的利他行为表现弱于城市初中生。这要求教育者对居住环境是城市的和居住环境是农村的初中生进行利他教育要做有针对性的引导，对居住地是农村的初中生在学习方面和课外活动方面帮助他们树立自信，使他们尽快融入城市生活中，同时让他们更多地感受来自城市学生在这两方面对他们的帮助，这使他们会更多地将所得到的帮助回报给其他人。

另一方面，从初中生的利他行为方式看，城市的初中生在利他助人的频率上明显高于农村学生，而且能够在面对他人求助时尽力而为。城市初中生在利他行为方式上首选的是"都差不多"，而农村初中生首选的是"帮助做事"。这要求教育者重视居住环境是农村的初中生，并对他们的利他意识进行有针对性的培养，他们更容易因经济等方面的落后而缺乏自信，教育者必须加强道德情感与利他动机的疏导，使他们树立正确的利他价值观，促进他们的利他动机向利他行为的正向转化。

4. 父母学历不同初中生的利他行为教育策略

一方面，从父母学历与初中生的利他行为方式之间的关系看，初中生利他行为的发展与父亲学历的高低呈正相关，父母学历与初中生利他行为方式的有效性之间也呈现正相关。父亲学历为专科以上的初中生更倾向于独自完成利他行为，父亲学历为初中的初中生更倾向于两三个人一起完成利他行为。教育者要对父亲学历较低的初中生对父母的依赖性和自主性不强的问题进行加强，可以找身边表现较好的学生一对一帮扶，进行榜样性引导，让他们一起学习与活动。同时想办法创设可以引起学生真实性利他知行冲突的活动，注意不同学生所处的道德发展的临界点，以最恰当的方式来提升他们的利他认知，进而优化利他行为。母亲学历为初中的学生更倾向于以帮助做事的方式去帮助他人，而母亲学历是专科及以上的学生的利他形式更均衡，使用物质帮助、安慰和帮助做事的频率都差不多。因此，母亲学历的高低直接影响孩子利他助人形式的灵活性与多样性。教育者针对母亲学历低的初中生要有策略地引导，可以示范性的对其进行利他形式地指引，改变其利他形式不够灵活的现状。

另一方面，从父母学历与初中生利他知行特征看，初中生是否能够履行自己的承诺因父母学历不同而表现出显著差异性，父母学历越高的学生能够履行承诺的比率也越高。教育者要对父母学历不高的初中生的利他行为进行靶向性引导，注意对他们的利他意志力的培养，使他们做事要有始有终，言行一致。同时，加强学生的自我认识，培养他们信守承诺的品质。

5. 其他不同个人情况初中生的利他行为教育策略

一是，从是否是班级干部与初中生利他行为的智慧特征方面看，班级干部的利他智慧强于非班级干部。教育者要把学生当作有思想、有意志、有情感的主动发展的个体。❶ 对非班级干部要尽可能多给他们当科代表或组长的机会，多给他们为他人服务的机会，（通过让他们去做具体的事）多传授他们处理人际关系的方法和有关利他助人的智慧，让他们可以更好地去自主地实施利他行为，促进利他品质的成长。

二是，从学习成绩与初中生的利他行为的意志特征方面看，初中生的学习成绩和利他行为意志性之间呈现正相关，即学生学习成绩越好，其利他意志越坚强。教育者对于学习成绩上的差生要给予抗挫折教育，提升他们的逆商，注意对他们进行利他意志品质的培养，通过和他们共同完成有一定难度的利他活动，帮助并鼓励他们在困境中依靠自己完成利他行为，这对于他们利他意志品质的形成起到不可替代的作用。这就是说教育者在对学生实施利他教育的同时必须重视他们的心理健康状况，有研究表明，初中生心理健康水平与他们的亲社会行为之间存在显著的相关性。❷ 因此，加强初中生的心理健康教育，是利他教育过程中的重要一环。

（二）加强初中生利他行为薄弱领域——公共领域利他行为品质的提升

通过数据分析的结果可知，初中生实施利他行为的频率普遍较

---

❶ 魏书生.班主任工作漫谈[M].桂林:漓江出版社,2014:47.
❷ 李红霞,彭阳,崔雅芬.初中生心理健康状况和亲社会行为发展特点的调查与教育对策[J].现代中小学教育,1996(4):36.

高，具有根据与利他行为受助对象的亲疏关系，选择性地实施利他行为的特点，并且利他行为的频率和学生利他行为受助对象与自己的亲疏关系成正比。不同领域内初中生的利他行为发生概率的发展趋势是：学习领域利他行为的发生概率最高，私人领域次之，而在公共领域利他行为的发生概率最低。初二学生在三个领域（私人领域、学习领域和公共领域）的利他行为明显少于另外两个年级（初一和初三）学生的利他行为；他们在课外活动方面的利他行为最多，而在学习方面的利他行为最少。初三学生在生活和课外活动方面的利他行为都是最少的。初三学生学习任务相对其他两个年级重得多，因此在生活和课外活动方面的利他行为最少；而初一学生由于学习竞争的压力较小，因此在生活和学习方面的利他行为最多；而处在叛逆期的初二学生更愿意在课外活动中释放自己，因此在课外活动中的利他行为最多，而在学习方面的利他行为最少。这就要求教育者给处于叛逆期心理变化最为明显的初二学生更多释放压力的渠道，如定期举办心理疏导相关主题的班会等。通过正确引导，促进他们利他动机的提升，使他们在三个领域的利他行为均衡化发展，与初一和初三学生保持总体上一致。

如何加强初中生在公共领域的利他行为品质的提升？教师在实际的教育活动中应该做到率先垂范，注意引导学生对身边现实发生的利他事件进行讨论，使学生懂得在公共领域实施利他行为的意义所在。家长也要鼓励初中生多参与公共领域的利他活动，最好可以与他们一起去体验利他活动给自身带来的快乐，给社会带来的价值与意义。同时，我国越来越多的学校开始重视一种重要的利他实践活动——志愿者活动，这些学校中最具代表性的当属北京 X 中、杭州 Y 中、上海 Z 中等。目前，北京、上海等地初中已经将诸如志愿者活动之类的利他实践性活动的重要性提升到一个新高度。以上海

2016 年中考加分政策为例，它明确规定对考生的先进性进行奖励，如上海市级优秀少先队员、优秀共青团员、优秀团干部等在中考中可以加 5 分，而这些先进的评比很大程度上依赖于他们在公共领域中的利他性社会实践活动中的表现。❶ 因此，加强各级各类学校对学生参与利他性公益活动的认可与指引，把它们作为学校德育不可分割的有机组成部分，这样初中生在公共领域的利他水平将得到质的提升，初中生利他行为在各领域的发生频率将实现均衡化，进而实现初中生的利他领域由私人领域和学习领域向公共领域的迈进。

（三）促进初中生利他行为方式多样化发展

本书得出初中生利他行为的方式以主动、独立、无组织实施利他行为为主，他们对受助者的帮助以"做事"为主。个体在对他人实施利他行为时，往往是基于对受助者所处的情境、所面临的困难加以分析和判断之后而采取恰当方式给予帮助，只有如此才能合理解决受助者的困难，提高利他行为的有效性。因此，笔者认为教育者应重视对初中生实际利他行为方式的多样化引导，发挥利他教育的多种可能，促进初中生利他德行的全面化发展。初中生正处在自我意识显著发展的时期，具体体现在自我意识独立意向的发展、自我意识成分的分化和自我概念的初步形成等几个方面。❷ 初中生在实施利他行为时不愿意受到老师过多的限制，这就是初中生更愿意主动、独立、无组织地去实施利他行为的主要原因。教育者要在尊重初中生所具有的心理特点和行事风格的基础上，加强情感沟通和引导，在确保学生利他认识和动机正确的前提条件下，使他们的利

---

❶ 搜狐教育.2016 年中考加分政策分析[EB/OL].(2016-5-15)[2021-7-10].http://learning.sohu.com/20160515/n449571416.shtml.

❷ 林崇德.发展心理学[M].北京:人民教育出版社,2009:343.

他行为更趋合理和多样化。教育者要不断更新德育观念,并关注国内外最新的利他教育的动态与进展,使自己的利他教育活动具有多元化特点,不断激发学生的利他动机。同时,对于初中生利他行为的方式更愿意以帮助他人"做事"为主,教育者要使学生明白利他行为帮助做事、物质帮助及言语心理安慰等的具体意义之所在,使学生能够根据实际情况和自身的条件灵活地选择恰当的利他方式去帮助他人,这是教育者教育艺术和教育能力的体现,也是新时代给德育工作者提出的新要求。

(四) 强化对初中生利他行为的情境和意志特征的正向指引

道德意志不是天生的,而是后天形成的。利他意志也是如此,它需要个体在道德实践活动中遵循发生规律并进行长期磨炼,促使其形成。对于德育工作者来说,要进行因材施教,认清不同个体的意志差异性。个体的利他意志差异性主要体现在意志的一贯性和动摇性(行为时间上的特点)、果断性和优柔性、自制性和冲动性、坚韧性和执拗性几方面上。利他意志的一贯性要求个体有明确的利他行动目的,深刻地认识到利他行为的社会意义,使自己的行为符合社会目的并严格贯彻其中的一种意志品质。它要求个体明确行为目的的社会指向,同时可以积极主动地调节自己的行为。利他意志的一贯性反映了个体较为坚定的立场和信念,体系坚强意志的同时也产生坚强意志。利他意志的动摇性则表现为在实施利他行为时缺乏独立精神、犹豫、徘徊,行为动机不是从自己的信念中产生,它会对利他行为的生发产生很大的阻碍性作用。利他意志的果断性主要强调个体明辨是非,在关键时机作出正确的利他行为选择并坚决执行的一种意志品质。它要求个体深思熟虑和勇敢,对行为具有深刻的认识后勇于去执行。我们要摒弃在利他行为实施过程中的优柔寡断、顾虑重重、摇摆不前，只有利他意志坚强的人，才能临危不惧、舍己利他，而利他意志薄弱的人，只能在困境面前退缩，成为懦夫。利他意志的自制性主要指个体在利他意志行动中，可以较好地控制自己的情绪，严格约束自己的言行的一种利他意志品质，即不让诸多不良的情绪（恐惧、愤怒、悲哀、失望等）干扰自己而影响个体利他行为的实施与执行（可能会导致懒惰、拖沓、暴躁等）。利他意志的坚韧性指个体在利他行为实施过程中坚持决定，以充沛的精力和坚忍的毅力去克服一切困难，完成利他行为。坚韧性要求个体可以坚持不懈，善始善终，胜不骄败不馁。执拗更多体现出的是明知行为方案可能不合理仍然要去做，有一种执迷不悟的坚持。可以说利他意志的四种品质相互联系，密不可分。磨炼利他意志要求从这四个方面入手，既要根据意志品质的差异性有针对性地突破，同时又要根据品质的内在联系，加强整体性。

一方面，从初中生利他行为的情境特征看，初中生在个人与团体冲突情境中利他行为选择"团体"的比率有随着年级升高而降低的趋势。这说明教育者尤其要注意对初三学生进行有效的集体主义价值观教育，初三学生学业压力比较大，这使得教育者忽视了对他们进行相关的集体主义利他价值观的教育。要让学生真正明白集体主义价值的现实意义和作用，让他们明白如何处理个人和集体之间的关系与利益，真正做到从集体中来，到集体中去实现自己的人生价值。同时，引导学生明确国家与个人之间关系的终极意义，即爱国主义。爱国主义是中华民族的民族心与民族魂的集中体现，是中华民族最重要的精神财富，是中国人民和中华民族维护民族独立和民族尊严的强大精神动力。爱国主义精神深深根植于中华民族心中，维系着中华大地上各民族的团结和统一，激励着一代又一代中华儿女为祖国繁荣而自强不息、不懈奋斗。这就是说当自己所爱戴的国家群体与其他群体发生冲突时，我们只能对我们自身的群体表示忠诚。❶ 这意味着我们要为我们的国家作出大量的无私的甚至是牺牲个人利益的奉献，这就是利他主义价值观教育的最高层次——爱国主义利他教育。这也是现阶段我国初中利他主义教育中收效不佳的一部分内容，这就要求教育工作者强化自身爱国主义素养的同时，注意对学生进行合理的说教，并结合榜样示范的作用以达到最终的教育目标。

另一方面，从利他行为的意志特征看，初中生具有较坚定的利他意志，并且年级越高他们实施利他行为的坚持性越好。德国著名教育家福禄培尔指出，教育者在学校教育环境中要注意对儿童的引导，使他们从欲望到意志的确立，从意志活动到意志的巩固，最终实现他们在尘世的完善。❷ 我国古代伦理学家十分重视道德意志在道德行为中的作用。如孔子强调"克己、修己、正身"，即用坚强的意志克服那些不恰当的道德行为，他强调道德修养是一个漫长的过程，需要经过长时间的努力和磨炼，他要求学生志于学、志于仁、志于道，他还指出"三军可夺帅，匹夫不可夺其志"❸。孟子提出了"志气论"，要求个体志向在仁义、圣贤，要"不动心"，即不轻易因为个体利益的得失而使自己的信念发生摇摆。道德修养的过程中要重视持之以恒的意义，强调"源泉混混、不舍昼夜、盈科而后进，放乎四海"❹。荀子强调要有坚定的意志，才能"权利

---

❶ 涂尔干·埃米尔. 职业伦理与公民道德[M]. 渠敬东,译. 北京:商务印书馆,2015:83.

❷ 弗里德里希·威廉·奥古斯特·福禄培尔. 人的教育[M]. 孙祖复,译. 北京:人民教育出版社,2001:101.

❸ 张燕婴. 论语:中华经典诵读[M]. 北京:中华书局,2010:129.

❹ 万丽华. 孟子[M]. 北京:中华书局,2020:260.

不能倾也，群众不能移也，天下不能荡也。生乎由是，死乎由是，夫是之谓德操"❶。

　　法国著名教育家卢梭在其代表作《社会契约论》中明确阐释了个体自由和社会自由的关系。社会中的每一个成员都是在公共意志的最高指挥之下的，并且共同体中的独立个体都是整体不可分割的一个有效组成部分。❷ 社会自由不是个体自由的简单加和，个体自由需要在整体中才能得以体现。因此，个体只有充分地归属于社会，个体的道德行才会得以呈现，自由性才能得到有效发挥。即个体的自由意志必须服从于社会的公共意志，个体的自由是把个体权利适度地让位给共同体以后的自由，进而由公共意志来完成权力。道德的存在以个体的自由意志为基础，个体自由的本质是个人的独立性和自主性。道德教育的功能之一就是要平衡好个体的自由性，处理个体自由与社会自由的关系。合理的制度保障是道德教育个体自由性平衡功能的重要辅助条件，如果缺失了它的帮助，个体的意志即会被无情地破坏，道德教育便会走向自由的反面，变成了道德强制，这对个体的发展是极其不利的，同时也丧失了道德教育应有的价值。

　　教育者应该使儿童拥有与成人平等的权力，顺应儿童自然本性的自由成长。在道德教育的过程中使儿童形成适当的自由意志，使他们可以为自己的行动负责，并且明白自己每个行动的本意所在，使儿童进行自我教育，最终使个体的自由与自律相统一。教育者要尽可能地为儿童提供一个自由的教育氛围，只有在自由的氛围下，他们才可以自然发展，向良好的方向发展，进而使个体道德教育的

---

❶ 方勇,李波.荀子[M].北京:中华书局,2020:11.
❷ 让-雅克·卢梭.爱弥儿[M].李平沤,译.北京:商务印书馆,2016:417.

过程实现由他律到自律的现实转变，最终发展成为社会生活中自由的、健康的、道德素养良好的个体。具体来讲，个体良好利他行为的养成遵循美国著名心理学家班杜拉所提倡的"社会学习理论"，即社会行为（好的或坏的）的习得从本质上讲是观察学习的结果。道德行为的观察学习过程由"注意—保持—运动再现—动机"四个部分组成。❶ 注意过程即及时地对道德行为作出合理地选择性观察，感知示范行为及其相应的结果；保持过程即记住之前观察到的行为的具体特征，并将其保存在长时记忆性系统之中；运动再现过程即将记忆中示范者的行为特征转换为新的反应模式；动机过程即若强化物有出现了的可能，个体便可以作出示范者的行为。这四个心理活动过程是相互联系，按线性发展的。对于个体道德行为的形成不可忽视的除了观察到的道德行为原型的刺激，还需要观察者的道德认知和对其进行的强化。因此，教育者要尽可能地给个体提供适合观察与学习的"道德榜样"，对其进行有效的言语指导使他们明白为何有些行为是不道德的，增强个体对行为的自我调节能力。

个体的发展应周全，即同样重视智力因素和非智力因素对个体发展的影响与作用。智力因素指人在认知方面的能力，通常包括记忆力、思考力、观察力、注意力和想象力等因素。1935年美国心理学家亚历山大·威廉·皮肯（William Picken Alexander）首次提出了"非智力因素"（nonintellective factors）的概念，之后的认知主义心理学家开始对其进行了相关的研究（如皮亚杰的"智力与情感"研究等）。非智力因素是人在智力活动中不直接参与认知过程的一些心理因素，主要包括兴趣、意志、动机、需要、情感和性格

---

❶ 阿尔伯特·班杜拉.社会学习理论[M].陈欣银,李伯黍,译.北京:中国人民大学出版社,2015:18.

等。智力因素与非智力因素具有共同参与个体的认识活动，相互制约发展，且非智力因素可以有效地调节智力因素作用的发挥，二者不可偏废。

兴趣可以把富有魅力的特征添加到学生原本不喜欢的教材和科目中，使他们更加注意和努力。一个有坚强意志的人，在努力达到所选择的目标时，既不会变化无常，也不会苟且敷衍。❶ 一言以蔽之，非智力因素对个体创新人格的培育及周全发展具有重要作用。人格（personality）是个体在与环境的互动中，能力、情绪、动机、兴趣、需要等方面的统合，是个体外部行为的内在表现。创新人格是与创新意识、精神、能力和行为等密切相关的人格部分。教育教学过程中必须关注"高分低能现象"，即过分强调学生的智力因素而忽视非智力因素的培养，过分强调知识的习得而忽视创新人格的塑造与培育。教育是对人灵魂的教育，而不是理性知识和认识的简单堆叠。成功的智育（智力因素的培养等）应该超越知识本身，走向智慧，激发创造，注重实践，为学生的完满生活奠基。因此，只有在教育教学过程中更好地将学生的非智力因素（兴趣、动机、情感等）调动起来，才能使学生成为学习的主体，发挥其积极的自主性，更好地去认识和改造世界。

当前我国基础教育重视"双基"（基础知识和基本技能）与学科逻辑规范，但忽视个体创新精神与实践能力的培养。美国著名教育家杜威指出基础教育必须基于两个事实：其一，"儿童期"个体的可塑性极强；其二，"儿童期"为日后个体在中学和大学阶段的求学做准备（智力因素），更为其一生兴趣、爱好、习惯等非智力因素的形成奠基。因此，应利用好儿童这一时期好奇和冒险的心

---

❶ 约翰·杜威.民主主义与教育[M].王承旭,译.北京:人民教育出版社,2001:141.

理，注重培养其探究态度和意志品质等，如果不给予其恰当的指引，而去压抑其天性，会使他们变得麻木，无法形成创新精神，不能获得周全的发展，更不能成为一名"有用的好人"。新时代教育者在重视个体智力因素培养的同时，通过对学生"兴趣爱好的激发""良好情感的培养""健全人格与自我品质的塑造""磨砺坚强意志""树立远大志向，坚定信念"等方面的思想引导，使其非智力因素得到进一步纵深的发展。

教育者要提高低年级初中生的利他意志，可以对初一或初二学生进行相应的利他意志培养活动（注意从利他意志的四个特性品质入手，把握它们之间的区别和联系），定期请初三学生中意志品质较坚定者与他们一起进行校内、校外利他活动，不要忽视利他意志坚强榜样的作用，可以采用先进人物报告会或主题沙龙的形式对他们进行利他品质培养的相关教育。同时，教育者必须有意识地设置一些利于初中生利他意志培养的情境（社会设置和自我设置）。教育者有意识地、科学地提供道德实践的机会，对学生进行相应的利他意志考验锻炼是十分必要的。人为地设置一些利他实践过程中可能遇到的困难，对于个体利他意志锻炼具有十分重要的特殊意义。我们必须清楚集体的强制特性和个体对于集体的天然归属感，是社会情境设置对个体利他意志培养产生作用的本初性原因。利他意志培养情境的自我设置指个体自觉自愿地对自己设置困难，通过对行为的调控，产生坚强意志的过程，可以说是一种自己为难自己，这一过程的效果想有效达成需要道德上的高标准和严要求，只有这样才能让初中生对利他行为的产生具有自觉性，并体会到其艰苦性。同时，教师可以在实际的教育教学工作中，让学生明白自由和责任之间的关系，使他们更好地去体会并形成利他责任感（个体对利他责任的一种自觉认识），促使初中生利他责任感从他律阶段向自律阶段过渡，最终使其心中产生的不是"矛盾心理"，而是一种"自愿心理"，完全自由地去支配自己利他行为的实施，更好地体现利他行为的道德价值。

二、构建初中生"认知—观察—实践"模式的利他行为教育策略

个体道德行为的选择和行为的方式是受个体的道德认知、道德决策能力和道德践行能力共同制约的。[1] 道德认知对道德行为发挥着先导性的作用，知行合一是提高初中生利他素养的重要原则和要求。现阶段我国初中生道德认知与道德实践相统一的任务较为复杂，我国出现的道德冷漠和见利忘义等现象均是道德认知和道德行为不统一的表现。针对这种初中生利他行为知行不统一的现状，笔者决定引入"认知—观察—实践"的利他行为教育策略，以改变这一不良现象，提高初中生利他行为的发生概率和质量。何谓利他行为的"认知—观察—实践"模式？即初中生对利他行为的具体认知—初中生对利他榜样行为的实际观察—初中生参与利他行为的实践，具体策略阐释如下。

（一）提高初中生对利他行为的具体认知能力

利他认知能力是一种人们认识利他行为本质与规律的能力，本书中提到有78%的初中生在实施利他行为之前已经对行为的意义有了一定的了解，并且年级最高的初三学生对利他行为的价值认知最

---

[1] 赵昕.从道德认知转变为道德行为的机制看学校德育的改革[J].课程·教材·教法,2009(3):57.

佳。尽管大多数初中生对于利他行为的意义有一定了解，但仍有22%的学生对这一问题尚不清楚，这也是十分令人担忧的一个教育问题，这与多方面因素有关。利他认知是道德认知的一种，初中生利他认知的发展具有自主性、阶段性和反复性等特点。初中生利他认知能力的培养必须遵循学生特定的身心发展特点和认知发展规律。

利他认知的提高本质上是一个不断深化和内化的认知过程，它服从于人类的一般认识规律，因此，必须按照认知的发展规律去进行有效的利他教育，这样才能具有靶向性地提高初中生的利他认知水平，促生更多的利他行为。我们必须清楚以下事实。

第一，儿童不是"小成人"，其认识和思想同成人有着本质的不同。个体从出生到成年，其认识发展是一个认知结构不断改组和更新的过程，这一过程一般要经历四个阶段，即感知运动阶段、前运算阶段、具体运算阶段和形式运算阶段。（皮亚杰）特别需要强调的是，处于某一个特定阶段的儿童，无论对自然还是社会的认知都受到其现阶段自身认知结构和水平的制约。我们要认识到儿童对于抽象的道德概念的理解有时候并不太好，作为教育者我们要能理解他们，认清不能以儿童口头上说出来道德概念的多少来作为评判其利他认知发展程度的金标准，要注重不断加深和强化他们对于利他原则和规则的理解与认同。

第二，个体利他认知的来源是主体和客体之间的交互作用。在认知的过程中，需要主体进行积极有效的同化和顺化作用，以便使个体更好地接受相应的利他原则和规则。这就要求个体具有相应的认知结构对其进行有针对性的同化，否则利他教育的实效性将大打折扣。瑞士著名心理学家皮亚杰指出："问题恰恰在于要找到与各阶段发展相应的是哪些知识，然后采用该年龄水平的心理结构可以同化的一种呈现方式。"[1] 若不顾受教育者现有的道德发展阶段和水平，一味地采用超出其接受能力范围的内容来对其进行利他教育，这可能只让儿童学会了空洞的道德（利他）口号，根本无法体会其本身的真意所在，这对于个体利他认识的提高并无益处，更不用说要求其自觉地去践行这些原则与规则，这种利他教育是一种低效和无意义的过程。同时，教育者在进行利他教育时要注意直观性原则（道德教育的内容要适合受教育者认知水平的现状）。对于初中生而言，其认知发展处在形式运算阶段思维，他可以脱离具体的形象支持，进行相应推理和分析。

第三，儿童利他道德判断的过程是一个渐进性过程，要想获得长期稳定的变化，进步的幅度要小，太高的发展水平不能被一个永久性的基础所同化。教育要促进儿童利他道德判断和利他认知的发展，这不是一蹴而就的事，想通过几堂课和几次实践活动就达成这个目标的想法太过于简单。教育者在进行利他教育说理时需要认清受教育者目前的道德发展水平，如果只是在道德发展的最高水平上进行道德说理，尽管受教育者能取得一些进步，但这种进步是短暂的，并不会持久。若采用的道德说理明显低于受教育者的道德发展水平，这种说理不但达不到应有的目标，还会进一步加剧受教育者对于利他教育的反感。

第四，进一步加深初中生对利他道德原则和规则的理解与认识。理解本质上是一种发现，这种发现与认识主体的创造性活动紧密相关，它的关键在于是外部的一种强制灌输还是受教育者通过自身的努力加以创造和改造。相关研究表明，讨论法在个体创造性能

---

[1] 华东师范大学教育系,杭州大学教育系.现代西方资产阶级教育流派论著选[M].北京:人民教育出版社,1980:361.

力的挖掘过程中发挥重要作用。因为真正能够促进个体认识深化的并不是固有的结论，而是在探寻这个结论过程中的思想活动。需要强调的是，让受教育者通过自身的讨论来提高相关利他认知并不是说放弃教师在利他教育过程中的主导性作用。在利他问题讨论过程中，教师的主导性作用同学生利他行为的生发和利他品质的提升呈现高度相关性。提高初中生利他行为认知能力可以采用学生主体融合性较好的利他教育，这要求教育者注意在利他教育过程中注重对学生的"引导"。著名道德教育专家科尔伯格提出了"认知—发展法"，该方法强调注重引发学生真实的认知冲突，在此基础上促进道德思维的进一步发展。这一过程中学生是主体，教师只发挥适度的引导作用。在利他教育过程中，教师的主要任务是帮助学生将核心注意力放到真实的利他冲突上，帮助他们找到解决冲突的理由是否恰当，找出学生思想方法前后不一致之处，最终找到解决矛盾和不恰当之处的方法。当然这种讨论要富有科学性、启发性，并注意讨论过程中的道德推理方式。教育者要善于运用利他两难问题讨论法，引导学生通过讨论得到答案，而不是给出一个现成的答案。

笔者认为可以借鉴美国著名学者瑞恩（Ryan）的道德认知5E法，对初中生的利他认知能力进行提升。[1] 具体解释如下：1E 是"榜样"（example），教育者对学生的利他行为起到楷模的作用，学生对教育者的利他品质应该是高度认可的，这就要求教育者必须提升自己的道德文化素养，以满足学生的实际需求；2E 是"解释"（explation），教育者不再简单地向学生进行道德说教和社会规范的灌输，而是采取道德上的启发、诱导促进学生利他认知与利他品质

---

[1] KEVIN R. Encyclopedia of Values and Ethics[M]. New York: Santa Barbara ABC-CLIO,1996:31.

的提升；3E 是"劝诫"（exhortation），教育者使学生接受利他观念的主要方法是激励和规劝；4E 是"环境"（environment），教育者要为初中生创造适合利他教育的氛围，以促进他们利他认知能力的提升；5E 是"体验"（experance），教育者创建恰当的利他实践情境，鼓励学生融入其中。

本书的研究中，做过帮助他人的保证后，初三学生的履行程度最差。教育者必须使他们处理好利他认知与利他行为之间的关系，要引导学生扩大利他认识的范围，同时也要使他们更好地把握他们身处的利他环境，促进学生真实的道德冲突，进而解决所面临的利他问题，促进他们利他品质的成长。我们要充分认识到优化社会道德氛围对利他认知能力的提升具有不可低估的外在价值与作用，这是现阶段我国初中生利他道德教育必须重视的一个问题。笔者在此为利他道德认知的提升做基础性策略论述，更多策略有待研究者们进一步探索和挖掘。

（二）引导初中生重视对榜样利他行为的有效观察

理想的德育应该注重为学生寻找生活的榜样，用真实、感人的道德形象激励学生，培养他们的利他主义精神。[1] 美国心理学家班杜拉的社会学习理论告诉我们，人类的绝大多数行为习惯是可以通过观察和模仿习得，而榜样所产生的替代强化功能是较为有效的社会学习途径之一。因此，树立并观察恰当的利他榜样是初中生利他行为品质生成并发展的重要途径。父母和教师是初中生成长过程中的天然榜样，同时父母为子女提供的利他榜样与他们自身的价值取向、自尊水平、教育艺术（方式）和教育水平等因素密切相关，它

---

[1] 朱永新.新教育之梦[M].北京:人民教育出版社,2002:13.

们都是不可忽视的影响初中生利他行为的潜在因子。国外学者的研究表明，初中生对受助者实施利他行为与其父母自尊、同情、热情和关怀有关，通常热情大度的父母其孩子在分享行为方面常常显现出慷慨大方的特点；与自己父母保持亲密、真诚和尊敬关系更有利于儿童利他动机的产生。[1] 再者，父母的榜样示范作用还强调其对子女直接提出利他行为的要求。这种直接要求可以使他们清晰地认识到实施利他行为的重要性，从而通过练习掌握帮助他人的技能，获得父母、同伴和社会的认可，提升他们的自我认同。这些与学生所处的年龄阶段和认知发展水平密切相关，必须予以充分的认识。

本书中附录一问卷第 30 题"你认为哪类榜样（行为）会对你的利他行为产生较大的影响？"，学生的回答从均值来看，选择"社会上观察到的"占 30.3%，选择"同伴的表现"占 21.5%，选择"书刊或媒体看到的"占 17.7%，"老师或家长推荐"仅占 9.5%。这说明初中生更看重社会上自己观察到的榜样的影响，而同伴的榜样作用次之，书刊或媒体和教师或家长推荐的榜样影响较弱。附录一问卷第 32 题"你认为学校中哪些活动会对你帮助他人的行为产生积极的影响？"，选"老师讲的道理"的比例明显低于选"集体去参与的利他活动"。这说明言语性的榜样示范和道德说教的力量正在下降，教育者必须重视参与性示范的真实能量。参与性示范就是将观察和操作紧密结合起来，即观察—操作—再观察—再操作，如此反复。这是现阶段我们利他主义教育中可以采用的一种较为合理的方法，它有效地改善了说教的苍白无力和"光说不练假把式"的特点，进一步促进了学生利他道德品质的提升和转化。

---

[1] CARLO G, MESTRE M V, SAMPER P, et al. The Longitudinal Relations among Dimensions of Parenting Styles, Sympathy, Prosocial Moral Reasoning, and Prosocial Behaviors[J]. International Journal of Behavioral Development, 2011, 35(2):116.

教师是初中生利他行为观察与学习的主要对象之一，在初中生利他行为的发生与发展过程中的作用不容小视，有时其重要性甚至超过父母，这主要取决于初中生融入校园生活过程中教师所发挥的权威作用。相关研究表明，教师个体人格和课堂互动方式影响着学生的亲社会利他行为的习得。❶ 因此，师生共同参与利他行为的实施过程是充分发挥教师榜样示范作用并产生重要影响的先决条件。构建和谐的、相互信任的师生关系是充分发挥教师榜样作用的基石，这对于促进初中生利他行为的生成具有深远的现实意义。正像鲁迅的老师藤野先生，他在鲁迅面前就是一个活生生的道德与学术的榜样，他对鲁迅的影响是巨大的，鲁迅对他的评价是：他的性格，在我的眼里和心里都是伟大的，虽然他的姓名不为许多人所知道。❷ 这是一名成功的教育者所应该具有的人格魅力和道德素养，他就是学生的道德指向标，他对于学生道德品质（利他品质）的提升发挥着不可替代的作用，同时学生对他们道德行为的观察也是在潜移默化之中收到成效的，这是一个双向的过程。

（三）提升初中生利他行为相关实践的参与度

长久以来，我国的道德教育主要以灌输法为主，教育过于追求纸面上的分数。灌输的道德知识对儿童来说都是死知识，很难深入他们思想深处。我国进行的利他教育通过德育课上挖掘教材中的利他美德（故事、事例等）对学生进行灌输，很难获得学生关于利他知识的认同感，更难引导他们相关的利他实践。这就造成了儿童关于利他道德可以侃侃而谈，但到现实生活中对于利他行为（问题）

---

❶ BIRCH S H,LADD G W. Children's Interpersonal Behaviors and the Teacher-child Relationship[J]. Developmental Psychology,1998,34(5),935.

❷ 鲁迅.鲁迅散文精选[M].武汉:长江文艺出版社,2013:27.

便漠然视之，这是利他教育过程中亟待解决的关键性问题。由于我们不顾学生的实际需要，傲慢地将成人社会需要的及重要的道德规范（利他规范等）强加于儿童，所以不得不采用灌输的方式。而学校大力吹捧的、引以为豪的道德教育只是单纯的、片面的知识性灌输，儿童并没有获得真正有益于自身道德提升的知识。能起到作用的利他教育是能付诸实践的教育，在社会生活中，个人置身于真实的道德情境而激发了利他认知，从而由内而外地产生了利他行为，并在此过程中产生了道德利他情感，感受到了利他道德的正向价值，内化为自己的利他信念并传承下去，这样的利他教育才能起作用。

实践是个体道德成长的根本途径。"知行结合"在个体道德养成中具有重要意义，知识、思想、理论的正确与否要靠行动去检验。现实道德生活中的个体不是孤立、静止、无利益冲突的认识主体，而是具有诸多利益与需求的行动着的主体。个体必须通过行动去践行道德观念、原则和方法等，不同的思想指向不同的行动。从道德的理想与权威中走向日常具体的道德生活，使关注对象由抽象化向现实化转换，进一步促进人们的道德成长。这不是一味地强调绝对的道德观念与理论，而是要考虑它们应用的实际环境并进行有区别的对待。

教育者想提升初中生的利他行为品质单靠加强利他认知和对利他榜样的观察是远远不够的，它们只是外在的储备条件，利他行为品质的提升关键在于初中生对利他行为的实践。这种实践主要针对的是学生真实的道德冲突情境下所产生的利他行为，虚拟的道德情景下并不产生真实的利他行为，因此也无法对其进行践行。教育者应该使初中生通过行动更好地践行利他观念，促进良好道德利他品质的形成。"知行相统一"是现代德育思想的一个核心特征，个体道德成长的最佳途径是实践。初中生接受关于利他的认知教育后，一定需要的是进行利他行为的相关实践，只有付诸行动，才能循序渐进养成习惯，逐渐领悟和掌握符合道德要求的正确行为方式，促使利他意识内化，并最终养成良好的利他品质与习惯。笔者认为，提升初中生利他实践的有效措施主要体现在四个方面上，具体阐释如下。

1. 重视对初中生利他行为实践的激励作用

教育者要积极给予利他者有效的社会支持，主要包括奖励、鼓励和支持等，这对其利他行为和利他习惯的产生与养成发挥着关键性作用。教育者对初中生利他行为实践的激励主要从他们实施利他行为后的表彰激励、利他行为的制度激励和对利他行为实施者的人文关怀等几方面入手。

首先，教育者可以在"学校的官网""校园广播"或"校内LED显示屏"中，及时地对初中生利他行为的先进事迹进行表彰与宣传；其次，每学期在校内评选出若干"利他行为优秀学生"和"利他行为优秀班集体"，对他们分别予以表彰，并颁发相应的荣誉证书或奖状，对于受到表彰的先进个人，可以在年末的各项先进评比中予以加分（如三好学生、优秀班干部等），并使这一过程制度化；最后，对儿童在利他实践活动过程中出现的问题，教育者要及时给予关心与帮助，并为他们提供解决问题的思路和资源条件[1]，进一步提升利他意志，促进利他行为的良性发展。

---

[1] 王世铎. 我国初中生利他行为的特征及教育策略[J]. 教育研究与实验, 2018（2）:87.

2. 创设多种校园利他实践活动，提升初中生利他实践的参与度

首先，在明理型的利他实践活动中，使活动具有典型性和时代性，注意对初中生利他认知能力的培养，可以举办先进同学利他事例报告会、利他行为热点讨论会和以利他行为实践为主题的征文活动等；其次，注重对初中生日常的利他实践活动的引导，通过"利他之星""利他红旗手"的评比等活动来提升初中生的利他实践活动参与度；最后，在校园文化活动中将利他实践融入其中。这里的校园文化主要指人们为保证在学校中教育活动的顺利进行而创设的一种特有的文化形态。❶ 例如，校园广播中加入"利他故事"板块，举办以利他事例为主题的相声小品大赛、舞台剧和画展等。

3. 重视社会活动实践基地对初中生利他行为的影响

社会活动实践基地对初中生利他行为提升的作用不可小视，教育者应鼓励与引导学生经常到社会活动实践基地去践行利他行为，开展学雷锋志愿服务。要广泛开展与学生年龄和智力相适应的志愿服务活动，进一步发挥好学校团组织、少先队组织的作用，抓好学生志愿服务的具体组织、实施和考评等工作。❷ 做好初中生志愿服务的认定记录，建立学生志愿服务记录档案，加强学生志愿服务、利他榜样的宣传。社会有关部门也要尽可能给初中生提供更多的践行利他行为的岗位和机会，相关部门可以组织社会利他榜样人物，在社会活动实践基地对初中生进行相关的利他教育等，以进一步增强初中生利他行为的社会参与度。

---

❶ 傅维利.学校教育与亚文化[J].教育评论,1997(6):16.
❷ 《中小学德育工作指南》专家组.《中小学德育工作指南》专家解读[M].北京:首都师范大学出版社,2018:11.

4. 强化儿童道德教育的人本化，给予其道德成长中应有的主体性地位

在传统的道德教育中，人们被片面地当作是道德教育的客体，而其主体地位和作用常常被忽视。强制性的号召、灌输、说教等成了主要的道德教育（利他教育等）方法，结果封闭的道德教育环境束缚了个体的道德意志，严重违背了人的本性，加剧了人的道德逆反之心。道德是为人的，道德的真正目的就是满足人的需要，根源于人的需要。因此，应该建立起互动和谐的道德教育模式，充分发挥人在道德教育过程中的主体能动性，避免填鸭式的道德说教，要尊重人的兴趣、人的生活、人的身心发展需要，使道德教育的主体和客体之间建立自由平等的关系。美国著名教育家杜威曾明确提出儿童是教育的起点，教育不应该以学科为中心，而应该以儿童为中心。[1] 教育者要充分重视儿童在道德教育中的积极性与主动性，认识到他们才是道德的良好实践者，这就要求我们尽可能地促进儿童道德教育的人本化。人的道德需求是与社会需求共同变化的，特定的需求和欲望催生着个体有意识的实践活动，个体根据需求的变化而不断更新着旧道德，进而创造新道德。个体始终是道德改造的主人，要尽可能地提升自我，对道德进行变革与创新。利他教育过程中，儿童始终处于主体地位，他们不会无条件地接受教育者的利他道德灌输，只有当儿童感受到利他给他们带来的快乐和应有的道德感，并满足了他们身心的正常发展需要时，他们才能高效地接收来自于德育者所传授的知识与信息，进而提升相应的利他素养，成为利他品质良好的人。

---

[1] 郭法奇.杜威的中国之行:教育思想的百年回响[J].教育研究,2019(4):30.

(四) 对利他行为的实施情况进行有效的道德反省

以斯宾塞为代表的道德教育理论家提出了以"实际后果"作为判断个体道德行为善恶的根本标准。他指出,"一种行为,如果在行为发生时和之后的后果是有益的,那它就是善的行为;反之,则为恶的行为"。从根本上讲,一切都是以行为所产生的最终实际后果作为判断行为好与坏的标准。有了不良的行为,受到惩罚是不可避免的后果,是不良行为所引起的必然反应。父母不高兴是儿童过失的真实后果,必须通过此让儿童知道他们的错处所在,进而阻止此类行为再次出现。以"自然后果"作为判断行为好坏的根本标准具有一定合理性,但也具有片面性。因为一些好的道德行为(利他行为等)不一定能得到好的后果与赞赏,相反,一些不道德的行为也未必都能遭受相应惩罚。以自然后果作为道德行为的判断标准,它忽视了道德的阶级性,淡化了道德的目的和动机,因此,很难把握道德行为的实质,这就是说教育者要加强对初中生利他行为实施情况的反省教育。

道德(利他)反省通常情况下指的是道德主体对自身发生的道德(利他)过失的一种追悔和醒悟,从而进一步激励个体采取新的、有效的方法去弥补已经酿成的道德不幸,通过对道德过失的觉醒为接下来良好道德行为(利他行为)的出现提供可能。个体对待错误的合理态度应该是"知过而改,先知而后改",这是一种主体对自身道德错误的再认和反思,并为今后出现的道德(利他)行为重新作出规划和选择。从本质上讲,利他反省是社会客体性要求与个体主体性自觉的统一。利他反省的根本目的是调节个体的利他行为,强化利他意识,进而不断实现自我超越和完善,成为利他品性较好的个体。在个体利他反省过程中,需要正视人的自我意识,并且把利他行为视为个体的一种道德需要。道德需要是个体维持与群体之间和谐关系和个体人格完善的一种重要条件，它是一种发展、完善自我，崇尚利他的精神倾向和追求，具体表现为坚持某种道德信念、践行某种道德行为的理想和期望。利他需要是一种道德需要，它的出现是个体在社会化的进程中，通过对社会文化体系中的利他价值观的进一步挖掘和认识，并通过自身不断的修为而形成的。利他需要是个体利他行为出现的最为积极的基础和根源，是道德发挥作用的主要机制之一。我们需要理解的是，利他反省主体对自身利他选择进行的一种批判与分析，对于因个体本身的因素而引起的利他过失的觉醒要通过该过程来完成。

初中生利他反省的最主要形式是慎独，个体道德修养的最高层次也是慎独。"慎独"一语最早出自儒家经典《礼记·中庸》。"是故君子戒慎乎其所不睹，恐惧乎其所不闻。莫见乎隐，莫显乎微，故君子慎其独也"❶。这就是说君子在别人看不到的地方也是谨慎的，在别人听不见的地方也是有所戒慎畏惧的。越是隐秘的事情越是容易显露，越是细微的事情越是容易显现。这强调独处时，个体要保持高度的道德自觉性。用现在语言来表述，就是指在没有外界监督，独自一人的情况下也能自觉遵守道德规则，不做任何对国家、对社会、对他人不道德的事情。它既是一种崇高的道德境界，又是一种重要的个体道德修养方法。它通过极其严格的自我监督与教育，来更好地培养锻炼坚定的利他情感、意志和信念，养成良好的利他行为习惯，最终促生更多的利他行为。可以说慎独的要义在于不需要借助任何外力的强制，利他行为的践行不是依靠任何外在因素，而是凭借个体内心信念的力量来选择利他行为，坚持崇高的

---

❶ 王国轩.大学·中庸[M].北京:中华书局,2016:56.

利他境界，它是一种在"不睹、不闻、莫显、莫见"独处的情境之中去修为的境界。作为崇高的个体道德境界，慎独标志着一个人的道德修养已经达到高度自觉的程度。

对于教育者而言，在进行利他教育时应该注意以下几点。

①合理控制情绪。教育者带有情绪化的利他教育方式对于初中生的道德成长是非常不利的。"在多数情况下，尤其是做母亲的，每次采取的措施都是根据当时的冲动"❶，这种道德教育的成效是大打折扣的，必须摒弃。

②合理评估德育的作用。不可无限夸大德育的作用，完美的教育体系必然能产生完美的人的观点是不合理的。德育的作用是正向的、积极的、有价值的，但它并不是万能的。

③提高教育者个人的道德修为。教育者不可把自己假定为完美的，而把一切过错都归咎于儿童。我们本身是不完美的人，如何能教育出完美的孩子。这就要求我们必须不断提高自己、反省自己。

④给予儿童正确的德育目标观。就是说，我们要给学生切实可行的近期目标，还要让他们树立远大的远期目标，否则"过高的行为准则，反而会使他们看到眼前生活的不顺眼而生活不下去"❷，这是教育者必须给予重视的关键点。

⑤认识德育的复杂性，避免使用体罚。教育工作者意识到道德教育的复杂性和艰巨性，要用理智去努力工作。最不开化的野人和最笨的农夫都会想到用打几下和骂几句来作为惩罚。教育者在教育的过程中要善于分析儿童不同的年龄和心理特点，采取有针对性的德育措施。

---

❶ 赫伯特·斯宾塞.斯宾塞教育论著选[M].胡毅,王承绪,译.北京:人民教育出版社,1992:112.

❷ 同❶:87.

此外，反躬自问和个人内省也是现阶段初中利他教育方法中较为重要的组成部分。这与孔子的弟子曾子（公元前505年至公元前435年，名参，字子舆，春秋鲁国人，"宗圣"）的"吾日三省吾身：为人谋而不忠乎？与朋友交而不信乎？传不习乎？"[1]的教育思想如出一辙。曾子指出，他每天对此进行自我反省，思考自己替别人谋划的事情是否尽心竭力，与朋友的交往是否真诚相待，老师教授的学业是否认真复习过。这里的省主要指的是"内省"。"内省不疚，夫何忧何惧？"[2] 这是孔子七十二弟子之一的司马牛与孔子的对话内容。孔子对于君子给出了界定，指出君子能够不忧不惧，做到反省自身，不会因为有错而感到悔恨，这样也就没有什么可忧可惧的了。"吾日三省吾身"进一步强调道德反省的反思性和循序渐进性，道德反省要经常进行。道德反省要根据时间、地点和人的不同而发生变化，对于个体利他实践的反省应该按照社会的相关道德准则与规范，反省自己的利他动机和利他态度，教育者要逐步引导初中生对于私人领域和公共领域的利他行为进行反省，使其利他意识逐渐提高和深化，利他境界更上一层楼。这个过程不可能一蹴而就，需要长时间的利他实践和引导来促成反省效果的有效达成，使个体的利他品质有质的提升，更好地服务社会和他人。

（五）有效促进初中生道德的社会化成长

社会化指个体适应与遵守社会要求，并发展成一个自信与不同的人的过程。[3] 根据现代教育社会学理论，社会化内容主要指个体参与社会生活、从事社会活动所必需的内容，其中最为重要的是个

---

[1] 陈晓芬. 论语[M]. 北京：中华书局，2016：3.
[2] 同[1]：173.
[3] DEWEY J. Individuality in Education[J]. General Science Quarterly, 1924(15)：171.

体完善、个性的培育和社会文化与规范的习得与认同。行为是个体特定的行动方式的表达，我们应从道德的社会层面转入到道德的心理学层面。这要求我们从两个方面来看待道德教育问题：一方面，必须清楚地认识到产生行为本能和冲动的实质，知道它们形成的基础；另一方面，必须将我们的伦理原理心理学化，即用相关的心理学术语对其进行阐释。❶ 从心理学视角看教育，其本质是对个体性格的一种考虑，即任何学校工作的最终目的都是促进个体性格的良性发展，但这一过程的最大障碍是对性格本质缺少明确、合理的界定。我们不应该只将性格看成是一种结果，而应将它看成是一种动态化的过程。

美国著名教育家杜威认为体系中的"个性"有两层含义：一是指个体具有独特的差异性，这是使个体与其他个体区分开的标志；二是指个体在价值和道德上具有的唯一属性。❷ 可以看出杜威对于个性概念的界定体现了一种平等的观念，即每个人都有不可替代性和价值唯一性。上升到生活或道德与理性的层面，个性的价值与意义便更加凸显。个性不意味着隔离，只有在社会群体中，个体才有机会更好地发展个性。儿童自己的本能和力量为一切教育提供了材料，但在我们能把这些本能和倾向转化为它们的社会对应物之前，我们不知道它们指什么。❸ 此观点强调教育目的个性化的难度所在，如何更好地对个体的个性特质进行识别，区别化施教是关键。

回看西方教育史，20世纪上半叶美国社会中"把儿童当成人"

---

❶ 约翰·杜威.民主主义与教育[M].王承绪,译.北京:人民教育出版社,2001:376.

❷ 约翰·杜威.学校与社会·明日之学校[M].赵祥麟,任钟印,吴志宏,译.北京:人民教育出版社,2005:4.

❸ 劳伦斯·J.萨哈.教育大百科全书:教育社会学[M].刘慧珍,译.重庆:西南师范大学出版社,2011:64.

的错误认识影响很深，当时的教育者完全忽视儿童正常的心理发展次序，这在课程和教学中都有明显的体现，在道德教育上也是如此。因此，美国著名教育家杜威提出了"以儿童为中心"的道德教育思想，即德育的本质是要凸显孩子的兴趣、本能与习惯，进而对他们的道德观念和个体品格进行培养与塑造（利他观念和利他品质也是如此）。从现代心理学的研究成果可知，个体利他品质养成的最佳时期是儿童时期。道德教育必须从学生的兴趣和需要出发，联系学生的生活实际，使它成为学生社会生活与学校生活的纽带。教育者应该重视德育内容与社会生活的实际活动相联系，这样可以更好地促进儿童的社会化。儿童本身具有亲自然属性，自然和社会环境是儿童道德品质培养的良好场所，儿童在其中可以感受到自然的和谐之美及破坏它的严重后果，进而使儿童天性中善良的种子萌发。另外，学校本身就是一个小社会，其在培养儿童良好利他品质方面的作用不容小视。在学校教育中，教育者可以将多种形式的德育方式与方法融入实际的德育教学与实践中，有效地加强儿童利他价值观的养成。在家庭生活中，要注意良好家庭氛围对儿童利他品质形成的影响。儿童具有模仿的天性，家长必须加强对儿童利他意识的培养。

　　个体社会化包含的内容很丰富，主要包括政治社会化、道德社会化、法律社会化、性别角色社会化等，其中道德社会化是核心。道德社会化就是行为主体将特定的社会所认可的道德准则和规范转化为自己内心的信念，并在实际的生活中切实地去践行这些规范。道德社会化的目的就是使个体更好地参与并适应社会的道德生活，最终成为社会道德品性发展良好的个体。美国著名学者哈什等人指出，人的道德行的体现方式不在于抽象的道德原则和规范，而主要表现在关心他人（乐于帮助他人，无私奉献）、对道德问题作出准确判断（社会中的道德准则时常是相互冲突的，不同的判断可能导致不同的行为）、行动（在关心他人和作出判断的基础上进行有效行动）三个方面上。道德究其本质主要是由道德意识、道德规范和道德活动三部分组成。道德体系中的三个部分相互独立、相互联系、相互作用。也就是说只有当个体在道德意识、道德规范和道德活动三个方面均社会化，才能说个体真正实现了道德的社会化，否则都是片面的。任何道德都是所处社会的政治经济状态的产物，随着社会的进步道德内容也在不断更新和变化。新时代《中小学德育工作指南》对初中阶段的德育目标提出了明确的要求，即"教育和引导学生热爱中国共产党、热爱祖国、热爱人民，认同中华文化，继承革命传统，弘扬民族精神，理解基本的社会规范和道德规范，树立规则意识、法制观念，培养公民意识，掌握促进身心健康发展途径和方法，养成热爱劳动、自主自立、意志坚强的生活态度，形成尊重他人、乐于助人、善于合作、勇于创新等良好的品质"❶。衡量一个个体道德社会化好坏的标准不单看其是否是道德规范的解释者，还要看其是否是道德规范的践行者。

  道德教育的本质是以伦理的力量控制物欲的力量，使个体德行更好地成长，服务社会。❷ 从某种意义上讲，教师作为道德价值观的传递者，其令学生的信服程度直接影响这种传递的效果。如果教育者在学生心中的人格权威和知识权威形象被学生信任与接纳，那么道德价值观教育就较容易成功，对学生道德人格塑造的正面效应也越大，反之亦然。因此，教师要注意提高德育能力，正确引导和规范学生的行为，使其知行统一。同时，教育者应掌握学生所处时

---

❶ 《中小学德育工作指南》专家组.《中小学德育工作指南》专家解读[M].北京：首都师范大学出版社，2018：4.

❷ 王世铎，孟宪乐.杜威道德教育思想及启示[J].中国德育，2019(13)：17.

代的知识、行为准则、思维方式等，通过教育使他们更好地认同、内化社会文化与规范，实现个体的社会化。将知识与教育完全画等号的观念不符合教育的本质要求，即教育要成就多元社会中的合格公民，而不单纯是知识习得良好的个体。要求学生熟悉现代生活及其理想的逻辑规则，理解影响个体观点和态度的多种生活方式等。[1] 教育不单要传递理想，还要教学生正视现实。教育要教学生发现自己、接纳自己、欣赏自己，最后成全自己；同时，教育也要教学生认清现实、理解现实、接受现实，最后对现实进行合理地利用与改造，以更好地促使个体在社会中的良性发展并实现个体在社会中应有的价值。因此，只有当那种称为"教育"的活动能够被学生所珍视、所欣赏进而所评价、所鉴定，从而整合到学生经验的持续改造过程之中的时候，教育才能成为真正的价值之物，教育的价值也才能真正实现。[2]

三、构建以"重塑环境支持力量"为核心的初中生利他行为教育策略

初中生的道德素养标识着未来社会公民的整体文明程度，这意味着初中生的良好利他品质不仅是个体作为社会成员的基本要求，也是作为一个合格的社会公民所必需的素质。初中生利他品质的生成与发展既受到个体内在因素的影响，也是社会综合力量塑造的结果。唯有将环境支持性因素与个体的内在因素及学校教育情境因素予以结合，方能取得预期的效果。根据上一章环境支持力的定义，以及

---

[1] 史静寰. 当代美国教育[M]. 北京：社会科学文献出版社，2012：202.
[2] 石中英. 杜威的价值理论及其当代教育意义[J]. 教育研究，2019(12)：37.

与它紧密相关的教育性因素的分析，教师和父母都属于社会成员，他们在学校和家庭对孩子的关爱与教育都是一种社会支持，他们在促进环境支持力上发挥着举足轻重的作用。初中生应该在有利的环境和学习共同体中获得伦理教化和德行生成。❶ 因此，本章以"重塑环境支持力量"为核心的利他行为教育策略主要从"提升学校道德环境支持的实效性以促进初中生利他行为的发展""优化社会环境利他氛围以促进初中生利他品质的生发"和"重视父母在家庭环境中对初中生利他品质的培育"三个方面进行论述。

（一）提升学校道德环境支持的实效性以促进初中生利他行为的发展

瑞士著名教育家裴斯泰洛齐十分重视学校道德教育的作用，他指出学校教育与家庭教育不应该有界限。学校教育中应该充满家庭中的信任和兄弟般的友爱，进而使学生扩展他们的社会关系，更好地完成道德教育的相应任务。目前，我国初中生的道德教育存在道德教育目标与实际严重脱离的情况，这使初中生的道德发展产生了知行不一、知情不一等问题。我国大多数初中依然使用道德灌输为主的教育方法，忽视了学生的实际参与，使道德教育的效果严重受损。学校道德教育的途径过于单一，并没有完全符合初中生身心发展的特点，这对于初中生利他道德教育的培养是极其不利的，也严重影响了初中生利他行为的发展。

现实生活中我们发现那些作出利他行为的人总是将他人视为和自己同等重要的人，对他人实施适切的道德关怀，以自身的道德价

---

❶ 国家社科基金重大项目课题组.当代中国公民道德发展(上册)[M].南京：江苏人民出版社，2015:156.

值观和正义准则来平等地对待他们。因此，要想产生利他行为首先要去除我们自身的偏爱，扩展我们关心他人的利他界限，遵循道德的普适性和正义的无差别性，消除我与他之间、我们与他们之间的界限，促使学生自觉地将"我和他"关系向"我们"关系的转变。这种利他行为品质的养成离不开学校的道德教育与环境的熏陶，因此，必须提升学校道德环境的支持力，为初中生利他行为的良性发展提供环境上的可能。

对于初中生而言，学校教育是最具权威性和影响力的教育力量。初中生的思维发展以抽象逻辑思维为主，因此，在初中阶段的道德教育内容应以反映利他性价值观的情境故事为主要载体，并结合榜样的作用，使初中生对眼前的道德榜样与事例产生强烈的好奇心，吸引他们的关注，使初中生从利他性故事中的榜样身上获得精神感染和情感熏陶，从而对利他性价值观产生兴趣，进而滋生出利他行为动机，遇到特定的利他性行为情境时，会自觉地付诸行动。从这个意义上说，学校教育是初中生利他品质生成与发展最重要的渠道。学校教育环境的良好氛围对初中生开展利他性教育有着根本性的意义。同时，学校教育中要注意初中生真实的道德冲突与道德成长，这对于他们利他行为的生成起到决定性作用。注意学校教育中教师作为孩子直接接触的、最真实的利他榜样的现实示范价值，提升教师的榜样示范作用。同时，教师要注意课堂教学中的德育渗透，"教师在课堂上表现出的或使用的教学方式或方法本身就蕴含着深刻的价值取向，一旦教师选择了某种教学方式或方法，就等于向学生展示了这种教学方式或方法内隐的价值观念和处事原则"[1]。课堂教学过程最基本的功能是传递知识，学校中的知识蕴含于教材

---

[1] 洪云.小学语文教学中的德育取向与实现路径[J].教育科学,2019(1):44.

中，通过相关的课程传递给学生。在受教育者个人生活经验和知识背景的基础之上，教育者应该把对受教育者未来发展和成长有益的基础性文化知识传递给他们，进而促进其个人经验的改组或改造、积累和升华，最终有效地挖掘其自身发展的多种可能性。教学过程中最为基本的显性目标是知识、技能和能力的教育，而教学过程中不可忽视的隐性目标是个体德行的滋养。个体德行的形成是一个涵化温润、内在促生的过程，它不是外部控制的过程，其基于个体内在的人性之潜能，并受益于外在适当的情景激发、检验和引导，通过个人和社会意识之间的相互碰撞、摩擦，进而协调与统一。教学过程中的德行滋养目标渗透于知识和能力的目标之中，通过对受教育者个性的充分理解和尊重，对他人和社会的包容和爱，追求符合时代发展的价值观，并形成相应的责任感等，这些都是教育者在教学过程应有的核心追求。学校课堂教学不可变成技术的滞留场，教学技术仅仅是一种工具和手段，本身是一种道德行实践。初中课堂教学过程中教学技术的运用必须符合伦理道德，涵养个体利他德行。教学过程需要教师具有完美的教学信息整合处理基础，把更多精力放在课件的处理与呈现上，有关学生对有意义文本的把握和理解关注不足，有的教师把课堂教学过程当成表演，过度深情与夸张的情感表达，导致教学信息传递失真。传统教学太多强调技术理性，促使教学活动日益技术化。教学过程的育德行本质在于使个体向善而生，成为社会中的一名有用的好人。过重的现代教学技术与手段的使用导致教学过程的本真意蕴丧失，教师教书育人的本质没能更好地实现，是教师"经师"和"人师"的两种师格分离，而更多凸显"经师"的功用。进一步营造良好的课堂教学氛围，利于初中生良好利他德行的养成。

(二) 优化社会环境的利他氛围以促进初中生利他品质的生发

初中生的利他行为是由其利他品质决定的，而利他品质的一个重要影响因素是社会的利他氛围。依据初中生身心发展的特点，改进初中生利他教育的方法，优化利他教育的社会氛围，对初中生进行有计划、有策略的利他指引，是提升初中生利他品质的重要措施。社会利他氛围的优化最主要的措施是要动员全社会的支持力量来开展青少年利他相关的宣传与教育，具体从以下两方面论述。

1. 舆论导向必须清楚和正确

首先，政府相关核心部门要有责任、有担当，这对社会道德氛围的好坏起关键性作用。应该大力宣传中华民族传统美德和优秀道德文化，树立典型的利他楷模（如新时代雷锋郭明义等），坚决痛斥社会上不道德的行为，正确评估社会上的利他现状，以正确的利他理论来教育和引导人民，最大限度地扼杀影响初中生利他行为的丑恶的社会现象。其次，充分发挥新闻媒体（网络媒介、纸媒、电视台等）的舆论导向性作用，为初中生积极实施利他行为提供良好的社会氛围。

2. 建立和健全保障初中生利他行为实施权益的相关法律法规

国家必须出台保障利他行为实施者在实施利他行为的过程中的相关权益免受侵害的相关法律法规，也就是说要确保利他行为实施者的"利他过程无忧"，这样可以逐渐降低"扶不起"或"帮不起"的尴尬社会利他问题的出现概率，净化社会不良的利他氛围，可以为更多利他楷模的出现提供可能，使初中生的利他行为的发生概率大幅度提升。

狭义的社会氛围是和家庭氛围、学校氛围对等的,而广义的社会氛围包括学校氛围和家庭氛围,即社会氛围是大环境,家庭氛围和学校氛围是小环境。可以说学校是一种特殊的社会氛围,学校氛围的职责在于尽力排除现存氛围中的丑陋现象,以免影响儿童的心理习惯。❶ 这就要求学校氛围和家庭氛围同时向良性发展,小环境与大环境相互融合,共同促进初中生利他品质和利他行为的生发。

(三) 重视父母在家庭环境中对初中生利他品质培育的重要性

家庭在儿童社会化过程中具有特殊的价值和作用。❷ 在我国有这样一种家庭,即整个家庭都很注重顺序、控制、服从和遵守规则等严格的制度。父母扮演着权威者、统治者的角色,孩子的一切被家长操纵和控制着,他们没有任何自主权,可以说这样的家庭环境是一种特殊的反社会行为训练营,而对于这样家庭中的儿童来说,他们会变得更加痛苦,他们的无助感也愈发强烈。在这种家庭环境中,父母具有绝对权威,要求子女强制执行命令,并通过羞辱、惩罚、制造恐惧等方式来破坏孩子的意志,而且父母们更愿意通过竞争的方式来促使孩子完成某种任务和技能。孩子在这种家庭环境的影响下,较易产生消极并带有破坏性的自我伤害行为,这也成为初中生利他行为发生率下降的一个主要家庭诱因。我们应该建立一种无等级、无暴力的和谐家庭,这种家庭的父母通过自身的言传身教使孩子明白如何正确地去尊重他人,而不是直接要求他们如此。家

---

❶ 约翰·杜威.民主主义与教育[M].王承旭,译.北京:人民教育出版社,2001:26.
❷ 傅维利.教育问题案例研究[M].北京:人民教育出版社,2004:380.

长应该使孩子明白权威不是先天形成的,他们有权利质疑并挑战权威,他们可以对权威说"不",他们要善于倾听并尊重他人,这个过程是双向的,也就是说他们也会被倾听和被尊重。在这种家庭环境中,父母给予孩子的是一种稳定、公平、自由的氛围,使孩子的利他道德品质得到充分发展,孩子可以获得足够的自主感,他们既不会被权利控制,也不会反过来控制他人,他们可以真实地、自由地做自己,没有控制或操纵他人的需求,他们不会轻视他人,也不会对欺凌保持沉默。父母要给子女传递关心他(她)的信息,同时要尽可能地使子女通过亲身体验去学习民主,鼓励个体全面发展,鼓励合作,并且成为他们的榜样,培养孩子良好的同理心,这些都是提升利他行为发生概率的有效方式。

人道德发展的主要时期是他的儿童时期和青少年时期,可以说初中阶段是人道德成长的黄金时期。瑞士著名教育家裴斯泰洛齐非常重视儿童早期的家庭道德教育,他指出,在家庭道德教育过程中,要先培养儿童对母亲的爱,之后逐渐扩大到爱家庭里的其他成员。当儿童感觉他不再需要母亲的时候,母亲便会引导孩子去爱其他人,这样孩子在心里便会产生一种神圣的情感,一种信仰的欲望,使他可以超越自己,最后再把爱扩展到爱全人类。❶父母对初中生的利他成长起到关键性作用,这主要体现在家长的利他品行、利他习惯和生活方式等方面。在生活中,父母要注重对初中生进行价值观的正向引导,注重言传身教的力量,从单纯的道德说理转向榜样示范,做好孩子的第一任利他榜样。父母要尽可能地增强初中生观察良好利他行为的效果,提升他们利他行为的发生频率。英国著名教育家洛克说过,儿童不是用规则可以教得好的,规则总是会

---

❶ 张焕庭.西方资产阶级教育论著选[M].北京:人民教育出版社,1979:194.

被他们忘掉的；而习惯一旦培养成功之后，便用不着借助记忆，很容易很自然地就能发生作用了❶。因此，父母要注意对孩子利他行为习惯的培养，同时父母要加强自身利他素养和利他教育能力的提升，改善家庭的利他教育环境，为孩子利他行为的发生与发展提供更好的家庭氛围。

可以借鉴清末著名学者梁启超先生的家庭逆境教育，其对于个体利他意志品质的形成具有重要价值。现实生活中的逆境与生俱来，不可避免，因此，应该坦然接受它。在他看来逆境是"险运"，处于忧患是好事情，常处舒适的生活环境只会消磨人的意志，而这个挫折恰好提供了好的磨炼道德意志的机会。只有一次次经历现实挫折的磨炼，当再面对困境时才不至于被击垮。他教育子女坚守寒士家风，将逆境当作上天恩赐的难得的磨炼意志的优质资源，遇到逆境就勇敢地去面对、去克服，并注意对经验教训的总结，这样每经历一次，意志便愈加坚强，能力也愈强，最终遇到更大的逆境便可以坦然应对，成为自己人生的主宰。

新时代家庭教育应遵循子女的自然天性，不是溺爱、放纵子女，而是适当进行逆境教育，让他们独立体验并理解失败的价值所在，培养子女形成正确的苦乐观，在困境中磨砺其坚强的人格意志。逆境教育和孟子等教育家提倡的磨砺教育具有内在一致性。磨砺教育应当成为家庭教育的重要方式，这将是对抗乃至替代溺爱型家庭养育方式最有效和最理智的方式。❷ 父母应指导子女掌握面临困境的正确态度及解决方法，而不是主动出手帮助解决一切，或者明确告知如何去做，这样便剥夺了孩子通过试误来体验失败，进而

---

❶ 约翰·洛克.教育漫话[M].傅任敢,译.北京:教育科学出版社,2014:34.
❷ 傅维利.关于磨砺教育的几点思考[J].教育科学,1997(4):3.

获得成长的机会,对子女的成长无益。逆境教育要以现实为依据做到张弛有度,如果超出子女的承受能力,其结果只会适得其反,导致孩子的自信心遭受过度打击,在懊丧的环境中愈加颓废。父母要帮助子女树立战胜困境的勇气与信心。一方面,父母要帮助子女建立自信心,尤其在教育初期要对子女进行赞赏式教育,父母经常针对子女好的行为作出肯定评价,并让子女通过实践体验成功,树立起自信心。另一方面,增强其应对挫折的勇气,当子女遇到困境时,父母应早一些放手让他们懂得挫折无法规避,失败并不可怕。父母可以在生活中适当创设实际情境,鼓励孩子敢于直面困境,锻炼子女勇敢坚强的意志,并启发孩子以正确的观念看待失败。

在家庭环境中父母要注意对孩子的利他行为进行适度的奖赏。适度性原则是有效实施合理奖励应坚持的基本原则。[1] 相关研究表明,当对一个利他行为做过度奖赏时,这很可能使孩子将外部奖励视为发生利他行为的主要原因而不是内部动机,严重削弱了初中生实施利他行为的内部动机(初衷)。换言之,适度原则在初中生利他行为的奖励上尤其重要,不要轻易地奖励那些很容易实施的行为或者他们本来就会做的事,因为这样会使学生不但不重视利他行为,反而会削弱其实施利他行为的内部动机和对利他行为价值的认可度。过度频繁的奖励可能会使他们实施利他行为,但这种利他行为对孩子的内心或道德发展是失去其原有意义的、低价值的,即这样的方法是根本不值得取的,这是父母在家庭利他教育中必须予以高度重视的。同时,对于孩子利他行为表现或发展不好的情况要慎重考虑惩罚的使用。奖励与惩罚是一对对立统一体,要做到赏罚分

---

[1] 傅维利,王世铎.论教育中奖励的功能、局限及实施原则[J].教育理论与实践,2017(7):19.

明是一件难事，尤其对于文化水平和道德修养不高的父母。因此，在培养初中生利他行为的过程中父母一定要注意慎罚原则。班杜拉认为，观察学习是人类学习的一种重要方式，教师或家长惩罚学生很容易给孩子提供一种攻击性行为的习得模式，因此，惩罚是隐含巨大负面影响因素的教育方式。❶ 这就要求父母必须把握好利他教育的赏罚尺度，以最佳的教育形式和手段促进孩子利他品质的成长。

重视父母在家庭利他教育中的言传身教。"言传身教"出自《庄子·天道》，它是我国家庭德育中的一种重要的教育方法。父母对孩子只讲道理却没有以身作则，最终会导致子女言语与行为的不协调。父母必须重视参与性示范的重要教育价值。❷ 子女总是以父母为榜样，通过模仿逐步形成自己的行为方式、道德信念和价值判断，因此，言传身教的丧失也很容易造成子女情感荒漠化。❸ 父母必须提升个人素养，做到言行一致并合乎规范，发挥自身良好的榜样作用，陪孩子参与利他活动，坚定子女的利他之心。

在倡导立德树人的新时代，我们必须联合家庭、学校和社会的力量才能全面提升初中生的利他行为。学校要与家庭及时合作，进行家访、建立家长辅导制等，只有这样才能及时将学校德育与家庭德育连接起来。同时，也不可忽视社会对家庭德育实施的重要意义，要不断改善德育的社会大环境，为家庭德育提供强大的外力支持。此外，加强社会道德监督机制构建，尽力地改善社会环境；优化社区德育环境的改善和社区道德文化的建设，为孩子营造一个充满道德的社会环境，以有效的促进儿童道德的发展。只有家庭、学

---

❶ 傅维利.论教育中的惩罚[J].教育研究,2007(10):12.
❷ 王世铎.我国初中生利他行为的特征及教育策略[J].教育研究与实验,2018(2):86.
❸ 景云.家庭结构变迁下家庭教育问题及解决途径[J].教育评论,2019(1):50.

校、社会三方相互配合，共同探讨儿童德育教育有效的途径，才能够真正有益于利他素养的提升。

我国著名的儿童教育家陈鹤琴先生指出，"儿童的道德教育并非家庭或学校中的任一方面可以单独胜任的，必定要两方面共同合作方能得到充分的功效"[1]。孩子的品德成长是多方教育力量合力的结果，然而现实生活中总是出现一边倒的教育责任方式，学校认为家庭教育对孩子的品德养成承担首要责任，而家长通常认为孩子的品德发展取决于学校的道德教育实效性。涂尔干认为，家庭是儿童利他主义倾向的第一培训基地，强调家庭成员在儿童道德教育的过程中发挥基础性作用，父母是孩子的第一任道德教师，他们的文化修养、道德品质、处事方式等将直接影响儿童的道德成长。他还强调学校道德教育在儿童利他主义品质生成过程中发挥着主导作用。他认为，学校作为儿童道德教育的专门机构，其主导性毋庸置疑，同时必须尽最大可能争取家庭的配合与支持，以形成积极的教育合力，增强道德教育的效力。因此，家庭道德教育要配合学校道德教育共同发挥作用。反之，如果家庭与学校的道德教育不能产生良性配合，或出现沟通偏差，则很可能导致儿童的思想意识混乱与行为失范，甚至出现"双重人格"等一系列危害儿童健康成长的不良后果。涂尔干有关儿童利他品质培养中家庭与学校的教育合力的观点对于促进我国道德教育中儿童道德品质的养成具有重要的启示价值。由于文化教育的作用，儿童本性中的利他主义因素会逐渐得以增量性发展，而外在的非道德因素和不道德因素也日益增多，仅靠学校或家庭教育难以完成道德教育使命，唯有高度重视家庭道德教育与学校道德教育的一体化构建，才有助于更好地培养儿童的利

---

[1] 陈鹤琴.家庭教育——怎样教小孩[M].北京:中国致公出版社,2001:273.

他品质，促进其道德人格的健康成长。

综上所述，利他行为是人际交往中的一种特殊形式，它既涉及行为者的行为动机，也涉及受助者的现实需求，是个体内在状态与外在环境交互影响的复杂结果。利他者设身处地、推己及人地满足受助者的实际需要，是个体利他行为发展的重要因素。由于初中生的年龄和社会性发展的局限，其对自我的认知和对他人实际需求的判断和预见能力都相对较低，其利他行为品质的生成与发展过程具有明显的基础性和复杂性。简单地将人的因素和情境因素进行单独分析来考察它们对利他行为影响的思路已经不具有科学性，必须以全新的视角整合人的因素和情境因素，着重考察两者的交互作用，同时发掘社会文化背景中的环境支持性因素，寻求更具合理性、科学性的利他行为教育策略。教育者要对初中生利他思考方式的转变进行引导，即由孤立的思考方式向全面多维的思考方式转变。使他们的利他思考方式由"自我中心"向"自我—对方—周围人"转变，再更进一步向"自我—群体—社会—国家"转变，教育者要有意识、有目地训练并提升初中生的利他能力，进而促进初中生利他行为品质的生发，提升他们利他行为的"质"与"量"，使我们的社会充满利他主义的阳光。

四、构建开展新时代初中生有效的利他人格教育策略

人格一词最初来源于拉丁文（persona），本意是指舞台表演用的假面具。人格本身具有多重含义，不同的学科内涵不同，伦理学中所指的人格主要强调其是人与其他动物相区别的内在规定性，是个人的尊严、价值和品质的总和。英国著名伦理学家阿拉斯代尔·

第八章
促进初中生利他行为的教育策略

查莫斯·麦金泰尔（Alasdair Chalmers MacIntyre，1929—）指出，人格教育是人生的一种基础性需求，若想拥有一个丰富的、有意义的人生，就需要其发挥作用。个体对善与恶的看法取决于他们对自己人生路程所秉持的整体认识。需要清楚认识到的是，当青少年把价值观与自身的人生目标有机联系在一起的时候，他们会更倾向于作出有价值的和利他的（亲社会的）行为。可以说个体的道德人生是一种关于爱的学习的人生，是一种培育道德想象力的人生。道德想象力具有道德行，它与善性高度相关，它是一种帮助个体跨越固化的心智模式（知、情、意等要素）的一种想象力，根据其感受到的真实情境中善的整体状态而去探寻其实现的可能性。我国古代儒家思想和墨家思想对理想人格有过不同视角的设计。墨家理想道德人格强调的是"博大完人"，即包含了兼相爱（它不同于儒家强调的"仁者爱人"中的有差等的爱）、交相利❶、爱无差、不避亲疏的内涵。"博大完人"的理想人格要求个体具有思辨的灵活性、勇于拼搏的韧劲、爱他人和敢于牺牲的精神。儒家的理想人格更强调人与自然和社会的和谐统一，十分强调对于圣人的培养，即让人要以较高的道德标准要求自己的言行，但对个体自我个性的培育较为忽视，可能导致过于强调个体对社会的服从，而使个体的独特色彩缺失。道德教育中的一个重要指向是帮助青少年构建清楚的人生目标，为其提供明确指向，使他们有准确的道德认同，找到人生的真正意义所在，否则他们很可能因为迷茫、困惑而感到绝望和不安，并处在挣扎之中，最终产生反社会行为。教育者可以从青少年的言谈举止中预测他们会出现的是利他行为还是反社会行为，这是因为他们的道德观念与他们的自我评价是合为一体的，最终一定会在言

---

❶ 李小龙.墨子[M].北京:中华书局,2019:70.

谈举止上有所呈现。这就是说，在青少年成长的任何时期，人格教育都是至关重要的，即要给那些愿意接受和不情愿接受的个体以爱的关怀和机会，让他们在成人之后能注意人格与道德的目标。因此，在新的时代中，我们要用一种全新的眼光和视角去体认和寻找更符合时代要求的利他性人格。

人格对人们的行为方式有重要的影响，不同的人格会表现出不同的利他行为。例如，具有移情特质的个体，他更能对需要帮助的个体有切身体会的感觉，因此对需要会给予更多的利他行为。内控者往往会把原因归因自己，即成功归因自己的努力，失败归因于自己的疏忽，这种人很有责任感，所以在他们的生活中利他行为的发生率是比较高的。具有亲社会取向的人格特质会推动利他行为的发生，但是自我中心特质的儿童只注意自身的感受，以为大家都和他一样，难以产生同理心，更难出现利他的认知。个体道德人格的发展受到诸多因素的制约，如神经类型、气质、性格等，即道德教育要注意多维度、多层面地对个体施以影响。法国著名教育家卢梭指出，个人的道德是满足公共意志后才得以实现，自然状态下的个体无所谓道德，个体可以通过人性的改造来实现道德行的提升。他构建了一个道德的"乌托邦"，即个体生活的一切都是以公共意志为准的道德价值标准，从公共道德上的大我向个体道德和人性改造的价值元上转变。卢梭指出，个体进入到社会之中，由于人性的异化，个体不能遵循其天性，进而形成了恶习，也就是说要在人的天性和社会化进程中找到一个适切的平衡点。道德教育的一个重要功能即是通过个体社会化实现其道德人格的塑造。

教育者要在"个体的自然原初性"和"个体的社会化特性"之间找到一个平衡点，以使初中生较好地融入社会生活之中，成长为一个利他人格良好的个体。初中生利他人格发展过程中较容易出现利他认知与利他行为契合度不高、利他意志内生动力不足、利他情感具有片面性等问题。相关研究表明，造成儿童道德人格发展不良的因素主要来自于社会、学校和家庭。因此，要正确处理好社会转型带来的资源分配不均问题的冲击，文化多元形成的价值观冲突（如功利主义和享乐主义等），学校道德教育的功效发挥不佳（德育目标落实不到位、对德育重视不足等），家庭未能进行恰当的道德教育（父母的德育方式与方法不科学等）这四个方面的问题。

教师要重塑道德教育中的权威形象，对社会中的道德滑坡现象给予强力的回击；要重视以他人为核心的爱（道德的利他性），它是道德教育的核心，塑造正确的价值观，培养良好美德（如责任、关爱、利他、诚实、宽恕等），这些体现了凡事为他人着想，考虑他人利益的原则；努力去实践培养利他主义爱的相应的能力，这是个体人格发展的关键性任务。我们人生的最终目的是要实现我们的人性，这就要求我们去提升爱的能力（爱自己、他人、社会、全人类等），并且可以有效地按照良知去生活。同时，还要重视我们对人生意义和目的的关注。在对初中生进行利他教育时必须使学生首先明白人生的关键性目标，因为人都想过幸福的人生，这就需要个体达成确保幸福所需要的精神上的和道德上的目标，即人格成熟与以爱为指向的人际关系和家庭，为社会作出应有的贡献。"大学之道，在明明德，在亲民，在止于至善。"[1] 即大学的宗旨，在于弘扬光明正大的品德，在于使人弃旧向新，在于使人的道德达到最完善的境界，这句话包含了人生的目标。学者利文斯顿指出，道德领域人生的三个目标是个人目标（信誉、诚实、坚毅和自尊），社会

---

[1] 王国轩.大学·中庸[M].北京：中华书局，2020：6.

目标（关爱、尊重、服务他人）和公民目标（平等、自由、正义）。❶ 现实生活中，很多人可能优先考虑这些目标，即使他们也追求这些目标，但未必能达到，但是渴望达成这些目标是根植于个体的人性之中的。学校和家庭应该将这些目标置于道德教育的框架之中，使青少年明确什么在人生之中是最有意义的，并且认定这些价值观和目标，为个体的利他行为实施赋能，进而提升个体利他实践的成就感。道德教育最终是要"塑造人"，而不是"规范人"。

心理学家更多地探讨"有哪些人格特质会增进利他行为"，而结论是"移情特质、内控、亲社会取向等人格特质与个体利他行为的提升明显相关"。移情特质又称为同理心特质，是指设身处地地以他人的处境去考虑和体会当事人的心情的能力，这种能力不只是由特殊情境而引发，而是一种个体稳定的倾向性。内控主要指个体把自己的命运掌握在自己手中。内控者相信凡事操之在己，把成功归因于自己的努力，而把失败更多地归因于自己的疏忽。这是一种自愿承担责任的倾向，内控者更能根据具体的情境而作出是否给他人帮助的决定。我们通常说某些个体具有利他人格，通常强调他们比一般人表现出更多的利他特性，如他们经常乐于助人、在紧急的特殊情况下有惊人的利他表现等，而在特定情境中牺牲个人的利他行为比跨情境的一致性更能说明个体利他人格的存在。❷

利他人格的发展究其本质可以看作是一种个体天生和后天习得的利他德行的有效结合，它是一种由家庭关系使个体社会化的过程，也是一种成为好公民所必须的德行和态度。事实上这三个目标

---

❶ LIVINGSTONE R. Education for a World adrift[M]. Cambridge:Cambridge University Press,1943:97.

❷ 黄希庭.人格心理学[M].杭州:浙江教育出版社,2002:523.

对于个体利他性的培养是关联紧密的互动过程，他们使我们清楚地认识到个体的利他性培养目标的整体性和框架性。当今利他人格教育所使用的普遍方法是通过课程整合、道德推理、冲突的消解、互帮互学与服务学习，或者把近期的学习焦点放在某一个特定的利他实践活动上等方式实施利他价值观教育。有时经过一段时间的努力，教育者可能会出现利他教育过程中的职业倦怠与迷茫，不清楚接下来应该往何方向去走，这需要我们坚定信念并不懈地去寻找方案和灵感。

1. 个体：培育善的心境和良知

善的心境和良知是个体利他人格形成的原初点，心境是爱与被爱的先天冲动，是个体利他情感与动机的中心，可以说它是利他的爱、关怀他人和伦理行为的原始动力。而良知作为个体认知的中心，可以分辨事物的善与恶，并进而驾驭自我，它可以有效地控制自我为中心的状态。可以说培育善的心情与良知是利他人格成长的关键性工作，必须得到重视。通过这一过程，个体的利他情感、认知和行为之间取得了平衡。当这些可以和谐地运作时，心的欲望和良知的智慧便可以促成利他行为的形成和利他人格的生成。

2. 家庭：爱的给予和人际关系的训练场

人格是在原生家庭环境和社会关系中被塑造的。好的原生家庭是爱的培育场，对于儿童而言他们的人生课程开始于父母的关系。随着年龄的增长，课程更多的还来自于与兄弟、朋友之间的交往过程。在家庭中学习到的爱和利他的人格可以更多地辐射到今后与社会团体、同事、下属、朋友等良好关系的建立。儿童在与父母交流的过程中可以练习慷慨大度，这会拓展并进一步深化其今后无私奉献、利他助人的能力。

3. 社会：利他人格的收获场域

以在家庭中学到的人生课程为基石，人们能够担负起公民责任。初中生未来的发展有无限种可能，他们也将经历多种社会（职业）角色的转换，包括父母、教师、管理者等等。要更好地成为一名好的父母、老师和领导。只有当其能对那些向他们寻求指导的人表现出共情和无私关怀时，社会的运作才是良好的。实践利他关怀态度的个体会更有执行力，可以说个体不管社会地位如何，拥有利他人格的人将会对社会产生更为积极的影响。个体可以在社会场域之中养成利他习惯，形成利他人格。

个体、家庭和社会等生活层面之间是紧密相关的。家庭中良好的爱与关怀的利他氛围培育出良好的心情和良知，在家庭中培育的良好的利他习惯孕育出好的利他人格。人格发展与处理不同阶段的人际关系的能力是处于动态平衡之中的，对于初中生良好利他人格的塑造要形成"社会—学校—家庭"个体利他人格培育的外部联合体。在外部环境中要形成"以道德高尚为光荣、以人格卑下为可耻的社会舆论"，对于没有良好道德人格的个体，要予以无情地批评和教育。这样才有利于初中生更好地社会化，在社会中找到属于自己的坐标，实现自己应有的社会价值，进而回报社会和国家。教师要注意对初中生良好利他人格的培养，教师作为利他价值观的传递者，学生对其的信服程度直接影响传递的效果，即如果教师在学生心中的人格权威和知识权威形象被学生信任和接受，利他价值观教育就容易奏效，对学生的利他人格塑造的正面效果也较强，反之亦然。教师应该毫不吝啬地把时间、精力、学识和良心统统献给学生，因此，教师要注意提高个人素养，正确引导和规范学生的行为，促进他们知行统一。家长应摒弃过分强调个体个性化（重视智育，忽视德育）的观念，应重视其他社会能力的培养，促进个体均衡社会化。相关研究表明，决定个体终身发展的并不是智力因素，很大程度上讲是非智力因素，即道德情感、意志、兴趣等因素。这就要求家长必须重视初中生非智力因素的培养，注重对他们参加文娱活动和社会志愿活动的鼓励，以利于他们良好利他人格的养成。从根本上说，个体要想形成良好的利他人格，最为重要的还是坚持不懈地进行个人利他修养的锻炼，提升个人道德综合素养，促自己成为有较高道德追求的人。

五、构建新时代初中生利他行为习惯的科学策略

在心理学视域下，"习惯"一词主要指"不需要特殊的联系，由于多次重复而形成的对于实现某种自动化动作的需要"。[1] 利他行为习惯是道德习惯中的一种，指个体在现实社会生活中，通过不断反复的道德实践所形成的不需要外在监督就可以实现的利他行为的惯例。利他道德习惯不同于普通意义上的生活习惯，因为它必须符合利他道德原则和规矩，而且必须具有主动的意向性，而不是无意识形成的。这里所强调的是一种"自觉意识"，它有两方面的内涵：其一，理解并认同自己遵循的道德准则和规范；其二，清楚自己道德行为的道德意义和价值所在。因此，利他道德习惯的培育过程中个体必须清晰地理解这种"利他自觉意识"的真意。一个具有良好道德习惯的人，他的道德生活是自由和自如的，并且不需要经过深思熟虑的意志努力。这种个体所形成的道德直觉，主体无需特

---

[1] 林传鼎,陈舒永,张厚粲.心理学词典[M].南昌:江西科学技术出版社,1986:26.

殊对客体的分析综合便可以得出该不该做的决策。如看到儿童掉落于湖水之中，不用经过是不是应该去救的思想冲突与碰撞，没有过多地考虑救人后的功利所得，也没有顾及自己的人身安全与否，只是想到救人要紧，这就是利他行为习惯的重要之所在。可以说它是主体后天不断努力修为的结果，是利他认识、利他信念、利他情感和利他意志相互融通的结果。利他行为习惯是利他行为表现和利他心理图式的统一。

个体刚出生作为自然人而来到世界，之后要经历漫长的、艰难的社会化（法国著名教育家卢梭强调的自然人向社会人的过渡过程）。这是因为个体为了获得他人和社会群体的认同，要参与到现实的社会生活之中，取得社会成员的资格。而在社会化进程之中最为重要的一环就是个体道德的社会化，即个体学习并接受社会道德规范的过程。个体道德发展遵循着"无律道德—他律道德—自律道德—自由"（五阶段十年龄区）的变化过程。我们最终要实现个体的道德自律，而处在道德他律过程中的个体，他们道德所产生的力量并不是出自道德主体本身，不是道德主体对道德规范的真心认同，而是外在压力迫使其不得不认同和遵守。这里还有一个重点是习惯的养成不是简单的行为动力的固化，而是心理结构的进一步跃升和升华（个体不再考虑单纯的自我，而是要在增进共同利益、利于社会共同体中去考虑自身利益）。最终个体利他行为的实施不是迫于外在于道德主体的"异己性力量"，而是主体的主动选择的结果，在这一过程中利他行为的实施是轻松自如、稳定并具有可持续性的，而绝不是每一次行为的生发都需要靠利他意志努力去控制选择行为。人类的共同性与自我的个性要求总会有不一致的部分，这会导致个体与社会之间的矛盾。为了更好地去平衡个体利益和社会利益之间的关系，就要充分地发挥道德主体的自觉自主性。养成利他行为习惯是利他教育的归宿,受教育者从接受利他主义观念到形成利他行为是一个长期的、反复的过程,利他行为习惯的养成能提高整个社会的道德风尚,使社会结构平衡、有序进行。

利他行为习惯的培育过程不可忽视利他情感的参与和作用。苏联著名教育家苏霍姆林斯基曾指出:"没有情感的道德就变成了干枯的、苍白的语句,这语句只能培养伪君子。"也就是说以利他知识为前提的利他信念,它包含着一种对所信利他事件(行为)的一种强烈的情感体验。人与人之间的尊重特别重要,它是一切道德的根源,尊重是具有相应道德自觉的个体所产生的道德情感活动。要增强个体的道德责任感,形成利他责任意识,需要更好地贯彻落实"人人为我,我为人人"精神。若想更好地调动和激发主体的利他情感,一定要注意使用科学有效的利他教育方式、方法,以期更好地引起利他情感上的共鸣,以情动人,增强主体的利他情感能力,进一步为利他行为习惯的形成奠基。

六、构建新时代教师利他教育能力的科学提升策略

教师利他教育能力主要是指教师开展利他实践应该具备的综合素养,它标识着教师有效达成利他教育目的的实际水平和潜力,是影响利他教育实效的关键因素之一,对提高初中生利他行为的生发率有重要作用。应该注意从社会文化背景、学校利他教育任务、利他教育本身的特质、利他实践中的主体等几个方面对教师利他教育能力的要求进行分析,进而建构教师利他教育能力的结构模型,并以哲学、心理学、社会学和伦理学等相关理论为研究基础,对其进行探析。近年教育部出台《中小学德育工作指南》《新时代中小学

教师职业行为十项准则》《关于加强和改进新时代师德师风建设的意见》等系列文件，它们作为研究新时代初中教师德育能力的重要政策依据，为未来教师利他教育能力的行动思路提供借鉴。德育应成为教师专业化的重要维度，全体教师都应该承担德育的使命，即"全员德育"，这就亟待对教师利他教育能力的结构模型进行建构与剖析，找到合理的培育进路，更好地促进学生的利他成长。

具有科学性和靶向性的初中教师利他教育能力培育路径与策略应包括以下两点：①增强职前师范教育的现实靶向性，开设德育类必修和选修课，注重其他专业课程中的德育渗透与融合，积极创设主体探究式德育（利他）实践类课程。②建立合理的职后德育培训机制与体系，从方法、理念和智慧三个层面出发，扩展职后中学德育培训人员，完善德育培训内容和形式，注重初中教师在学校生活中的德育（利他）反思与实践。

七、构建新时代自媒体视域下初中生利他行为的优化策略

在德育系统中，德育环境是"影响人的品德形成和发展变化的各种因素的总体"，直接制约着初中生道德的形成与发展。自媒体发展虽为个人话语权的增加提供了现实条件，但初中生的德育环境日渐复杂。从自媒体视域出发，提升初中生利他行为的发生频率，具体举措如下。

1. 进一步加强社会自媒体监管举措

当今时代是自媒体的时代，初中生能随时接触到各种网络信息，发表相关言论，可以说不用出门便知天下大事小情。从表面上

看，海量的信息拓宽了他们的视野，使他们在短时间内接触到大量的信息流。但从实质上来讲，众多信息流中混杂着一些不良和错误的信息，这严重混淆了大多数初中生的价值（利他）判断，也扰乱了中学德育工作的秩序，造成部分初中生社会主义核心价值观动摇，道德水平降低（利他行为发生概率下降等）。自由发言虽是自媒体的主要功能，但我们国家网络监督存在空白，使得很多言论容易失控，造成不良影响。若要加强信息的可控性，就需要网络监管部门的密切配合。因此，对于自媒体而言，需要充分发挥政府的有效监管功能，使其通过法律手段来管理网络和自媒体环境，营造良好的网络德育秩序。

网络道德教育对个体发展具有重要意义，初中生群体也不例外。现在的网络环境中存在一些不良问题，影响了社会风气。不良的观念和行为扭曲着初中生的世界观、人生观和价值观。有一些人在现实生活中彬彬有礼，但在网络上却出口成"脏"。因为他们不懂法律，对自己的道德要求较低，随意放任自己，认为自己的一切言论都是自由的，干什么都不会遭到法律的惩罚，致使其思想品德产生问题，行为逐渐脱轨，开始作出一些违背道德的事情。而这些现象使网络暴力频发（利他行为明显变弱），严重影响着初中生的身心健康。因此，应加强道德与法律观念教育，让他们知法、懂法、守法，也倡导初中生文明上网，提高遵纪守法意识，进而增强利他意识。自媒体利他教育的内容想要更人本化，更贴近社会现实，应该注意当代初中生的特点，并积极在社会营造良好的德育氛围，使初中生潜移默化地吸收利他教育的内容，更积极地获取利他知识，提升利他能力。

2. 建立健全学校自媒体监察体系

初中生利他价值观动摇，无法明辨是非，是自媒体时代初中生利他教育出现困境的一大特征。他们容易在网络和自媒体上迷失，价值观念多元化，如功利主义、享乐主义、个人主义等，导致初中生违法犯罪频率升高，个体利他行为发生频率降低等。部分初中生自制力不强，容易误入歧途。因此，构建学校健全的自媒体监察体系对初中生的利他教育具有关键作用。若要突破当前初中生利他教育的困境，需要初中生严格的自我约束，还要做好学校管理工作，建立健全学校自媒体监察体系，并设置一系列的惩戒措施，用学校自身的制度来约束和管理他们。

3. 提升初中生自媒体自我教育的意识

从整体来看，初中生群体有一定的运用自媒体的能力，也清楚自媒体带来的正、负面影响，以及问题产生的根源。但运用自媒体进行利他自我教育的意识薄弱，对于部分是非问题没有太强烈的道德观，放任自流。初中生在接受学校德育的同时，也要提高自我教育的意识，外化于行，内化于心，争做新时代的好青年。初中是个体进入社会的前哨站，初中生是国家未来的栋梁，他们有一定自理自制能力。在这个多元化的时代，自我教育已成为提升个体素养的主要途径，初中生应积极进行自我教育，提高对自我教育的重视程度。

在价值观多元化的今天，初中生的价值观（利他观等）因自媒体的影响变得更加复杂。我国是社会主义国家，我们要服从党的领导，跟党走，更好地传承中华优秀传统美德，新时代的初中生应该树立正确的价值观，摒弃功利主义、享乐主义及个人主义等价值观念，提倡新时代利他主义精神（雷锋精神等），在社会宣传或德育工作者的引领下，在对多元价值观进行筛选后，形成自身正确的价值观。正确的价值观可以帮助初中生明辨是非，不会被诱导忄信息所误导，更不会使其在网络上作出种种不良行为（反社会行为等）。初中生树立正确的利他观不仅需要社会、学校的帮助，更需要个体的努力和学习，这有助于突破当前的利他教育的困境，进一步提升新时代利他教育的实效性。

本章小结

本章针对初中生利他行为的现实特征，总结出具有靶向忄的利他行为教育策略，具体如下。

①构建具有鲜明针对性的促进初中生利他行为发展的教育策略。具体从以下四方面进行阐释：首先，构建针对不同情况初中生的有效利他行为改善策略；其次，加强初中生利他行为薄弱领域——公共领域的利他行为品质的提升；再次，促进初中生利他行为方式多样化发展；最后，强化对初中生利他行为的情境特征和意志特征的正向指引。

②构建初中生"认知—观察—实践"模式的利他行为教育策略。具体从以下三方面进行阐释：首先，提高初中生对利他行为的具体认知能力；其次，引导初中生重视对榜样利他行为的有效观察；最后，提升初中生利他行为相关实践的参与度。

③构建以"重塑环境支持力量"为核心的初中生利他行为教育策略。具体从以下三方面进行阐释：首先，提升学校道德环境支持的实效性以促进初中生利他行为的发展；其次，优化社会环境的利他氛围以促进初中生利他品质的生发；最后，重视父母在家庭环境

中对初中生利他品质培育的重要性。

④构建开展新时代有效的利他人格教育策略。伦理学中所指的人格主要强调其是人与其他动物相区别的内在规定性，是个人的尊严、价值和品质的总和。需要清楚认识到的是，当青少年把价值观与自身的人生目标有机联系在一起的时候，他们会更倾向于作出有价值的和利他（亲社会的）行为。道德教育中的一个重要指向是帮助青少年构建清楚的人生目标，使他们有准确的道德认同，找到人生的真义所在。在青少年成长的任何时期，人格教育都是至关重要的，即要给那些愿意接受和不情愿接受的个体以爱的关怀和机会，让他们在成人之后能注意人格与道德的目标。因此，在新的时代中，我们要用一种全新的眼光和视角去体认和寻找更符合时代要求的利他性人格。

人格对人们的行为方式有重要的影响，不同的人格会表现出不同的利他行为。例如，具有移情特质的个体，他更能对需要帮助的个体有切身体会的感觉，因此对需要会给予更多的利他行为。内控者往往会把原因归因自己，即成功归因自己的努力，失败归因于自己的疏忽，这种人很有责任感，所以在他们的生活中利他行为的发生率是比较高的。具有亲社会取向的人格特质会推动利他行为的发生。

要重视以他人为核心的这种爱（道德的利他性），它是道德教育的核心；塑造正确的价值观，培养良好美德（如责任、关爱、利他、诚实、宽恕等），这些体现了凡事为他人找想，考虑他人利益的原则；努力去实践培养利他主义的爱相应的能力，这是个体人格发展的关键性任务。我们人生的最终目的是要实现我们的人性，这就要求我们去提升爱的能力（爱自己、他人、社会、全人类等），并且可以有效地按照良知去生活。同时，还要重视我们对人生意义和目的的关注。在对初中生进行利他教育时必须使学生首先明白人生的关键性目标，使青少年明确什么在人生之中是最有意义的，并且认定这些价值观和目标，为个体的利他行为实施赋能，进而提升个体利他实践的成就感。

心理学家更多地探讨"有哪些人格特质会增进利他行为"，而结论是"移情特质、内控、亲社会取向等人格特质与个体利他行为的提升明显相关"。利他人格的发展究其本质可以看作是一种个体天生和后天习得的利他德行的有效结合，它是一种由家庭关系使个体社会化的过程，也是一种成为好公民所必须的德行和态度。事实上这三个目标对于个体利他性的培养是关联紧密的互动过程，他们使我们清楚地认识到个体的利他性培养目标的整体性和框架性。当今利他人格教育所使用的普遍方法是通过课程整合、道德推理、冲突的消解、互帮互学与服务学习，或者把近期的学习焦点放在某一个特定的利他实践活动上等方式实施利他价值观教育。

⑤构建新时代初中生利他行为习惯的科学策略。利他行为习惯是道德习惯中的一种，指个体在现实社会生活中，通过不断反复的道德实践所形成的不需要外在监督就可以实现的利他行为的惯例。利他道德习惯的培育过程中个体必须清晰地理解这种"利他自觉意识"的真意。一个具有良好道德习惯的人，他的道德生活是自由和自如的，并且不需要经过深思熟虑的意志努力。这种个体所形成的道德直觉，主体无须特殊对客体的分析综合便可以得出该不该做的决策。可以说它是主体后天不断努力修为的结果，是利他认识、利他信念、利他情感和利他意志相互融通的结果。养成利他行为习惯是利他教育的归宿，受教育者从接受利他主义观念到形成利他行为是一个长期的、反复的过程，利他行为习惯的养成能提高整个社会的道德风尚，使社会结构平衡有序进行。利他行为习惯的培育过程

241

不可忽视利他情感的参与和作用。以利他知识为前提的利他信念，它包含着一种对所信利他事件（行为）的一种强烈的情感体验。人与人之间的尊重特别重要，它是一切道德的根源，尊重是具有相应道德自觉的个体所产生的道德情感活动。若想更好地调动和激发主体的利他情感，一定要注意使用科学有效的利他教育方式、方法，以期更好地引起利他情感上的共鸣，以情动人，增强主体的利他情感能力，进一步为利他行为习惯的形成奠基。

⑥构建新时代教师利他教育能力的科学提升策略。教师利他教育能力主要是指教师开展利他实践应该具备的综合素养，它标识着教师有效达成利他教育目的的实际水平和潜力，是影响利他教育实效的关键因素之一，对提高初中生利他行为的生发率有重要作用。为此提出具有科学性和靶向性的初中教师利他教育能力培育路径与策略：一是，增强职前师范教育的现实靶向性，开设德育类必修和选修课，注重其他专业课程中的德育渗透与融合，积极创设主体探究式德育（利他）实践类课程。二是，建立合理的职后德育培训机制与体系，从方法、理念和智慧三个层面出发，扩展职后中学德育培训人员，完善德育培训内容和形式，注重初中教师在学校生活中的德育（利他）反思与实践。

⑦构建新时代自媒体视域下初中生利他行为的优化策略。首先，进一步加强社会自媒体监管举措。对于自媒体而言，需要充分发挥政府的有效监管功能，使其通过法律手段来管理网络和自媒体环境，营造良好的网络德育秩序。自媒体利他教育的内容想要更人本化，更贴近社会现实，应该注意当代初中生的特点，并积极在社会营造良好的德育氛围，使初中生潜移默化地吸收利他教育的内容，更积极地获取利他知识，提升利他能力。其次，建立健全学校自媒体监察体系。要突破当前初中生利他教育的困境，需要初中生

严格的自我约束，还要做好学校管理工作，建立健全学校自媒体监察体系，并设置一系列的惩戒措施，用学校自身的制度来约束和管理他们。最后，提升初中生自媒体自我教育的意识。正确的价值观可以帮助初中生明辨是非，不会被诱导性信息所误导，更不会使其在网络上作出种种不良行为（反社会行为等）。初中生树立正确的利他观不仅需要社会、学校的帮助，更需要个体的努力和学习，这有助于突破当前的利他教育的困境，进一步提升新时代利他教育的实效性。

第九章

相关利他实践拓展研究

一、"十四五"时期辽宁青少年志愿服务体系研究

2020年年初,全国人民在我党的坚强领导下,高效、合理地对新型冠状病毒肺炎疫情进行了控制,并将其所带来的影响降到最低。除了党、政府的领导与管控,离不开志愿组织、志愿服务及志愿者在这一过程中发挥的作用。据不完全统计,全国参与对抗疫情的志愿者超3亿人次,志愿服务组织约1.2万家。社会和谐是中国特色社会主义的本质属性,是我党不懈追求的重要目标。中国共产党第十九次全国人民代表大会提出推进志愿服务制度化,强化社会责任意识、规则意识和奉献意识。志愿服务体现的是一种自觉自愿、不计报酬为他人服务的利他主义精神,不管其原始动机如何,最终的行为结果一定是利他的,它可以改善社会服务,推动社会进步,增强社会公平度。志愿服务精神与"雷锋精神"存在着一定的

契合度，但在内涵和外延上又不完全相同，两者都注重为弱势群体服务，都符合社会主义核心价值观，都是值得推崇和弘扬的。青少年是志愿服务的主力军，青少年志愿服务机制的科学建构深刻影响着社会的良性发展，促进政府职能的转变及社会成员之间和谐关系的建立等。因此，"青少年志愿服务"成为学界持续关注的重要理论命题和现实问题。辽宁省作为"学雷锋，做好事"志愿服务典型经验区，在吸收国内外其他较好的志愿服务发展经验的同时，确立适合自己的青少年志愿服务机制是符合"十四五"时期辽宁社会发展需求的。

（一）志愿服务的相关学术史梳理

1. 国外志愿服务现状

"志愿服务"生发于19世纪的西方，最初以"慈善服务"的形式存在，由于受到博爱思想和人道主义精神的影响，其在欧洲大陆和美国盛行。20世纪40年代之后，西方学界开始了对它的关注，到20世纪末叶研究成果大量涌现，主要的研究视角如下。

（1）公民的培育

美国的志愿服务在积极公民培育方面有着深远的影响。"确保所有青少年获得公民（身份）个人自主、进入工作世界和社会生活所要求的能力，以培养他们身份认同并向多元的世界开放为目的，美国的志愿服务活动进一步培育出个体的一种公共精神。"[1] 美国注重在志愿服务和实践过程中培育积极公民的意识、知识和技能，

---

[1] 高嵘.美国志愿服务发展的历史考察及其借鉴价值.[J].中国青年研究,2010(4):108.

志愿精神由此构成了美国 300 多年的文化价值和核心基础，志愿服务活动进而成为了人与人之间和谐互助的关系。

（2）青少年志愿服务的参与动机

国外对青少年志愿者参与志愿服务动机的研究可追溯到 19 世纪 60 年代，近年来研究成果较多。

学界将青少年志愿服务的动机主要划分为"三型说"和"六型说"[1]，前者主要包含规范型、功利型和情感型，而后者主要包含自我增强型、自我保护型、社交型、学习理解型、价值表达型和职业生涯型。有学者指出，当个体有机会参与决策并赋予更多的责任，并有可能对组织的发展方向产生影响时，他们会更为积极地参与志愿服务。[2] 志愿服务任务过于简单且没有挑战性是导致越来越多志愿者参与动机下降，最终脱离志愿服务组织的主要原因。

（3）志愿服务招募机制

美国的志愿者招募面向全体公民（涵盖了不同年龄、职业和专业背景的各类人群）。1975 年在洛杉矶就实施了"第二职业生涯"计划，鼓励退休专业人士通过志愿服务使他们的技能发挥新作用。美国从青少年到中老年分别设置了多种志愿服务计划与项目，主要有针对青少年的"学习和服务美国"（Learn and Serve America）项目，针对中年人的"Americorps"和针对老年人的"Senior Corps"。[3] "学习和服务美国"项目为全美从幼儿园到大学及社区组织提供直接或间接的资助，用于青少年校园志愿服务和服务学习，

---

[1] FAIREY S. Volunteering aboroad: Motives for Travel to Volunteer at the Athens Olymipc [J]. Journal of Sport Asnagement, 2007, 21(1): 41.

[2] PEARCE J. Vounteers: the Organizational Behavior of Unpaid Workers[M]. New York: Routledge, 1993: 36.

[3] JOHN K. Private Needs and Public Selves[M]. Urbana and Chicago: University of Illinois Press, 1997: 28.

以更好地培养青少年批判性思维和公民社会责任。目前美国超过九成的高校设立服务学习办公室和专职人员，为全校师生提供相关帮助与服务。

（4）志愿服务激励机制

美国在激励公民参与志愿服务方面采取多元化方式，主要有制度激励、法律激励、荣誉激励和物质激励等举措。美国政府通过荣誉性和纪念性联邦制度来激励公民的志愿精神，如"全国志愿者周"和"全国爱国服务纪念日"（奥巴马政府从2009年开始确定每年的9月11日鼓励美国人当一天志愿者，为国家、社会和邻里等做公益服务）等。美国联邦政府通过一系列法案来激励和保障志愿服务的高效率实施，如《1990年国家和社区服务法案》(*National and Community Service Act of* 1990)和《爱德华.肯尼迪服务美国法》(*Edward M. Kennedy Serve America Act*)。其中《爱德华·肯尼迪服务美国法》鼓励全美各年龄段的人积极投身于社区志愿服务，它的颁布标志着美国志愿服务事业的发展进入新阶段。美国有为优秀的志愿服务人员颁发荣誉奖的传统，如"总统志愿服务奖"(President's Volunteer Service Award)。美国大多数的志愿服务是有报酬的，表现为生活费、奖学金、医疗保险、休假待遇、就业优先权等。以上这些措施有效地激发了美国公民参与社会志愿服务的热情，同时这些奖励是对公民参与志愿服务的一种认可方式，这些经验值得我们借鉴。

（5）志愿服务保障机制

政府在志愿服务事业发展的过程中发挥决策、支助、承认和推进的关键性作用，但也存在局限，如资源的缺失、控制及支持不到位等问题。❶ 美国的志愿服务保障机制体系主要包含三个主体，即联邦政府、企业和非营利性组织。美国联邦政府从20世纪60年代开始介入本属于民间性质的志愿服务，国内比较重要的志愿服务计划都是由联邦政府出资和进行管理，如《全球健康倡议》（*Globle Health Initiative*）（由美国国际开发署管理，向发展中国家人民提供医疗保健援助等），美国联邦政府给予强有力的资金支持。美国是世界上非营利性组织（NPO）最发达的国家，NPO在功能上可以和政府及市场互补，在美国志愿服务事业和积极公民培育过程中发挥着重要作用，大部分联邦政府主办的志愿服务计划（志愿者的报名、筛选、培训和派遣及资金投入等）都是由NPO配合完成的。

（6）应急志愿服务机制

对应急事故的处理，必须采用严格的分级管理制。❷ 志愿者在危机事件的初期起重要作用，随着专业人员的介入，其作用逐渐减弱，因此，应急预案应该强化志愿者的培训、协调、指挥、服务等部分内容。❸ 青年人在应急救援中的主力军作用未能有效地发挥出来，应积极投身社区灾害管理活动中。❹ 在应急志愿服务的法律保障体系建设上，应提高司法程序中的应急响应最低标准，制定清晰的卫生志愿者责任条款，保障专业的卫生志愿者的安全。美国的个

---

❶ 戴维斯·史密斯. 政府在推动志愿服务中的作用[M]. 天津:天津人民出版社,2005:86.

❷ VOORHEES W R. New Yorks Respond the Word Trade center Attack: An Anatomy of an Emergent Volunteer Organization[J]. Journal of Contingencies and Crisis Mangagement,2008, (611):3-13.

❸ 戴维斯·史密斯. 政府在推动志愿服务中的作用[M]. 天津:天津人民出版社,2005:86.

❹ AKEYO S O. Youth Involvement in Disaster Management[J]. Ssrn Electronic Journal,2010.

体志愿者有享受特别的免责保障的权利,而卫生专业志愿者则不得不承担组织过失条款的民事责任和替代性责任。

总的来说,国外研究更侧重对志愿者、志愿组织、志愿服务的发展历程及志愿服务对公民培育等方面的积极作用进行研究,而对青年志愿服务的评价机制、多元化的志愿服务保障机制体系的建构等方面研究不够深入,往往只是单一维度视角的研究。

2. 国内志愿服务的现状

(1) 我国志愿服务的现状

志愿服务是人们参与社会发展、培育公民精神的有效途径,也是社会价值观形成的重要支持性因素。我国的志愿服务事业发展取得了一些成就,主要表现在志愿服务领域与队伍的扩大,志愿服务组织体系日益完善,志愿服务法制化进程加快,志愿服务的社会影响力逐渐变大等。[1] 国内学者将我国志愿服务体系构成要素分为志愿精神、志愿行为、志愿人员、志愿组织和志愿资源五部分。[2] 志愿精神是志愿服务的价值基础,志愿行为强调社会创新实践,志愿人员参与志愿服务可以更好地促进其公民角色的认同,进一步培养其社会责任感和事业心,志愿组织让其成员通过民主参与成为推动社会民主与进步的力量,志愿资源是促进社会和谐的重要力量。

我国青年志愿服务发展也存在一些问题:青年对志愿服务精神的理解不够全面和深刻,缺乏自愿、自主性,并带有一些功利主义色彩;青年志愿服务培训制度系统性不足;青年志愿服务实施缺乏

---

[1] AKEYO S O. Youth Involvement in Disaster Management[J]. Ssrn Electronic Journal, 2010.

[2] 谭建光,朱莉玲. 中国社会志愿服务体系分析[J]. 中国青年政治学院学报,2008(3):19-25.

规范化和持久性。❶ 目前，我国青年志愿服务组织和个人更注重短期的服务效果，重青年志愿服务，轻志愿精神的培育；重大型活动志愿服务，轻需求较大的社区志愿服务。❷

辽宁省社会志愿服务的规模逐渐扩大，取得很大的成效，但有如下局限：经费不足，组织管理模式单一，志愿服务形式化，志愿者社会认可度较低，缺乏相关法律及政策支持等。❸ 盘锦市青年志愿服务存在的问题主要表现在慈善不足、缺乏专业性、参与度不高、信任危机等几个方面。❹ 大连市志愿服务工作具有注册管理信息化、队伍建设专业化、活动载体品牌化、服务内容项目化和激励评比星级化等特点。❺

（2）青少年志愿服务的参与动机

志愿服务的主要动机是服务社会、提升素质、学会坚强等。❻志愿服务在精神上使志愿者获得幸福感和满足感；在能力上促进个人成长，使他们学习了新的知识与技能，培养了个体的组织才能，更好地利于青年的社会化等。❼ 青少年志愿者参与动机的"三分说"，即"责任感""发展"和"快乐"为核心的三种动机。❽ 大学生志愿者的幸福感与利他行为之间存在着高相关。❾ 当前我国学

---

❶ 廖菲,陈杰.志愿服务长效机制总体建设探讨[J].当代青年研究,2009(8):36-41.
❷ 高向东,章彬.城市青年志愿服务的机制建设[J].当代青年研究,2006(5):18-21.
❸ 张媛.辽宁省社会志愿服务的分析评价[J].学理论,2010(7):102-103.
❹ 田新臣.盘锦市青年志愿者服务研究[D].沈阳:辽宁大学,2012.
❺ 吕茗.大连市西岗区志愿服务常态化发展研究[D].大连:大连理工大学,2017.
❻ 谭建光.全球化背景下志愿服务与青少年发展[J].当代青年研究,2005(1):11-15.
❼ 李良进.青年志愿行动的社会功能研究[J].青年探索,2002(12):31-33.
❽ 吴鲁平.志愿者参与动机:类型、结构——对24名青年志愿者的访谈分析[J].青年研究,2007(5):31-40.
❾ 井婷,王为正.幸福感与志愿服务相关性分析与建议[J].中国共青团,2011(9):48-49.

者对于志愿服务的动力机制研究,已经从小群体层面上升到社会与文化层面,即探究它的社会认同和组织认同问题,以更好地解决志愿服务的动员机制和志愿服务机构文化与组织凝聚力问题等。

(3) 志愿服务的激励机制

志愿服务最大的收益是精神享受而不是物质收获,但为了进一步调动青年志愿者的积极性可以考虑给予实质性的奖励,如将志愿服务的奖惩情况记入个人档案,作为就业应聘时的关键指标。❶ 可以考虑实施志愿服务时间储蓄制度,例如,我国台湾的"志愿服务法"明确规定,志愿服务满三年,服务时长300小时以上者,可以向地方主管部门申请"志愿服务荣誉卡",持此卡者可以在一些收费场所(公立风景区、文教场所等)享受免费待遇。❷ 中国台湾的志愿服务奖励大多属于精神奖励,但客观上却发挥着非常好的激励作用。辽宁的志愿服务的激励机制不足,主要表现在表彰奖励青年志愿者的具体举措较为单一,仅有少有的如"辽宁省优秀青年志愿者"等荣誉评选活动。❸ 基于此,应激发自主创新意识,建立高校大学生志愿者激励机制。❹

(4) 志愿服务的保障机制

2017年8月我国颁布的《志愿服务条例》,使我国志愿服务法律制度层面上的保障得以加强,但仍需继续健全和完善。中国台湾在2001年成为全球第二个颁布"志愿服务法"的地区,之后还颁

---

❶ 高向东,章彬.城市青年志愿服务的机制建设[J].当代青年研究,2006(5):18-21.
❷ 廖菲,陈杰.志愿服务长效机制总体建设探讨[J].当代青年研究,2009(8):36-41.
❸ 张媛.辽宁省社会志愿服务的分析评价[J].学理论,2010(7):102-103.
❹ 韦丽娃,谷昭阳,张雪.如何激发大学生志愿者的自主创新意识——辽宁高校志愿者服务的激励机制探究[J].大学教育,2015(8):86-87.

布了9项子法案。❶ 一系列相关法案的颁布，可以有效地保障志愿者在志愿服务过程中的基本权益免受侵害，使其志愿服务热情进一步提高。在立法中应明确国家和政府将志愿服务纳入社会保障体系，设立专项储备基金，对从事特殊志愿服务人员，应为其提供相应的社会保险等，切实保障志愿者的各项权益。

政府应将志愿服务事业纳入国家发展规划之中，从制度上保障志愿服务事业的发展。具体来讲包括两方面，即做好政府购买服务和建立志愿服务基金会，为志愿服务提供有效的资金支持与保障。❷ 政府在志愿服务的过程中的管控力量要适中，"无为而治"和"完全掌控"都不可取。政府购买服务可以为志愿者提供强有力的基础性保障。政府要发挥好对志愿组织的监督评价功能。❸

（5）应急志愿服务机制

在危机状态下，政府要做好危机动员的协调者，向全社会明确应对危机的总体规划，以及需要哪类志愿者来处理这些危机，他们应该以何种方式介入到危机的应对工作之中等。❹ 政府在危机状态中，需要对特殊的专业性志愿服务提供资金支持。在应急志愿服务的推进方向上，要注意把握"专、快、准、新、稳"，即提升志愿服务的专业化水平，注重志愿服务的高效能，开展志愿服务以实际需求为导向，注重志愿服务过程中新理念与新技术工具的运用，志愿服务要兼顾效率与风险。❺ 在疫情应急志愿服务的过程中也出现

---

❶ 朱希峰.如何激发大学生志愿者的自主创新意识——辽宁高校志愿者服务的激励机制探究[J].大学教育,2015(8):86-87.

❷ 魏娜.我国志愿服务发展:成就、问题与展望[J].中国行政管理,2013(7):64-67.

❸ 殷向杰,许尧.我国志愿服务发展的困境、成因及完善思路[J].道德与文明,2014(3):136-141.

❹ 同❸

❺ 张强.志愿服务在疫情防控中的角色定位与工作路径[J].雷锋,2020(4):25.

了一些短板,如志愿者组织与政府协作不充分,志愿者热心过度、组织化程度不高、专业性不够,以及志愿服务"越位"与"缺位"等。❶ 在应急志愿服务的过程中要注意完善顶层设计,大力推动志愿服务标准化,加强志愿服务文化倡导。

总体而言,国内对志愿服务问题的研究内容涉猎较广泛、视野较开阔、方法具多样化;学术研究站位高远,自主性鲜明,颇具理论深度。不足之处主要表现在:国内在政府与志愿组织之间关系、青年志愿服务的发展战略、青年志愿服务发展的制度环境及青年志愿服务评价机制等方面研究不足,且从多角度、多学科交叉构建志愿服务机制研究不够充分,这是本书需要着力解决的核心问题。

(二)"十四五"时期辽宁青少年志愿服务体系的科学建构策略

社会和谐是中国特色社会主义的本质属性,是我党不懈追求的重要目标。中国共产党第十九次全国代表大会提出推进志愿服务制度化,强化社会责任意识、规则意识和奉献意识。志愿服务体现的是一种自觉自愿、不计报酬为他人服务的利他主义精神,不管其原始动机如何,最终的行为结果一定是利他的,它可以改善社会服务,推动社会进步,增强社会公平度。辽宁省作为"学雷锋,做好事"志愿服务典型经验区,结合自身特点并与国内其他地区的志愿服务优势经验、机制相融合,如北京市的行政推广机制、上海市的文明影响机制等。确立适合自己的志愿服务体系并使其向纵深发展是符合"十四五"时期辽宁社会发展需求的。

志愿服务是人们参与社会发展、培育公民精神的有效途径,也

---

❶ 任学军,赵定东.疫情应急志愿服务的"为"与"位"[J].社会工作,2020(1):29.

是社会主义核心价值观形成的重要支持性因素。"十三五"时期辽宁省志愿服务事业发展取得了一些成就，主要表现在志愿服务领域与队伍的扩大，志愿服务组织体系日益完善，志愿服务法制化进程加快等，但有局限。

志愿服务是辽宁省经济社会发展的重要内容。近年来，辽宁省老工业基地转型较为成功，数量庞大的产业工人和普通群众在这一过程中适应了市场经济与商业社会，生活开始趋向稳定。志愿组织和志愿者在这一过程中发挥着不容忽视的作用，成为值得民众信赖的"好人"。辽宁青年志愿服务机制的合理建构可以进一步弥补政府和市场的缺陷，减轻社会不公平，改善社会服务，促进社会的民主发展与进步，对于构建"十四五"时期社会主义和谐社会发挥着关键性作用。

"十四五"时期推进辽宁志愿服务体系深度发展的重要举措主要体现在志愿服务的动力机制、激励机制、保障机制和应急机制四个方面，具体阐释如下。

首先，优化志愿服务的动力机制。志愿服务的主要动机是服务社会、提升素质、学会坚强等。志愿服务在精神上使志愿者获得幸福感和满足感；在能力上促进个人成长，学习了新的知识与技能，培养了个体的组织才能，更有利于青年的社会化等。继续对志愿服务的动力机制问题进行探究，从小群体层面上升到社会与文化层面，即探究它的社会认同和组织认同问题，解决志愿服务的动员机制和志愿服务机构文化与组织凝聚力问题。

其次，强化志愿服务激励机制。辽宁志愿服务的激励机制不足，主要表现在表彰奖励志愿者的具体举措较为单一，激发自主创新意识不够，因此应建立具有实效性的志愿者奖惩机制，例如，志愿服务的奖惩情况记入个人档案，作为就业应聘时的关键指标，可以考虑实施志愿服务时间储蓄制度,使物质奖励和精神奖励相结合等。

再次,深化志愿服务保障机制。辽宁省政府应将志愿服务事业纳入发展规划之中,从制度上保障志愿服务事业的发展。具体来讲包括两方面,即做好政府购买服务和建立志愿服务基金会,为志愿服务提供有效的资金支持与保障。政府在志愿服务过程中的管控力量要适中,"无为而治"和"完全掌控"都不可取。政府购买服务可以为志愿者提供强有力的基础性保障,要发挥好对志愿组织的监督评价功能。结合国家颁布的《志愿服务条例》,推出适合辽宁实际的志愿服务法律层面的配套文件,以更好地保障志愿者的各项权益,促进志愿服务高质进行。

最后,活化应急志愿服务机制。政府在风险来临之时要具有有效化解危机的能力和意识,做好整体应对策略,明确以何种措施应对不同的突发状况,用何种方法做好介入与调整工作等。政府在推进志愿服务的进程和专业化发展路径上,要注意需求和效率相结合的原则,注意提升技术素养和服务意识,全面推进应急志愿服务机制的完善与效能的优化。

二、新时代沈阳市青少年"雷锋精神"[1] 培育机制研究

党的十九大报告指出,"要把社会主义核心价值观融入社会发展的各方面,转化为人们的情感认同和行为习惯"。"雷锋精神"是社会主义道德的典范,它引导社会成员对美好道德的判断与追

---

[1] 本书探究"雷锋精神"主要是"雷锋利他主义精神",下文统一用"雷锋精神"进行表述。

求。它贯穿于社会主义核心价值体系之中，是社会主义核心价值观在日常生活中的具体体现和真实写照。弘扬"雷锋精神"就是弘扬主旋律，宣扬正能量。青少年是践行"雷锋精神"的生力军，积极引导他们学习并践行"雷锋精神"，对于促进其健全人格的形成，带动社会道德的进步具有重要意义。"雷锋精神"属于道德意识范畴，个体"雷锋精神"的特征需要通过其利他行为特征来呈现与标定，我们要抓住其生发的特征与逻辑，更好地对青少年"雷锋精神"进行把握与培育。"雷锋精神"体现的是一种"向上"和"向善"，彰显道德文明的力量，同时它也成为了支撑国人的一股强大的精神动力。精神是一种内显的东西，需要通过外在行为来表现，即"雷锋精神"需要通过个体的"利他行为"特征来表现。

本书可以为当代教育学、伦理学、德育论等学科的更新与发展提供彰显时代精神的新的理论成果，帮助人们以"道德责任—道德自觉—道德需要—道德人格"为逻辑主线对青少年的"雷锋精神"进行培育。社会主义核心价值观对公民层面提出了"爱国、敬业、诚信、友善"的八字要求，"雷锋精神"提倡"爱国主义精神""螺丝钉精神""助人为乐，无私奉献，与人为善的精神"等。对青少年雷锋利他主义精神的培育以学校为主阵地，为他们有效形成社会主义核心价值体系提供强有力的理论支撑和可靠路径。我国关于青少年"雷锋精神"的研究较为薄弱，本书将为政府和研究机构连续跟踪测量新时代我国青少年"雷锋精神"发展与培育路径提供基点。现阶段沈阳市青少年利他行为发生概率有下降的趋势，其"雷锋精神"的传承和弘扬状况有下滑趋势，因此，通过合理的教育策略提高其发生概率，改善青少年"雷锋精神"指导实践的现状是本书研究的一个重要价值，这也是新时期我国社会主义核心价值观的要求和体现。

近 20 年来，国内学者对"雷锋精神"的研究较多，主要集中在"雷锋精神"内涵与特性的辨析，成立机构与出版刊物，学习"雷锋精神"的团体活动或个人事迹，分析国外实践活动，"雷锋精神"与精神文明，探索其时代意义与现实意义等几个方面。但在如何更好地利用"雷锋精神"教育与培养人这一方面，主要研究对象是大学生，而对青少年的研究较为忽视。在"雷锋精神"的伦理学价值等方面的研究是远远不够的，这充分体现了本书研究的必要性和现实价值。

在理论方面，突破原有雷锋精神概念内涵过大、研究工具不充分的问题，通过研究进一步标明"雷锋利他主义精神"的可测量特征；实践方面，在老一辈学者研究的基础上使用相对较为科学、合理的方式揭示青少年"雷锋精神"的主要特征及其同质性和差异性，为今后政府和教育研究机构连续跟踪测量青少年"雷锋精神"生发现状提供基点。在培育机制上，形成"社会—学校—家庭"一体化的联动模式，即从社会实践、课堂教学、校园文化和网络媒介等几个方面促进青少年"雷锋精神"的养成。

（一）新时代沈阳市青少年"雷锋精神"发展现状分析

为了更好地研究沈阳市青少年"雷锋精神"的发展现状，本书在研究过程中采用了深圳大学傅维利教授编制的《青少年利他行为现状调查问卷》，通过个体利他行为的表现情况来探究个体"雷锋精神"的发展状况。本书选取了辽宁省沈阳市三所中学的初一、初二、初三和高二学生，共计 1000 人，向他们发放调查问卷。其中回收有效问卷为 987 份，问卷有效率为 98.7%。本书研究对调研的数据用 SPSS21.0 统计软件进行分析处理。

1. 沈阳市青少年利他行为发生概率

青少年的道德发展具有阶段性，其利他行为也在不断地变化与发展。当社会成员的道德品质发展到一定成熟阶段时，其道德行为的发生并不会因对象的不同而表现出显著差异性。对于"1. 在过去的学习和生活中，你是否给家人、亲属或朋友提供过帮助？"这一问题，选择"是"比率均值为 80.4%，该题的选择比率由高到低依次为高二（82.3%）、初三（81.1%）、初一（80.1%）、初二（78.1%）。总体来看，沈阳市青少年利他行为的发生频率较高，但在公共领域利他行为的发生频率较低，青少年利他行为的发生频率和利他行为受助对象与自己的亲疏关系成正比，这在一定程度上标示着个体道德水平尚不够成熟。

2. 沈阳市青少年利他行为的受助对象

总体上来看，沈阳市青少年在面对陌生人时，他们为陌生人提供帮助的比率随着年级的升高而降低。沈阳市青少年利他行为受助对象的选择频率依对象与学生的熟识与亲疏由近及远而呈现出有规律的递减趋势，他们利他行为的实施具有根据与利他行为受助对象的亲疏关系，选择性地实施利他行为的特点。

3. 沈阳市青少年利他行为的主要内容

个体能力的不同使利他行为的发生情况变得不同，利他行为的内容依受助对象的需求而定。个体不一定都会在他人有需求时伸出援助之手，这不仅受个体行为能力的影响，同时还取决于受助对象的现实特征，更重要的是受利他行为实施者道德发展水平及道德品质状况的影响。沈阳市青少年利他行为的主要内容体现在生活和学习领域，而在公共领域体现得较少。

综上所述，新时期沈阳市青少年"雷锋精神"的发展现状，即个体雷锋利他主义精神体现较为明显。个体利他行为的发生频率较高（整体均值超过80%），这说明沈阳市青少年对"雷锋精神"具有一定的认知。结合相关访谈，可知这种认知主要停留在了解层面，尚未达到认同层面。个体利他行为在公共领域的发生频率较低。结合笔者的相关研究，可知沈阳市青少年独生子女与非独生子女在利他行为的目的和动机上存在显著差异，即独生子女更倾向于以满足情感需要为目的，为取悦他人而实施利他行为，即他们追求的是一种令人愉悦的人际环境，而非独生子女帮助他人的切入点主要是感恩。从某种程度上讲，独生子女的感恩之心弱于非独生子女，他们"雷锋精神"的贯彻和执行略弱。

沈阳市青少年利他行为受助对象的选择主要具有"唯亲性"，而不具有"唯理性"，这是个体对"雷锋精神"理解具有片面性的体现。利他行为的主要内容体现在生活和学习领域，而在公共领域体现较少，即应对加强沈阳市青少年的公德教育，以使"雷锋精神"的呈现具有多维性。

（二）新时代沈阳市青少年"雷锋精神"的科学培育策略

本书从社会、学校和家庭三个层面提出针对沈阳市青少年"雷锋精神"培育的7条可靠策略，分析如下。

1. 提高青少年对"雷锋精神"的意义认知从了解向认同层次转变

通过对沈阳市青少年利他行为的发生概率、受助对象及主要内容的研究可知，个体对"雷锋精神"利他性的认知主要处在了解层次，可以通过课堂教学促使其向认同层次转变。因此，在学校教育中，应注重各学科联合进行"雷锋精神"培育，即不单单把"雷锋精神"融入思想品德课或思想政治课，还要形成"雷锋精神"培育大课程观，即各门学科都渗透着"雷锋精神"，从课程的内容、教法和实践等方面去落实，在每一次的教学中促成个体德行的提升，进而提高对"雷锋精神"的认同。

2. 按照"道德责任—道德自觉—道德需要—道德人格"的逻辑主线来培育青少年的雷锋精神

道德责任，即对社会、国家和人民利益的责任意识。道德自觉，即把对国家、社会的献身责任转变为一种付诸行动的自觉力，即自觉的能动性。道德需要，即将道德自觉提升为道德需要，它是一种奉献、付出的需要；是把道德行为当做实现自我的需要；是一种把满足社会、国家和个人的需要融化为自身价值的实现，并从中获取快乐。道德人格，即对人民无限的忠诚，对社会共产主义理想的坚定信心，它是内在的、永恒的、高尚的。培养青少年"雷锋精神"应先使其认识到自己的道德责任之所在，养成行动的道德自觉性，进而提升为实现个体价值的道德需要，最后形成个体的道德人格，为人民奉献与服务，充分发挥道德的利他性特质，促进青少年"雷锋精神"的生发。

因此，"雷锋精神"体现了个人价值和社会价值的高度统一，青少年应学习和弘扬"雷锋精神"的时代价值和现实意义，即要求个体从自身做起，身体力行，言行一致，努力做好自己的本职工作，道德上严格要求自己，使个体的人生更具意义与追求，向雷锋同志学习。

3. 大力开展学雷锋志愿服务活动，使青少年在社会志愿服务活动中更好地理解和践行"雷锋精神"

可以广泛开展各类雷锋志愿服务活动，如"三下乡"社会实践活动、"手拉手、一帮一"主体志愿帮扶活动（主要面向特殊群体，解决他们的实际困难），"讲文明、树新风"活动，以及具有现实意义的微公益活动等，在这些活动中使青少年更好地理解"雷锋精神"的实质并将其付诸行动。

4. 开展以弘扬"雷锋精神"为主的校园文化建设

在校园文化建设方面的举措：首先，开展读书、讲故事活动，使青少年更好地了解雷锋事迹，体察雷锋的生活风貌；其次，通过开班会、写心得活动，使青少年体会"雷锋精神"的内涵，更好地进行道德认知上的飞跃；再次，做好事，参与志愿服务活动，让青少年进行广泛的"雷锋精神"实践活动，通过实践使认知上升为行动，知行合一，促进道德的真实成长；最后，鼓励青少年创作与弘扬"雷锋精神"有关的文化作品，更好地让"雷锋精神"在校园□活起来，发挥应有的光辉。

5. 通过网络媒介来培育青少年的"雷锋精神"

学校发挥好网络媒介潜移默化的育人功能，例如，校园网可以对雷锋同志当年典型的事例进行宣传，可以开通网上论坛，使学生参与到相关话题讨论中来，让有相关知识的教师负责对同学疑惑的问题与观点进行解答与分析。同时还可以利用相关的 app 软件，如"做雷锋精神的种子"等，更好地了解身边的学雷锋活动及好人好事，并向他们学习。

6. 树学雷锋先进典型和榜样

在学校要形成"雷锋式班级"与"雷锋式青少年"创建和评比模式，鼓励师生踊跃参与，形成竞争力，使这一活动成为常态化的活动。打造校园和班级的"小雷锋"，把他们塑造成典型和榜样，对其他青少年"雷锋精神"的培育起到促进和激励的作用。按照班杜拉的社会学习理论，榜样学习对个体道德成长具有积极的正向意义。学习和弘扬"雷锋精神"，为个体德行和社会公德的提升提供了强大的精神力量，不容小视。

7. 家庭教育中注重"雷锋精神"的渗透

家庭环境对青少年道德品质的发展具有重要的影响作用。其中，家庭环境的主观因素与青少年个体道德品质发展之间有显著相关性，即家长的德行修养、对子女的态度与期望、家庭氛围和家长作风等对青少年"雷锋精神"的培育具有重要的影响意义。按照行为主义心理学家斯金纳的理论，人的行为都是由后天习得的，是环境影响的结果。因此，家长可以利用强化与惩罚去增强青少年的利他行为及相关"雷锋精神"的渗透，并结合科尔伯格道德发展阶段理论，分清不同年龄段的青少年所处的道德认知水平。同时，父母应用切身实际行动去弘扬和传承"雷锋精神"，做好孩子的利他榜样，并且要善于关心和理解孩子，成为青少年道德成长道路上的指明灯与引路人。

本章小结

"十四五"时期推进辽宁志愿服务体系深度发展的重要举措主要体现在志愿服务的动力机制、激励机制、保障机制和应急机制四个方面,具体阐释如下。首先,优化志愿服务的动力机制。志愿服务的主要动机是服务社会、提升素质、学会坚强等。其次,强化志愿服务激励机制。辽宁志愿服务的激励机制不足,主要表现在表彰奖励志愿者的具体举措较为单一,激发自主创新意识不够,应建立具有实效性的志愿者奖惩机制。再次,深化志愿服务保障机制。辽宁省政府应将志愿服务事业纳入发展规划之中,从制度上保障志愿服务事业的发展。结合国家颁布的《志愿服务条例》,推出适合辽宁实际的志愿服务法律层面的配套文件,以更好地保障志愿者的各项权益,促进志愿服务高质进行。最后,活化应急志愿服务机制。在危机状态下,政府要做好危机动员的协调者,向全社会明确应对危机的总体规划,以及需要哪类志愿者来处理这些危机,他们应该以何种方式介入到危机的应对工作之中等。政府在危机状态中,需要对特殊的专业性志愿服务提供资金支持。在应急志愿服务的推进方向上,要注意把握"专、快、准、新、稳"。

新时代沈阳市青少年"雷锋精神"科学培育策略。本书从社会、学校和家庭三个层面提出针对沈阳市青少年"雷锋精神"培育的7条可靠路径:提高青少年对"雷锋精神"的意义认知从了解向认同层次转变;按照"道德责任—道德自觉—道德需要—道德人格"的逻辑主线来培育青少年的雷锋精神;大力开展学雷锋志愿服务活动,使青少年在社会志愿服务活动中更好地理解和践行'雷锋精神";开展以弘扬"雷锋精神"为主的校园文化建设;通过网络媒介来培育青少年的"雷锋精神";树学雷锋先进典型和榜样;家庭教育中注重"雷锋精神"的渗透。

结 语

本书的研究主要分为两部分，一是初中生利他行为的主要特征；二是针对初中生利他行为主要特征的靶向性教育对策。

第一部分，结合本书研究的数据分析结果，笔者总结出我国初中生利他行为的特征主要有以下几方面。

①不同的个人情况（性别、是否是独生子女、城乡居住环境、父母学历、是否是班干部及学习成绩）与初中生利他行为特征之间的关系及学生利他行为特征的差异性，具体阐释如下。

从利他行为的智慧和感受特征上看，初中女生略强于男生。从利他行为的内容上看，独生子女平时为亲人或朋友提供的帮助相对较少，非独生子女对老师或同学提供的帮助相对较少。从不同情境下初中生利他行为的表现特征看，独生子女选择个人为利他对象的比率低于非独生子女，而选择团体为利他对象的比率高于非独生子女，二者存在显著性差异。从助人的内容上看，"生活方面"是农村初中生为他人提供帮助最多的内容，而城市初中生选择最多的是"都差不多"。农村初中生的利他内容主要集中在生活方面，而学习方面和课外活动方面的利他行为表现弱于城市初中生。从初中生的利他行为方式看，城市的初中生在利他助人的频率上明显高于农村学生，而且能够在面对他人求助时尽力而为。城市初中生在利他行为方式上首选的是"都差不多"，而农村初中生首选的是"帮助做事"。

从父母学历与初中生的利他行为方式之间的关系看，初中生利他行为的发展与父亲学历的高低呈正相关，父母学历与初中生利他行为方式的有效性之间也呈现正相关。父亲学历为专科及以上的初中生更倾向于独自完成利他行为，父亲学历为初中的初中生更倾向于两三个人一起完成利他行为。母亲学历为初中的学生更倾向于以帮助做事的方式去帮助他人，而母亲学历是专科及以上的学生的利他形式更均衡，使用物质帮助、安慰和帮助做事的频率都差不多。从父母学历与初中生利他知行特征看，初中生是否能够履行自己的承诺因父母学历不同而表现出显著差异性，父母学历越高的学生能够履行承诺的比率也越高。

从是否是班级干部与初中生利他行为的智慧特征方面看，班级干部的利他智慧强于非班级干部。从学习成绩与初中生的利他行为的意志特征方面看，初中生的学习成绩和利他行为意志性之间呈现正相关，即学生学习成绩越好，其利他意志越坚强。

②初中生利他行为的对象和内容特征。初中生实施利他行为的频率普遍较高，具有根据与利他行为受助对象的亲疏关系，选择性地实施利他行为的特点，并且利他行为的频率和学生利他行为受助对象与自己的亲疏关系成正比。不同领域内初中生的利他行为发生概率的发展趋势是（从受助对象上看）：学习领域利他行为的发生概率最高，私人领域次之，而在公共领域利他行为的发生概率最低。利他行为内容最多的是生活方面，学习方面和课外活动方面次

之。分年级来看，生活方面的利他行为初一的学生最多，初三学生最少；学习方面的利他行为初一的学生最多，初二的学生最少；课外活动方面的利他行为初二的学生最多，初三的学生最少。

③初中生利他行为的方式特征。初中生利他行为的方式以主动、独立、无组织、带头去实施利他行为为主，他们对受助者的帮助以"做事"为主要方式。

④初中生利他行为的情境特征。从初中生利他行为的情境特征看，初中生在个人与团体冲突情境中其利他行为选择"团体"的比率有随着年级升高而降低的趋势。

⑤初中生利他行为的价值认知。有78%的初中生在实施利他行为之前已经对行为的意义有了一定的了解，并且年级最高的初三学生对利他行为的价值认知最佳。

⑥初中生利他行为的目的与动机特征。近六成初中生是处在科尔伯格道德发展的第三阶段——寻求认可定向阶段，而约13.5%的初中生处在科尔伯格道德发展的第四阶段——遵守法规和秩序定向阶段，并且随着年级的升高处在第四阶段的学生比例也在提升。

⑦初中生利他行为的智慧特征。大部分初中生在面临具体的求助情境时，能够做具体的分析，尽可能采取富有针对性的措施向求助者提供帮助，并且女生的利他智慧略高于男生。

⑧初中生利他行为的意志特征。初中生具有较坚定的利他意志，并且年级越高实施利他行为的坚持性越好。

⑨初中生利他行为的感受特征。初中生在实施利他行为之后，有近八成的学生感受到的是快乐，而初一学生感觉最快乐。初中生在帮助了与自己最亲近的"父母、亲属"之后，感觉更快乐。

⑩初中生利他行为的强度特征。初中生向他人提供帮助，多数学生能够尽自己最大努力去帮助他人，但这一问题仍表现出随年级

的升高其努力程度有所下降的趋势。从学生出手帮助他人的次数看，选择"多数情况出手帮助"的学生，初一多于初三，初三多于初二。

⑪初中生利他行为的知行关系特征。从初中生的利他知行特征看，超过半数初中生做过要积极帮助他人的保证，在这部分学生中大部分可以履行他们的保证，即做过保证的半数初中生中，绝大多数都可以履行保证，知行统一性良好。而从年级上看，做过保证后初一学生的履行程度最好，而初三学生的履行程度最差。

第二部分，针对本书研究所得出的初中生利他行为特征，笔者提出了如下主要的初中生利他行为靶向性提升的教育策略（有7方面策略，其中核心策略为以下3个方面）。

①构建具有鲜明针对性的促进初中生利他行为发展的教育策略。具体体现在针对不同个人情况的初中生的有效利他行为改善策略；加强初中生在利他行为薄弱领域——公共领域利他行为品质的改进；促进初中生利他行为方式多样化发展和强化对初中生利他行为情境特征和意志特征的正向指引4个方面上。

②构建初中生"认知—观察—实践"模式的利他行为教育策略。具体体现在提高初中生对利他行为的具体认知能力；引导初中生重视对榜样利他行为的有效观察和提升初中生利他行为相关事件的参与度3个方面上。

③构建以"整合环境支持力量"为核心的初中生利他行为教育策略。具体体现在提升学校道德环境支持的实效性以促进初中生利他行为的发展；优化社会环境的利他氛围以促进初中生利他品质的生发和重视父母在家庭环境中对初中生利他品质培育的重要性3个方面上。

利他行为是一个非常丰富并且复杂的多学科交叉的概念，在不同的文化背景下对它的研究与表述也不尽相同。这就赋予了本书的研究在选题上的难度较大，同时由于笔者对国内外道德教育领域相关理论及研究成果的分析、积累与掌握可能存在不够全面的情况，这也使本书研究必定存在一些不足，笔者将在今后的学术研究之路上不断对这一研究进行修正，以期后续得出更多更具现实意义的利他行为相关研究结论。

附录一问卷中基本信息项"你是否在父母身边生活"和"你每月可支配的零花钱为"这两项与初中生利他行为特征的关系并不大，这是事先问卷编制过程中没有想到的，在今后会加强对这一问题的改善。本书在数据分析的过程中采用了 SPSS 21.0 分析软件，使用了如单因素方差分析、独立样本 t 检验、χ^2 检验、描述性统计等较为常用的数据分析方法，对于一些更具难度的分析方法并未予以使用，在今后的研究中笔者会不断充实并提高数理分析的方法与能力，以使研究更科学、合理、有效。同时也要提升其他数据分析软件的使用能力，使数据处理能力更具多元化。

笔者对国外的初中生利他行为的现状研究分析不够，在未来还将继续深入去研究利他行为的国别差异比较，以期通过对比找出初中生利他行为发展的不足，探寻培养初中生利他行为最优化的教育策略。目前的利他行为特征教育策略多停留在理论层面，缺乏相应的实践基础，这也是笔者在后续研究中必须去加强的一个重要向度。

主要参考文献

一、著作类

[1] 中共中央文献研究室. 习近平关于全面深化改革论述摘编[M]. 北京:中央文献出版社,2014.

[2] 中共中央文献研究室. 习近平关于协调推进"四个全面"战略布局论述摘编[M]. 北京:中央文献出版社,2015.

[3] 中共中央文献研究室. 习近平关于实现中华民族伟大复兴的中国梦论述摘要[M]. 北京:中央文献出版社,2013.

[4] 中共中央宣传部. 习近平新时代中国特色社会主义思想三十讲[M]. 北京:学习出版社,2018.

[5] 教育部课题组. 深入学习习近平关于教育的重要论述[M]. 北京:人民出版社,2019.

[6] 中共中央文献研究室. 习近平关于实现中华民族伟大复兴的中国梦论述摘编[M]. 北京:中央文献出版社,2013.

[7] 檀传宝.德育原理[M].北京:北京师范大学出版社,2007.

[8] 赫伯特·斯宾塞.社会静力学[M].张雄武,译.北京:商务印书馆,2012.

[9] 林崇德.发展心理学[M].北京:人民教育出版社,2009.

[10] 沙莲香.社会心理学[M].北京:人民大学出版社,2011.

[11] 胡谊,郝宁.教育心理学:理论与实践的整合观[M].上海:华东师范大学出版社,2009.

[12] 艾莉森·詹姆斯,克里斯·简克斯,艾伦·普劳特.童年论[M].何芳,译.上海:上海社会科学院出版社,2014.

[13] 高德胜.时代精神与道德教育[M].北京:教育科学出版社,2013.

[14] 王海明.新伦理学(上、中、下)[M].北京:商务印书馆,2008.

[15] 艾尔·巴比.社会研究方法[M].邱泽奇,译.北京:华夏出版社,2009.

[16] 杜时忠.德育十论[M].哈尔滨:黑龙江教育出版社,2003.

[17] 杜时忠.社会变迁与道德实效:转型期中小学德育实效报告[M].北京:教育科学出版社,2009.

[18] 亚当·斯密.道德情操论[M].谢宗林,译.北京:中央编译出版社,2015.

[19] 理查德.道金斯.自私的基因[M]卢允中,译.北京:科学出版社,1981.

[20] 戴维·迈尔斯.社会心理学[M].侯玉波,乐国安,张智勇,译.北京:人民邮电出版社,2014.

[21] 查理·达尔文.物种起源[M].钱逊,译.南京:江苏人民出版社,2015.

[22] 阿尔伯特·班杜拉.社会学习理论[M].陈欣银,李伯黍,译.北

京:中国人民大学出版社,2015.

[23] 阿尔伯特·班杜拉.思想和行动的社会基础——社会认知论(上册)[M].林颖,等,译.上海:华东师范大学出版社,2000.

[24] 傅维利.教育功能论[M].沈阳:辽宁教育出版社,1990.

[25] 傅维利,刘民.文化变迁与社会发展[M].成都:四川教育出版社,1988.

[26] 傅维利.教育问题案例研究[M].北京:人民教育出版社,2004.

[27] 朱光潜.给青年的十二封信[M].上海:华东师范大学出版社,2014.

[28] 鲁洁.道德教育的当代论域[M].北京:人民出版社,2005.

[29] 茅于轼.中国人的道德前景[M].广州:暨南大学出版社,2008.

[30] 袁桂林.当代西方道德教育理论[M].福州:福建教育出版社,2005.

[31] 劳伦斯·科尔伯格.道德教育的哲学[M].魏贤超,向森,译.杭州:浙江教育出版社,2000.

[32] 劳伦斯·科尔伯格.道德发展心理学——道德阶段的本质与确证[M].郭本禹,等,译.上海:华东师范大学出版社,2004.

[33] 罗伯特·斯莱文.教育心理学:理论与实践[M].7版.姚梅林,等,译.北京:人民邮电出版社,2004.

[34] 赵汀阳.论可能的生活[M].北京:中国人民大学出版社,2010.

[35] 王道俊,王汉澜.教育学[M].北京:人民教育出版社,1989.

[36] 杨丽珠.幼儿社会性发展与教育[M].大连:辽宁师范大学出版社,2000.

[37] 朱仁宝.德育心理学[M].杭州:浙江大学出版社,2005.

[38] 章志光.社会心理学[M].北京:人民教育出版社,1996.

[39] 托马斯·内格尔.利他主义的可能性[M].应奇,何松旭,张曦,译.上海:上海译文出版社,2015.

[40] 罗国杰.罗国杰文集(上卷)[M].保定:河北大学出版社,1999.

[41] 约翰·杜威.我的教育信条:杜威论教育[M].彭正梅,译.上海:上海人民出版社,2013.

[42] 让-保罗·萨特.存在主义是一种人道主义[M].周煦良,汤永宽,译.上海:上海译文出版社,2012.

[43] 吴康宁.教育社会学[M].北京:人民教育出版社,1998.

[44] 赫伯特·斯宾塞.斯宾塞教育论著选[M].胡毅,王承绪,译.北京:人民教育出版社,2005.

[45] 阿尔弗雷德·诺尔司·怀特海.教育的目的[M].徐汝舟,译.北京:生活·读书·新知三联书店,2014.

[46] 魏书生.班主任工作漫谈[M].桂林:漓江出版社,2014.

[47] 涂尔干·埃米尔.职业伦理与公民道德[M].渠敬东,译.北京:商务印书馆,2015.

[48] 弗里德里希·威廉·奥古斯特·福禄培尔.人的教育[M].孙祖复,译.北京:人民教育出版社,2001.

[49] 朱永新.新教育之梦[M].北京:人民教育出版社,2002.

[50] 鲁迅.鲁迅散文精选[M].武汉:长江文艺出版社,2013.

[51] 国家社科基金重大项目课题组.当代中国公民道德发展(上册)[M].南京:江苏人民出版社,2015.

[52] 约翰·杜威.民主主义与教育[M].王承绪,译.北京:人民教育出版社,2001.

[53] 约翰·洛克.教育漫话[M].傅任敢,译.北京:教育科学出版社,2014.

[54] 叶澜.教育概论[M].北京:人民教育出版社,2006.

[55]石中英.教育哲学[M].北京:北京师范大学出版社,2007.

[56]克里斯托弗·博姆.道德的起源:美德、利他、羞耻的演化[M].贾拥民,傅瑞蓉,译.杭州:浙江大学出版社,2015.

[57]教育部基础教育司.中小学德育工作指南实施手册[M].北京:教育科学出版社,2017.

[58]弗朗西斯·培根.培根论说文集[M].水天同,译.北京:商务印书馆,1958.

[59]涂尔干·埃米尔.道德教育[M].陈光金,沈杰,朱谐汉,译.上海:上海人民出版社,2006.

[60]章志光.心理学[M].北京:人民教育出版社,1987.

[61]陈鹤琴.家庭教育:怎样教小孩[M].北京:中国致公出版社,2001.

[62]郑金洲.问卷编制指导[M].北京:教育科学出版社,2002.

[63]亚里士多德.尼各马可伦理学[M].廖申白,译.北京:商务印书馆,2018.

[64]让-雅克·卢梭.论人与人之间不平等的起源和基础[M].李平沤,译.北京:商务印书馆,2016.

[65]安妮特·拉鲁.家庭优势:社会阶层与家长参与[M].吴重涵,雄苏春,张俊,译.南昌:江西教育出版社,2014.

[66]让·皮亚杰.儿童的道德判断[M].傅统先,陆有铨,译.济南:山东教育出版社,1984.

[67]亚伯拉罕·马斯洛.动机与人格[M].许金声,等,译.北京:中国人民大学出版社,2013.

[68]张燕婴.论语[M].北京:中华书局,2010.

[69]约翰·杜威.道德教育原理[M].王承绪,译.杭州:浙江教育出版社,2003.

[70] 单中惠,王玉凤.杜威在华教育讲演[M].北京:教育科学出版社,2007.

[71] 伊曼努尔·康德.实践理性批判[M].韩水法,译.北京:商务印书馆,1999.

[72] 王长华.幸福教育的理论与实践[M].北京:知识产权出版社,2009.

[73] 斯坦利·霍尔.青春期:青少年的教育、养成和健康[M].凌春秀,译.北京:人民邮电出版社,2015.

[74] 万丽华.孟子[M].北京:中华书局,2020.

[75] 方勇.荀子[M].北京:中华书局,2020.

[76] 让-雅克·卢梭.爱弥儿[M].李平沤,译.北京:商务印书馆,2016.

[77] 冯建军.生命与教育[M].北京:教育科学出版社,2004.

[78] 华东师范大学和杭州大学教育系.现代西方资产阶级教育流派论著选[M].北京:人民教育出版社,1980.

[79] 张奇.SPSS for Windows 在心理学与教育学中的应用[M].北京:北京大学出版社,2009.

[80] 蔡元培.中国人道德修养读本[M].南昌:江西教育出版社,2018.

[81] 《中小学德育工作指南》专家组.《中小学德育工作指南》专家解读[M].北京:首都师范大学出版社,2018.

[82] 王国轩.大学·中庸[M].北京:中华书局,2016.

[83] 帕特丽夏·怀特.公民品德与公共教育[M].朱红文,译.北京:教育科学出版社,1998.

[84] 约翰·杜威.学校与社会·明日之学校[M].赵祥麟,任钟印,吴志宏,译.北京:人民教育出版社,2005.

[85] 劳伦斯·J.萨哈.教育社会学[M]刘慧珍,译.重庆:西南师范大学出版社,2011.

[86] 史静寰.当代美国教育[M].北京:社会科学文献出版社,2012.

[87] 张焕庭.西方资产阶级教育论著选[M].北京:人民教育出版社,1979.

[88] 李小龙.墨子[M].北京:中华书局,2019.

[89] 王国轩.大学[M].北京:中华书局,2020.

[90] 黄希庭.人格心理学[M].杭州:浙江教育出版社,2002.

[91] 吴荔明.梁启超和他的儿女们[M].北京:北京大学出版社,2009.

[92] 卡尔·海因里希·马克思,弗里德里希·恩格斯.马克思恩格斯选集(第19卷)[M].中共中央翻译局,译.北京:人民出版社,1963.

[93] 拉尔夫·沃尔多·爱默生.爱默生随笔[M].谢健生,译.哈尔滨:黑龙江科学技术出版社,2012.

[94] 裴娣娜.教育研究方法导论[M].合肥:安徽教育出版社,2008.

[95] 林传鼎,陈舒永,张厚粲.心理学词典[M].南昌:江西科学技术出版社,1986.

[96] KEVIN R. Encyclopedia of Values and Ethics[M]. New York: Santa Barbara ABC-CLIO,1996.

[97] COBB S. Social Support as a Moderator of Life Stress.[M]. Psychosomatic Medicine,1976.

[98] EARL B. The Practice of Social Research.[M]. 5ed. Beverly: Wadsworth,2003.

[99] MUSSEN P,EISENBERG B N. Rootsofearing,sharing and helping[M]. San Francisco:W. H. Freman and ComPany,1997.

[100] STEPHEN R. Covey, First Things First[M]. New York: Simon & Schuster, 1994.

[101] SEARS D O. Social Psychology (Third Edition) Englewood Cliffs [M]. New Jersey: Prentice-Hall, 1978.

[102] ESIENBERG N. Development of Prosocial Behavior[M]. Pittsburgh: Academy Press, 1982.

[103] WILSON E O. The War Between the Words: Biological Versus Social Evolution and Some Related Issues[M]. Cambridge: Harvard University Press, 1976.

[104] KAGAN, JEROME. The Emergence of Morality in Young children[M]. Chicago: University of Chicago Press, 2001.

[105] BASTON C D. Altruism in Humans[M]. New York: Oxford University Press, 1997.

[106] BLACK D. Moral Time[M]. New York: Oxford University Press, 2015.

[107] TOMAS E M. The Harmless People. [M]. New York: Vintage, 2009.

[108] DAWKINS R. The Selfish Gene. [M]. New York: Oxford University Press, 2012.

[109] DURHAM W H. Coevolution: Genes, Culture and Human Diversity[M]. Stanford: Stanford University Press, 2014.

[110] RICHARD L. Education for a World Adrift[M]. Cambridge: Cambridge University Press, 1943.

二、期刊和学位论文

[1] 朱小蔓,梅仲荪.道德情感教育初论[J].思想·理论·教育,2001(10):28-32.

[2] 任重远.利他行为的谱系分析[J].伦理学研究,2009(3):13-17.

[3] 林泰,陶倩.利他行为的理论与教育研究[J].中国德育,2008(5):88-90.

[4] 王雁飞,朱瑜.利他主义行为发展的理论研究述评[J].华南理工大学学报(社会科学版),2003(4):37-41.

[5] 叶航.利他行为的经济学解释[J].经济学家,2005(3):22-29.

[6] 张旭昆.试析利他行为的不同类型及其成因[J].浙江大学学报(人文社会科学版),2005(7):13-21.

[7] 林泰,陶倩.当前社会利他行为研究的意义及其三层次表现[J].清华大学学报(哲学社会科学版),2001(5):28-32.

[8] 张爱社,蒋建国.论大学生亲社会行为习惯的培养[J].龙岩师专学报,2003,21(1):101-103.

[9] 谢金.利他行为研究[D].西宁:青海师范大学,2010.

[10] 张会平,李虹.大学生利他动机的调查研究[J].心理与行为研究,2006(4):285-289.

[11] 耿希峰.情境因素与利他动机[J].淮南师范学院学报,2011(2):139-141.

[12] 杨志强.初中生亲社会行为动机现状分析[D].南京:南京师范大学,2004.

[13] 刘鹤玲.亲缘选择理论:生物有机体的亲缘利他行为及其基因机制[J].华中师范大学学报(自然科学版),2008(3):114-118.

[14] 郭永玉,钟华.利他人格研究述评[J].华东师范大学学报(教育科学版),2008(3):68-73.

[15] 刘巍巍.小学生利他行为培养研究[D].大连:辽宁师范大学,2013.

[16] 邓婕,杨淑萍.中学生利他行为缺失的道德教育反思[J].教育探索,2014(6):132-133.

[17] 陈健芷,宋琳婷,王佳欣.大学生利他行为现状分析与教育对策[J].教育探索,2012(2):142-143.

[18] 牛巨龙,田爱民.加强大学生利他行为培养的思考[J].高等农业教育,2006(5):87-89.

[19] 张会平,李虹.大学生利他动机的调查研究[J].心理与行为研究,2006(4):285-289.

[20] 朱永新,汪敏.教育如何不再培养精致的利己主义者——公共品格教育的逻辑向度与实践进路[J].教育研究,2020(2):61-71.

[21] 刘雅茜,陶明达.国内外利他行为研究现状与趋势[J].心理技术与应用,2019,7(8):504-512.

[22] 顾鹏飞,李伯黍.5—13岁儿童利他观念发展研究[J].心理科学通讯,1990(3):28-32.

[23] 王雁飞.略论对青少年实施利他教育的社会意义[J].广州师院学报(社会科学版),1998(2):23-26.

[24] 刘磊.教育生活中的伦理利己主义及其批判[J].中国教育学刊,2015(4):5-9.

[25] 郑佳,贾良定,谭清美,等.利他主义与利他行为:三个年龄群体的扎根理论研究[J].中国青年研究,2018(7):40-48.

[26] 李红霞,彭阳,崔雅芬.初中生心理健康状况和亲社会行为发展特点的调查与教育对策[J].现代中小学教育,1996(4):36-37.

[27] 赵昕.从道德认知转变为道德行为的机制看学校德育的改革[J].课程·教材·教法,2009(3):57-60.

[28] 魏传光.道德教育中思维方式的变革趋势——从概念思维到实践思维[J].教育与现代化,2004(3):14-18.

[29] 傅维利.真实的道德冲突与学生的道德成长[J].教育研究,2005(3):13-16.

[30] 傅维利.学校教育与亚文化[J].教育评论,1997(6):14-17.

[31] 傅维利.关于磨砺教育的几点思考[J].教育科学,1997(4):1-4.

[32] 傅维利.论教育中的惩罚[J].教育研究,2007(10):11-18.

[33] 傅维利,王世铎.论教育中奖励的功能、局限及实施原则[J].教育理论与实践,2017(7):17-20.

[34] 王世铎.环境优化视域下初中生利他行为培养研究[J].辽宁教育行政学院学报,2020(3):55-59.

[35] 王世铎,李圆,雷云.存在主义教育思想新探[J].洛阳师范学院学报,2019(3):69-72.

[36] 王世铎,景敏.新时代独生子女家庭初中生利他行为的特征及教育策略[J].现代中小学教育,2020(7):69-73.

[37] 王世铎.我国初中生利他行为的特征及教育策略[J].教育研究与实验,2018(2):84-87.

[38] 王世铎,孟宪乐.杜威道德教育思想及启示[J].中国德育,2019(13):15-19.

[39] 王世铎.涂尔干儿童利他主义的特点及其德育启示[J].教育评论,2017(1):90-93.

[40] 郭法奇.杜威的中国之行:教育思想的百年回响[J].教育研究,2019(4):28-33.

[41] 洪云.小学语文教学中的德育取向与实现路径[J].教育科学,

2019,(1):43-47.

[42] 石中英.杜威的价值理论及其当代教育意义[J].教育研究,2019(12):36-44.

[43] 解本远.利他行为的合理模式[J].首都师范大学学报(社会科学版),2019(6):138-144.

[44] 鲁洁.生活·德育·道德教育[J].教育研究,2006(10):3-7.

[45] 李德显,傅维利,等.我国儿童、青少年诚信观发展现状研究[J].教育科学,2011(2):1-7.

[46] 李德显,杨淑萍.小学生利他行为的时代特征及培养策略[J].教育理论与实践,2020 40(2):15-18.

[47] 陆有铨.用"道德"的方法养成道德[J].当代青年研究,2008(8):1-4.

[48] 魏娜.我国志愿服务发展:成就、问题与展望[J].中国行政管理,2013(7):64-67.

[49] 谭建光,朱莉玲.中国社会志愿服务体系分析[J].中国青年政治学院学报,2008(3):19-25.

[50] 廖菲,陈杰.志愿服务长效机制总体建设探讨[J].当代青年研究,2009(8):36-41.

[51] 高向东,章彬.城市青年志愿服务的机制建设[J].当代青年研究,2006(5):18-21.

[52] 张媛.辽宁省社会志愿服务的分析评价[J].学理论,2010(7):102-103.

[53] 田新臣.盘锦市青年志愿者服务研究[D].沈阳:辽宁大学,2012.

[54] 吕茗.大连市西岗区志愿服务常态化发展研究[D].大连:大连

理工大学,2017.

[55] 谭建光.全球化背景下志愿服务与青少年发展[J].当代青年研究,2005(1):11-15.

[56] 李良进.青年志愿行动的社会功能研究[J].青年探索,2002(12):31-33.

[57] 吴鲁平.志愿者参与动机:类型、结构——对24名青年志愿者的访谈分析[J].青年研究,2007(5):31-40.

[58] 韦丽娃,谷昭阳,张雪.如何激发大学生志愿者的自主创新意识——辽宁高校志愿者服务的激励机制探究[J].大学教育,2015(8):86-87.

[59] 朱希峰.如何激发大学生志愿者的自主创新意识——辽宁高校志愿者服务的激励机制探究[J].大学教育,2015(8):86-87.

[60] 殷向杰,许尧.我国志愿服务发展的困境、成因及完善思路[J].道德与文明,2014(3):136-141.

[61] 张强.志愿服务在疫情防控中的角色定位与工作路径[J].雷锋,2020(4):25-26.

[62] 任学军,赵定东.疫情应急志愿服务的"为"与"位"[J].社会工作,2020(1):29-33.

[63] 高嵘.美国志愿服务发展的历史考察及其借鉴价值[J].中国青年研究,2010(4):108-113.

[64] 任少波,范宁宇.道德教育共同体:学校道德教育的公共性建构[J].教育研究,2021(5):66-76.

[65] 米满月.基因与利他行为——道德的生物学解释[J].湘南学院学报,2008(2):15-19.

[66] 单璐.梁启超的家庭教育思想及现代启示初探[D].上海:上海师范大学,2011.

[67] 曾爱平. 多途径开展青少年家庭道德责任教育[J]. 当代教育科学,2012(16):40-43.

[68] WISPE L G. Positive Forms of Social Behavior: An Overview[J]. Journal of Social Issues,1972,28(3):1-3.

[69] CIADINI R B, BAUMANN D J, KENRICK D T. Insights from Sadness: A Three Steps Model of the Development of Altruism as Hedonism[J]. Developmental Review,1981(1):207-223.

[70] ESIENBERG N, MILLER P. The Role of Sympathy and Altruistic Personality Traits in Helping: a Reexamination[J]. Journal of Personality,1989(57):1-15.

[71] BATSON C D. Immorality From Empathy Induced Altruism: When Compassion and Justice Conflict[J]. Journal of Personality and Socialpsychology,1995(68):1042-1054.

[72] FABES R A. Socialization of Children's Various Emotional Responding and Prosocial Behavior Relation with Mothers: Perceptions of Children's Emotional Reactivity[J]. Development Psychology,1994(30):44-45.

[73] LEVINE M, CROWTHER S. The Responsive Bystander: How Social Group Membership and Group Size Can Encourage as well as Inhibit Bystander Intervention[J]. Journal of Personality and Social Psychology,2008,95(6):1429-1439.

[74] PETER L, JENNING S, MARRIE S, et al. The Moral Self: A Review and Integration of the Literature[J]. Journal of Organizational Behavior,2015,36(1):104-168.

[75] GUSTAVO C, MARIA V M, PAULA S, et al. Armenta, The Longitudinal Relations Among Dimensions of Parenting Styles, Sympathy, Prosocial Moral Reasoning, and Prosocial Behaviors[J]. Inter-

national Journal of Behavioral Development,2011,35（2）:116-124.

[76] DEWEY J. Individuality in education[J]. General Science Quarterly,1924(15):171-172.

[77] BIRCH S H ,LADD G W. Children's Interpersonal Behaviors and the Teacher－child Relationship[J]. Developmental Psychology,1998,34(5):934-946.

三、报纸

[1] 奇云.人类有利他主义基因[N].北京科技报,2005-02-16(A11).

[2] 习近平.坚持中国特色社会主义教育发展道路培养德智体美劳全面发展的社会主义建设者和接班人[N].人民日报,2018-09-11(01).

[3] 习近平.在北京大学师生座谈会上的讲话[N].人民日报,2018-05-03(02).

[4] 习近平.决胜全面建成小康社会夺取新时代中国特色社会主义伟大胜利——在中国共产党第十九次全国代表大会上的报告[N].人民日报,2017-10-28(03).

附录一

初中生利他行为调查问卷

亲爱的同学：

你好！这是一份关于"利他行为"的调查问卷。

请你采用匿名的方式回答。答案无对错之分。我们会对调查结果严格保密。本问卷仅用于学术研究，决不作为教师和学校评价个人的信息。希望你根据自己的真实情况如实回答问题，你的认真填写是对我们调查研究的最大支持。

非常感谢你的合作！预祝你生活愉快，学业有成！

请回答你的基本情况

回答提示：

请在"_____"上填写你的实际情况，在符合你个人情况的选项前的字母上打"√"

（1）年龄：_____周岁
（2）性别： A男 B女
（3）你是否是独生子女： A是 B否
（4）你是否在父母身边生活： A是 B否

（5）你是否是班级学生干部（小组长及以上）： A 是　B 否

（6）你的学习成绩：

　　A 优秀　　　　　　　　B 良好

　　C 一般　　　　　　　　D 较差

（7）你每月可支配的零花钱为：

　　A 100 元及其以下　　　B 101~200 元

　　C 201~300 元　　　　　D 301~400 元

　　E 401 元及其以上

（8）你父亲的学历：

　　A 初中　　　　　　　　B 高中或职高、中专

　　C 专科及以上

（9）你母亲的学历：

　　A 初中　　　　　　　　B 高中或职高、中专

　　C 专科及以上

（10）你的居住地点：

　　A 农村　　　　　　　　B 城市

请回答下列问题

回答提示：第一，要根据你曾经做过的事情认真选择；第二，问卷中所有选择类题目都只能选一个答案。请在选项前的字母上打"√"。

1. 在过去的学习和生活中，你是否给家人、亲属或朋友提供过帮助？

　　A 是　　　　B 否　　　　C 说不清

（1-1）如果曾经为他们提供过帮助，你为其中的哪些人提供过较

多的帮助？

  A 家人   B 亲属   C 朋友

  D 都差不多   E 说不清

2. 当个人和团体同时需要你帮助时，你通常选择的是谁？

  A 个人   B 团体

  C 都不选   D 说不清

3. 在过去的学习和生活中，你是否向老师或同学提供过帮助？

  A 是   B 否   C 说不清

（3-1）如果曾经为他们提供过帮助，你为其中的哪些人提供过较多的帮助？

  A 老师   B 同学

  C 都差不多   D 说不清

4. 当需要帮助的人与你是竞争关系时，你通常的做法是什么？

  A 提供帮助   B 有时会提供，有时不能

  C 不提供帮助   D 说不清

5. 如果曾经为同学提供过帮助，你为其中的哪些人提供过较多的帮助？（每一类都作出选择）

  第一类（5-1）

  A 男同学   B 女同学

  C 都差不多   D 说不清

  第二类（5-2）

  A 班级干部   B 普通同学

  C 都差不多   D 说不清

  第三类（5-3）

  A 与自己比较要好的同学   B 其他同学

  C 都差不多   D 说不清

6. 你曾做过要积极帮助他人的保证吗?

　　A 是　　　　　B 否　　　　C 说不清

(6-1) 如果你做过要积极帮助他人的保证,你真正履行了吗?

　　A 履行了　　　　　　　B 只是随便说说,没有履行

　　C 有时会,有时不会　　　D 说不清

7. 在过去的学习和生活中,你是否在公共场合为有困难的陌生人提供过帮助?

　　A 是　　　　　B 否　　　　C 说不清

如果曾经为他们提供过帮助,你为其中的哪些人提供过较多的帮助?(每一类都作出选择)

　　第一类 (7-1)

　　A 男的　　　　　　　　B 女的

　　C 都差不多　　　　　　D 说不清

　　第二类 (7-2)

　　A 老年人　　　　　　　B 中年人

　　C 青少年　　　　　　　D 儿童

　　E 都差不多　　　　　　F 说不清

　　第三类 (7-3)

　　A 本地人　　　　　　　B 外地人

　　C 都差不多　　　　　　D 说不清

8. 你向哪些人做过帮助他们的保证后会最大程度地履行?

　　A 父母、亲属　　　　　B 朋友

　　C 同学　　　　　　　　D 老师

　　E 邻居等较熟悉的人　　F 陌生人

　　G 都一样　　　　　　　H 说不清

9. 你为哪些人提供了较多的帮助?

　　A 家人、亲属或朋友　　　B 老师或同学

　　C 陌生人　　　　　　　D 邻居等熟人

　　E 说不清

10. 你主要采用哪种方式帮助他人?（每一类都作出选择）

　　第一类（10-1）

　　A 独自一人去做　　　　B 两三个人一起做

　　C 较多的人一起做　　　D 几种方式差不多

　　E 说不清

　　第二类（10-2）

　　A 在老师、家长等成人的带领和指导下去做

　　B 自主去做　　　　　　C 两者差不多

　　D 说不清

　　第三类（10-3）

　　A 物质帮助（给予要帮助的人物质或金钱方面的帮助）

　　B 心理安慰（用语言给予支持或安慰）

　　C 帮助完成具体工作（如抬东西）

　　D 几种方式差不多

　　E 说不清

11. 你帮助他人的最主要目的是什么?

　　A 得到赞扬

　　B 回馈他人（所帮助的对象，如同学、邻居等过去曾经帮助过自己，所以他有困难时我也帮助他了）

　　C 遵从师长（老师和家长一直教导我们要帮助有困难的人，因此自己也尝试着去做）

　　　　D 对自己有利（帮助他人对自己今后的发展有利，如争当三好学生或学生干部等）

　　　　E 尽社会责任

　　　　F 为他人高兴（帮那个人解决了困难，心里很高兴）

　　　　G 说不清

12. 大家共同帮助他人时，你如何做？

　　　　A 率先进行帮助　　　　　　B 跟着别人做

　　　　C 旁观　　　　　　　　　　D 说不清

13. 你在哪些方面对他人提供过较多的帮助？

　　　　A 生活方面　　　　　　　　B 学习方面

　　　　C 课外活动方面　　　　　　D 都差不多

　　　　E 说不清

14. 在帮助他人时，哪种情况使你变得更积极？

　　　　A 自发组织　　　　　　　　B 老师或学校组织

　　　　C 家长或其他社会组织（如社区或少年宫）带领

　　　　D 说不清

15. 在帮助他人时，你的主要依据是什么？

　　　　A 没能力做到的人　　B 能帮就帮　　　C 说不清

16. 帮助他人后你的感受是？

　　　　A 很快乐　　　　　　　　　B 比较快乐

　　　　C 无所谓快乐　　　　　　　D 不太快乐

　　　　E 一点也不快乐　　　　　　F 说不清

17. 在下列何种情况下你出手帮助了他人？

　　　　A 这件事对他很重要　　　　B 这件事对他比较重要

　　　　C 对方需要就帮　　　　　　D 说不清

18. 你帮助哪些人后感觉最快乐?
    A 父母、亲属或朋友　　　　　B 陌生人
    C 同学或老师　　　　　　　　D 邻居等较熟悉的人
    E 都一样　　　　　　　　　　F 说不清
19. 如果周围的人不支持你,你还能坚持帮助他人吗?
    A 能　　　　　　　　　　　　B 会犹豫
    C 不能　　　　　　　　　　　D 说不清
20. 在遇到他人需要帮助时,你出手帮助的次数是多少?
    A 多数情况出手帮助　　　　　B 几乎一半的情况出手帮助
    C 少数的情况出手帮助　　　　D 从未
    E 说不清
21. 如果帮助他人会给自己带来不利,你还能坚持帮助他人吗?
    A 能　　　　　　　　　　　　B 犹豫
    C 不能　　　　　　　　　　　D 说不清
(21-1) 如果能,是在什么情况下做到的
    A 当帮助他人对自己造成较小的不利影响时能做到
    B 当帮助他人对自己造成一些不利影响时也能做到
    C 当帮助他人对自己造成较大的不利影响时还能做到
    D 说不清
22. 在帮助他人时,你能尽自己最大的力量吗?
    A 能　　　　　　　　　　　　B 有时能有时不能
    C 不能　　　　　　　　　　　D 说不清
23. 当面对他人的困难,自己的能力有限时,你会怎么做?
    A 尽最大可能去做　　　　　　B 犹豫
    C 放弃　　　　　　　　　　　D 说不清
24. 在帮助他人时,你会考虑使用合理或有效的方法吗?
    A 会　　　　　　　　　　　　B 有时会有时不会

　　　　C 不会　　　　　　　　　　D 说不清
25. 如果有熟悉的人在场，你会更容易果断地帮助他人吗？
　　　　A 会　　　　　　　　　　　B 有时会有时不会
　　　　C 不会　　　　　　　　　　D 不受影响
　　　　E 说不清
26. 确立了帮助他人的任务后（如帮助学习有困难的同学学习），你能坚持下来吗？
　　　　A 能　　　　　　　　　　　B 有时能有时不能
　　　　C 不能　　　　　　　　　　D 说不清
27. 好友让你帮他撒谎，你会如何做？
　　　　A 犹豫，但帮助　　　　　　B 提供帮助
　　　　C 果断拒绝　　　　　　　　D 犹豫，找个理由拒绝
　　　　E 说不清
28. 帮助他人之前，你已经对该行为的意义有较深的了解吗？
　　　　A 已经有了深入的了解　　　B 了解一些
　　　　C 不太了解　　　　　　　　D 不了解
　　　　E 说不清
29. 公交车上没给老人让座，你会感到有压力吗？
　　　　A 会　　　　　　　　　　　B 不会
　　　　C 有时会有时不会　　　　　D 说不清
30. 你认为哪类榜样（行为）会对你的利他行为产生较大的影响？
　　　　A 书刊或其他媒体上刊载的榜样
　　　　B 在社会上自己观察到的热心人帮助他人的行为
　　　　C 老师或家长推荐的榜样
　　　　D 同伴的榜样行为
　　　　E 说不清
31. 你觉得在帮助他人后，认真反思一下对你今后坚持帮助他人很

重要吗?

  A 非常重要   B 比较重要

  C 不太重要   D 不重要

  E 说不清

32. 你认为学校中哪些活动会对你帮助他人的行为产生积极的影响?

  A 老师讲的道理   B 了解的好人好事

  C 参与有关讨论   D 集体性助人活动

  E 都差不多   F 说不清

33. 帮助他人后给予你最多支持的是谁?

  A 老师   B 家人或亲属

  C 陌生人   D 朋友

  E 邻居或熟悉的人   F 同学

  G 说不清

34. 比较而言,哪种类型的活动方式会使你更积极地实施帮助他人的行为?

  A 自己单独去做

  B 同学或朋友自发组织起来结伴去做

  C 学校或老师安排去做

  D 家长安排去做

  E 都差不多

  F 说不清

35. 当你帮助他人付出一定代价时(如捐钱,或者花费了较多时间和精力),谁会不太高兴并最大程度上影响了你以后的利他行为?

  A 老师   B 家人或亲属

  C 陌生人   D 朋友

  E 邻居或熟悉的人   F 同学

  G 说不清

36. 你认为帮助他人后及时获得表扬很重要吗?
   A 非常重要   B 比较重要
   C 无所谓   D 不重要
   E 说不清

37. 哪些事对你以后的利他行为产生了最为明显的消极影响?
   A 帮助他人后无回报的事情(自己经常帮助人,但自己需要帮助时却没得到他人的帮助)
   B 周围人不伸出援手的事情(大家都看到了需要帮助的人,却没有人出面帮忙)
   C 帮助别人后反受牵连的事情
   D 几种情况都有的事情
   E 对自己无不良影响的事情
   F 说不清

38. 在你帮助他人后哪些人的表扬对你最重要?
   A 老师   B 家人或亲属
   C 陌生人   D 朋友
   E 邻居或熟悉的人   F 同学
   G 说不清

39. 当你遇到困难时,获得帮助会对你以后的助人行为产生积极的影响吗?
   A 会   B 有时会有时不会
   C 不会   D 说不清

附录二

初中生利他行为调查问卷赋分表

表1 基本信息赋分情况

题号	问题	赋分情况
(2)	性别	A-1, B-2
(3)	是否是独生子女	A-1, B-0
(4)	是否在父母身边	A-1, B-0
(5)	是否是班级干部	A-1, B-0
(6)	学习成绩	A-4, B-3, C-2, D-1
(7)	零花钱	A-1, B-2, C-3, D-4
(8)	父亲学历	A-1, B-2, C-3
(9)	母亲学历	A-1, B-2, C-3
(10)	居住地点	A-1, B-2

表2 正题基本信息赋分情况

题号	赋分情况（数字代表所赋分数）
1	A-3, B-1, C-2
(1-1)	A-1, B-2, C-3, D-4, E-5

续表

题号	赋分情况（数字代表所赋分数）
2	A-1, B-2, C-3, D-4
3	A-3, B-1, C-2
(3-1)	A-1, B-2, C-3, D-4
4	A-4, B-3, C-1, D-2
(5-1)	A-1, B-2, C-3, D-4
(5-2)	A-1, B-2, C-3, D-4
(5-3)	A-1, B-2, C-3, D-4
6	A-3, B-1, C-2
(6-1)	A-4, B-1, C-3, D-2
7	A-3, B-1, C-2
(7-1)	A-1, B-2, C-3, D-4
(7-2)	A-1, B-2, C-3, D-4, E-5, F-6
(7-3)	A-1, B-2, C-3, D-4
8	A-1, B-2, C-3, D-4, E-5, F-6, G-7, H-8
9	A-1, B-2, C-3, D-4, E-5
(10-1)	A-1, B-2, C-3, D-4, E-5
(10-2)	A-1, B-2, C-3, D-4
(10-3)	A-1, B-2, C-3, D-4, E-5
11	A-1, B-2, C-3, D-4, E-5, F-6, G-7
12	A-4, B-1, C-3, D-2
13	A-1, B-2, C-3, D-4, E-5
14	A-1, B-2, C-3, D-4
15	A-2, B-3, C-1
16	A-6, B-5, C-4, D-1, E-2, F-3

附录二 初中生利他行为调查问卷赋分表

续表

题号	赋分情况（数字代表所赋分数）
17	A-2, B-3, C-4, D-1
18	A-1, B-2, C-3, D-4, E-5, F-6
19	A-4, B-3, C-1, D-2
20	A-5, B-4, C-3, D-1, E-2
21	A-4, B-3, C-1, D-2
(21-1)	A-2, B-3, C-1, D-4
22	A-4, B-3, C-1, D-2
23	A-4, B-3, C-1, D-2
24	A-4, B-3, C-1, D-2
25	A-4, B-3, C-1, D-5, E-2
26	A-4, B-3, C-1, D-2
27	A-3, B-1, C-5, D-4, E-2
28	A-5, B-4, C-3, D-1, E-2
29	A-4, B-1, C-3, D-2
30	A-1, B-2, C-3, D-4, E-5
31	A-5, B-4, C-3, D-1, E-2
32	A-1, B-2, C-3, D-4, E-5, F-6
33	A-1, B-2, C-3, D-4, E-5, F-6, G-7
34	A-1, B-2, C-3, D-4, E-5, F-6
35	A-1, B-2, C-3, D-4, E-5, F-6, G-7
36	A-1, B-2, C-4, D-5, E-3
37	A-1, B-2, C-3, D-4, E-5, F-6
38	A-1, B-2, C-3, D-4, E-5, F-6, G-7
39	A-4, B-3, C-1, D-2

后 记

自信是成功的第一秘诀。你应该相信，大自然之所以安排了你的存在，是因为她要赋予你某个神圣的使命，所以你要努力工作，争取成功。但这绝不是在唆使你去急于求成，获得那些看似耀眼、哗众取宠的成绩，而是希望你能够勤奋工作，朝着正确的方向发展。[1]

我是一位从辽宁小城市走出来的孩子，尽管从小的生活条件很一般，但却有着幸福的家庭和快乐的童年。我的童年时光是在游戏中度过的，可以说是非常快乐的，没有过多学业上的压力，一切都是凭借着兴趣在驱使我向前。我小时候有两个深深根植于内心的理想，一个是成为人民医生，另一个是成为人民教师。前者可以治疗个体肉体上的疾病，而后者可以净化个体的灵魂，教师被誉为人类灵魂的工程师。我遵从了内心的声音而选择了后者，有幸成为一名光荣的人民教师，实现了我儿时的目标和梦想。就像"中国五四青

---

[1] 拉尔夫·沃尔多·爱默生. 爱默生随笔[M]. 谢健生, 译. 哈尔滨:黑龙江科学技术出版社, 2012:246.

年奖章"获得者、2020东京奥运会女子铅球冠军巩立姣所言:"人不能没有梦想,万一实现了呢。"她对此作出了最好的诠释:她参加了四届奥运会,获得了一金(2021年,冠军)、一银(2012年,亚军)、一铜(2008年,季军)和一个第四名(2016年,殿军),她的梦想是在奥运会的赛场上"升国旗,奏国歌",她的梦想实现了。

回望自己漫长的求学之路,最为难忘的是自己的硕士和博士两个求学阶段。

记得硕士研究生复试的时候,当时的教育基本理论研究生复试组组长傅维利教授问了我一道关于教育公平的问题,我用自己的亲身经历给予了回答,可能我当时过于紧张,总感觉答得不太好。万万没有想到傅老师还挺满意,最后我有幸成为傅老师的学生,可以说这是一段奇妙的师生缘分。从那时起我对于教育学的探索和追寻之幕正式被拉开,开启了我的学术之旅,点燃了我对于教育学研究的兴趣之火。三年硕士的求学之后,我决定继续跟随傅老师攻读博士学位。在博士阶段,我逐渐体会到了北宋著名政治家、思想家王安石的名句"看似寻常最奇崛,成如容易却艰辛"的意蕴所在。之前听过我的博士师兄岳建军说起博士阶段如何如何艰难,如何如何不容易,而当时处在硕士阶段的我根本无法体会,还在内心嘀咕着那可能是因为你不够强,有必要在这里大吐苦水述说艰辛吗?真等到自己处在那个阶段的时候,一切苦与乐都体会到了,可以说是五味杂陈。博士阶段的学习提升的不仅仅是认知层面,更重要的是心理层面,使自己的意志开始变得坚强起来,每天看大量的专业相关文献和书籍,定期参加一些学术沙龙等,这都变成了很平常的小事,还有就是博士生都要经历的痛苦的熬夜。其实博士是很难毕业的(有不少攻读博士学位的人最终未能顺利通过而肄业),我很庆幸自己遇到了一位好导师，一位人生道路上的引路者，在我最困顿和迷茫的时候，指明了我前行的方向。俗话说得好："有一位好的老师，可以使人智慧一生"。

是时候写一些感谢的话了，以前想到这一部分的时候，总觉得一定是特别轻松和快乐的，然而现在却有一种很沉重的感觉，非常怀念和老师、同学、同门在一起的日子，坦率地讲我对我的学生时代有诸多不舍，因为那是我青春的印记。此刻，我真的是百感交集，我想表达一下对我很重要的一些人的感激之情。

首先，要感谢我的恩师傅维利教授，是他让我在最困难的时候，勇于面对眼前的问题，他的一句"逃避解决不了任何问题，必须去拼，去成长"使我坚定了继续前行的信心，收获了巨大的勇气，并最终战胜了自我。感谢您对本书所作出的一次又一次的悉心指导，每次在和您探讨本书的时候，我感受到了您严厉要求背后对我的殷切期望，看到了您对学术的坚守和治学之风，我也看到了您给我指导后的疲惫之态。记得在我博士阶段最艰难、心理最为难熬的那段时期，您有一次给我打电话说了好多（进行了心理疏导），挂断电话后我看到了通话时长竟然是 62 分钟。跟随您的 7 年硕博求学时光，使我在学术上和做人上都有了很大的提升，我觉得非常非常的幸福，能成为您的学生是我一生的荣幸，也是我的一种福分。在此我想说："傅老师，谢谢您，感恩有您！"

其次，感谢辽宁师范大学教育学院的诸多知名学者，是你们的一系列课程与研究开阔了我的学术视野。他们是杨晓教授、张桂春教授、李德显教授、朱宁波教授、陈大超教授、蔡敏教授、杨淑萍教授、杜岩岩教授、刘磊教授和闫守轩教授等。我还要感谢为我们的学习和生活做保障的我们学院的姚巨生书记、邓天鹏书记、孙洪亮书记、彭振威主任、陈英宝老师和鲍枫老师。我要感谢我的同门

后 记

庞国彬师兄、马治国师兄、邹威师兄、孟宪彬师兄、王晓妹师姐、于开文师兄、田铁杰师兄、王东师兄、岳建军师兄、张淼师姐、田佳师姐、刘靖华师姐、雷云师妹、郝世杰师弟等,是你们让我感觉在这个大家庭中很快乐。还要谢谢我的硕士同学华中师范大学黄亚栋博士,感谢你多次的鼓励和帮助。

再次,我要感谢沈阳师范大学教师教育学院景敏院长和教育学部张君教授对本书编写给予的大力支持。感谢你们为本书的撰写提出的一系列宝贵意见,我会不断对其进行优化,使本书具有较高的学术价值和现实意义。也要感谢在我博士论文答辩时,东北师范大学柳海民教授和南京师范大学杨启亮教授给予有深度、有温度的点评,你们给我提出的一系列修改意见,我在本书的撰写过程中已对相关问题进行了优化和充实,你们给我提出的相关研究方向,我也在不断地进行摸索和探究,谢谢两位老师的帮助。

最后,感谢我的父母,正是由于你们对我一如既往的支持,才让我可以没有太多顾虑地读书到现在,走我自己想走的人生之路。个人感觉亏欠你们的太多太多了!未来我会加倍努力来报答二老对我的养育之恩。我对我自己的未来有信心,我爱你们!我爱我的家人们!

不得不提的是,2019年由于个人原因而出现了工作变动,感谢原单位洛阳师范学院的领导、同事给予我的关心和帮助,尤其是时任校党委书记王洪彬、校长梁留科、教育科学学院书记张欣等人,谢谢你们的理解和宽容,我会终生感念这份恩情,努力做好本职工作——教书育人,做一名合格的人民教师,期待和你们再相聚。

夜已很深,想说的话太多,看着窗外很美的月色,不禁发出感慨。书稿已经完成,但人生之路还很漫长,希望自己可以不忘初心，努力前行，继续奋斗。"天命之谓性，率性之谓道，修道之谓教，道也者，不可须臾离也，可离非道也。是故君子戒慎其所不睹，故君子慎其独"。[1]

王世铎

2021年8月28日夜于辽宁沈阳

---

[1] 王国轩.大学·中庸[M].北京:中华书局,2016:56.